JN261331

近世後期語・明治時代語論考

増井典夫　著

和泉書院

はじめに

本書は筆者のこれまでの業績をまとめたものである。内容は四部構成としている。

第一部「近代語における形容詞の研究——意味・用法を中心に——」六章は一九八七年から一九九二年までのもので、東北大学大学院在籍時と愛知淑徳短期大学に奉職していた頃の研究である。発表から多少時間は経過したが、内容は古びていないと自負している。

なお、資料の扱いについてはまだ甘いところがあるが、論旨に関わるような問題点は見当たらないと判断し、ほとんど初出時のままとしている。

第二部「近世後期語研究——資料性の問題を中心に——」四章は、主に江戸語及び近世後期上方語について、洒落本を中心に資料性について研究したものである。研究についていろいろ模索していた頃の論文が主で、試行錯誤の跡がうかがえるものとなっているかと思われる。

第三部「明治時代語研究——資料性の問題を中心に——」七章は、明治時代語について、小説を中心資料として口語資料として扱う場合の資料性を中心とした研究である。こちらも研究上の試行錯誤の跡がうかがえるものとなっているかと思われる。

第四部「近世後期上方語から近代関西方言へ」五章は、私の滋賀県人としての、いわばアイデンティティから始まっている研究が主となっているものである。ここで取り上げた事項を含め、研究はまだまだ道半ばであるが、このあたりで区切りとしてここに示すこととした。

以上、四部計二十二章としている。各章（各論文）の一つ一つの内容の独立性を重視したため、全体としてみると記述の重複が所々に見られるものとなっている。その点、ご了承いただければ幸いである。

なお、本文中において『日本国語大辞典』とある時、特に断りのない場合は、「初版」（一九七二〜一九七六年刊）を指す。

洒落本の引用については特に断らない限り『洒落本大成』全三〇巻（一九七八〜一九八八年、中央公論社）を使用。『洒落本大成』二巻、三五三頁からの引用の場合、（[2]、三五三頁）と示す。↓（浪華色八卦、宝暦七・一七五七年、[2]、三五三頁）

目次

第四部　近世後期上方語から近代関西方言へ

第一部　近代語における形容詞の研究

――意味・用法を中心に――

第一章　形容詞「えらい」の出自と意味の変遷

1.「えらい」の出自についての問題点

現代語の「えらい」という形容詞の意味は「立派である」「地位が高い」を表すが、一方では俗に（プラス・マイナス両面において）「程度がはなはだしい」意味に用いられたりしており、江戸時代には専ら後者の意味で用いられるものであった。

この「えらい」(1)という語の出自について前田勇は「近世中期上方に生まれた形容詞」（「近世上方語の接頭辞について」『近代語研究二』一九六八年、武蔵野書院）と記述している。たしかに、この語は前期上方語には見られない語である。しかし、前期東国語には用例が現れる。

「雑兵物語」（明暦三・一六五七年から天和三・一六八三年の間に成立）には次の例が見える。

㋐常は賢才のつらの赤さか、武邊はなして氣をつつはつて血かゑらくはしつたゆへか今はさいろくかやうに青くなつた。（下、又若黨。金田弘編『雑兵物語索引　本文編』八二頁）

「志不可起」(2)（享保一二・一七二七年成立）には次のような記述が見える。

㋑ゑら関東俗語ニ物ノ多キヲゑらいト云是ヲ或人曰むさし野にゑらある花の其中に桔梗の花ぞまうに見えたるト

云歌有カラハ俗語ニモアラヌカまうにト云モ多キ事也ト云リ
（巻七、『国語学大系　方言一』）

これらによれば、「ゑらい」が「近世中期に上方に生まれた」と記述するだけでは不十分であろう。

前期上方語には次のように、

㋒詞やい〳〵勘十郎ひろいせかいをおのれが口から。世間手代のならひとはゑら《腮》が過て聞にくい。
（五十年忌歌念佛、藤井紫影校注『近松全集八巻』七一六頁）

と「ゑら」の例は見えるが「ゑらい」の例は現れず、上方における「ゑらい」の用例は、洒落本に見えるものが確認されるもっとも早いものである。

㋓座をくろめて賑きやか也隣座敷て強そふナ客の咄ニ七めが此中卯月八日に爰へ来てゑらうさやしおつた一日に拾七貫手放したと銭ざん用もをかし
（浪華色八卦、宝暦七・一七五七年、2、三五三頁）

㋔貴《タットキ》は堀江に似て一段下婢たり。賤《イヤシキ》は辻君に類して又心高し。言葉《タン》ゑらふきこへて。とまつてくれなんせんかいナもかつくりとしたせりふぞかし。
（秘事真告、宝暦七、2、三六七頁）

なお、この「ゑらい」の語源について「世間仲人気質」（安永五・一七七六年）には次のように記述されている。

㋕扨當年で四十九年以前三月下旬の比兵庫浦で目のうち五尺八寸といふ鯛がとれて大坂の雑魚場《ざこば》へ出した時問屋の若い者きをい仲間人これをもとめ。六人かゝりて料理せしが中に一人此大鯛のあらの料理を請取。あたまを切こなすとき魚のゑらをはなしさまに手の小指を少し怪我しけるが。痛《いたみ》は苦にせねど何がな口合が云たさに。なむさん手を鯛のゑらでいわしたァ、痛《いたい》。是はゑらいたい。扨もゑらい鯛じやといふたが。此鯛の大きな評判につれて此口合がざこ場中に成。それから大きな物さへ見ると是はゑらい。扨もゑらい物じやと云出して大坂中の噂になり。後日本國で今はゑらいといふ俗言が一ッ出来せしよし。しかれは古きたとへはいつれも故實の有事。今様の俗言も何なりとより所のある事ならん。
（巻一―一、『帝国文庫　気質全集』）

「ゑらい」は享保年間（一七一六〜一七三六）頃大坂に生まれた語と考えられていたことがわかる。

このように、上方における「ゑらい」は東国での使用とは無関係に現れたものかとも思われるものであるが、東国における用例が上方における用例に先行していることが事実である以上、東国で用いられていた語を上方において取り入れたという可能性は残ると思われる。

2. 江戸板洒落本における使用状況

では、洒落本においては「ゑらい」はどのような使用状況を示すだろうか。次に、寛政年間までの作品において「ゑらい」の例が見えるものを示す。（『洒落本大成』一〜一九巻の全作品を調査対象とした。刊年の下に示したものは『洒落本大成』の巻数である）。

表1　上方板（22作品・61例）

	作品名	刊年	巻数	用例数
1	浪華色八卦	宝暦七・一七五七	2	1
2	秘事真告	〃七	2	1
3	列仙伝	〃一三	3	1
4	開学小筌	〃年間	3	3
5	具本郭中奇譚	明和八・一七七一	4	2
6	胆相撲	〃年間	5	1
7	浪華今八卦	安永二・一七七三	6	1

8 風流睟談議	〃三	6	1
9 虚辞先生穴賢	〃九	9	2
10 千字文	安永末から天明初	10	1
11 粋宇瑠璃	天明五・一七八五	13	1
12 短華蘂葉	〃六	13	6
13 粋の源	〃七	14	1
14 睟のすじ書	寛政六・一七九四	16	14(3)
15 遊里不調法記	〃六	16	2
16 粋庖丁	〃七	16	1
17 阿蘭陀鏡	〃一〇	17	1(3)
18 十界和尚話	〃一〇	17	2
19 粋学問	〃一一	17	5
20 身体山吹色	〃一一	17	10
21 南遊記	〃一二	18	3
22 昇平楽	〃一二	19	1

表2　江戸板（17作品・36例）

作品名	刊年	巻数	用例数
1 南江駅話	明和七・一七七〇	5	3
2 両国栞	〃八	5	2
3 寸南破良意	安永四・一七七五	6	3

作品名	刊年	巻数	用例数
4 爰かしこ	〃四	6	1
5 世説新語茶	〃五	7	2
6 妓者呼子鳥	〃六	7	3
7 呼子鳥	〃八	8	4
8 粋町甲閨	〃八頃	9	1
9 真似山気登里	〃九	9	2
10 道中粋語録	〃八か九	10	1
11 中洲の花美	天明九〈寛政元〉・一七八九	15	2
12 文選臥坐	寛政二・一七九〇	15	5
13 仕懸文庫	〃三	16	1
14 名所拝見	〃八	16	1
15 風俗通	〃一二	19	1
16 意妓口	〃年間	19	1
17 玉之帳	〃年間	19	3

表3　その他

ⓐ江戸板であるが舞台は地方のもの

作品名	舞台	刊年	巻数	用例数
1 大通多名於路志	長崎（4）	安永年間・一七七二〜一七八一	10	1
2 恵世ものかたり	伊勢（5）	天明二・一七八二	12	4

ⓑ**名古屋板**（4作品・23例）

	作品名	刊年	巻数	用例数
1	濁里水(6)	明和九〈安永元〉・一七七二	5	4
2	囲多好髷	寛永一二・一八〇〇	18	6
3	女楽巻	〃　一二	18	6
4	軽世界四十八手	〃　一二	18	7

このようにしてみると、上方語での使用から間をおかず、江戸語においても「ゑらい」が使用されだしたように見えるが、実際にはどうだろうか。

では、江戸板洒落本における「ゑらい」の用例を次に示す。

㈠、東国者・東国ことば（田舎者・田舎ことば）による例（計一五例）

①カコァ、宵の西がしはおもかつたなァホウグミゑらいものであつたわへだたいァノ日本橋への二百五十《またげん》といふものが無理な定りよ　（南江駅話、5、七一頁）

「南江駅話」は東海道の上り第一の宿駅品川を舞台にしたもの。

②▲義太夫ぶし上るり……頼風のあさましいそのすがた。ふた目ともみやらず。かつぱとふしてなき給ふ▲ゑらひ事〳〵いよ〳〵　（両国栞、5、一二三頁）

この例は、東国の田舎者を両国の盛り場及び浅草の舟遊に案内するという内容の中に見られるもの。

③馬ご……なんでも江戸へいぐといろいぎやうなものがゑらうあるぞみさつしやい　（呼子鳥、8、二六六頁）

④馬こ……あんでもそのしばやででくがあるこんだがそれは〳〵ゑれィものよ

（同、二六六頁。「でく」は「あやつり人形」）

⑤はあャレきのどくなゑらいはたけへ水がついたは馬ことんだ事いふ人だァあれはしのわずのいけといふべんてんさまたはなァ　（同、二七一頁）

⑥ばあゑらうべんな子があるからうつくしい仏だとおもつてさあれはまああんといふもんだ馬こあれはけころばしといふべんな子さ　（同、二七二頁）

③～⑥の例は田舎のばあさまを上野山下の盛り場に案内するという内容の中でのもの。

⑦ハァ、かんのんとはちつさなりでゑらい堂へ住居めさる　（真似山気登里、⑨、二一二頁）

⑧ハナントゑらへ恋しやねへかへ夫《それ》てハァわしらもこしほねをぶんぬき申タ　（同、二一四頁）

⑦～⑧も上野山下での田舎者の会話中の例である。

⑨武ヲットよし〳〵けふもゑらう飲だぞい　（粋町中閨、⑨、八三頁）

これは地方出身の武士と考えられる者の使用例である。

⑩竹……御家中のわけへ衆なんそかこういふとけへでも来てほつと口論てもしたちうとゑらく六ッか敷から

（文選臥坐○北廓《ヨシハラ》の奇説、⑮、二九四頁）

⑪竹ィャ此まへの牛若がをもにす、む十三人のとろぼうを同枕に切ふせた所が大らんちくさはぎでゑらくつへい事むし　（同、二九五頁）

⑫竹ナァニしらねへちうはゑらくうそだんべい　（同、二九六頁）

⑬竹フゥそんだら小袖は黒かよいしやナ……わたなんそてもうらもとをしなりゑらいもんてこさらァ　（同、二九六頁）

⑩～⑬の「竹右ヱ門」については作品中に「△此いなかさふらいはまことのものにあらすしつはにせもの也」と

いう注がある。武士のふりをしているが、実は単なる田舎者に過ぎないという設定である。

⑭客田舎ことばにてこれはゑらい賑かなこつちやな　（名所拝見、16、三三八頁）

㈡、上方者・上方ことばによる例　（計二〇例）

①浪モシ通者さんェ今夜《こよい》斗《ばつかり》はぬしが無理な所をもらいなんしたにェ袖コリャきび獅《し》くに薄《すゝき》のもよふ宗ゑらい事〳〵　（南江駅話、5、七五頁）

①の「客宗匠は「半白《ごちうばかり》の老人」と注があり、次のように上方風の物言いをする人物である。

宗……おれは此四五月時分来たままじやによつてしらぬが。ふすまの上通りはかわる事もないかの　（同、七四頁）

②もみあげ。少し置たる。上方本田。額鬢通リぬき。やさかたなる男。呉服屋の。若いものと。見えて。……清出し物を見て是はいつもながら。ゑらい御ちそうじやまで。しかし此頃は。きん酒ゆへ一ッかうにらちあかんじや。　（寸南破良意、6、三四八頁）

③清フゥそれはそうと。まだぬしの。年をしらん お夏わつちかへ。わつちやァ。八十五さ清ゑらい。年じやな。コウ。ジヤニよつて。十八じやな　（同、三四九頁）

④外ノ女良もうこねへそうだ。御めんなんしとすわり清様ン御出なんし清何ンしややら。ゑらふ逃《にげ》でじやの　（同、三五〇頁）

⑤古語に順じ門跡を西東といへど南北に有リあぢな男に京草履の縁定メみたり……団蔵死んで海老蔵引込むァ、つがもないハレやくたいもないとあてこともないゑらいことちよべこべ〳〵ちや〳〵むちや〳〵すこぶるとほうもない……　（妛かしこ、6、三八二頁）

⑤は会話での使用例ではないが、上方者の使用例に準じて考えておいてよいと思われる。

⑥長何さけふは来られん所じやあつたがちよヲつと来たのじや夷講前じやさかゐゑろういそがしいはいの
（世説新語茶、7、一二四〇頁）

⑦長ほんに半襟の事ちやゑろうよい天鵝絨をのけて置てとんと忘れて来たはいの
（同、一二四〇頁）

⑧上がた店のむすこ雷義……らい……アノおとみめろが事じや。わしやゑらふほれたさかいに。
（妓者呼子鳥、7、一〇四頁）

⑨らい此広いお江戸じやが。またおとみほどゑらいやつも。とんとこちやみあたらぬ。どふおもふてもこちや女郎より。げいこがてつつりとするやうだ
（同、一〇五頁）

⑩らいおさかぼうがきつねをみたで。それでゑらうひまどつた
（同、一〇八頁）

⑪加ほんにお前はゑらう好なさうで、うまさうなくひやうじやわいの。
（道中粋語録、10、一二五頁）

⑫○何ンじややら賑《にぎやか》じや。夏はどふもいへんであろふ○とんとゑらひのさ玉屋の清春といふがゑらふうつくしひそうじや。
（中洲の花美、15、一一九〇頁）

⑬多宗わしらがほうらつした時分はもはや久しい事じやてすさきのはつこうしたじぶんでそのせつはゐしやうも青梅縞くらゐの事で浅黄太織の帯かゑらうはやりました
（文選臥坐○東北《フカヾハヨシハラ》の雲談、15、一二九〇頁）

⑭船頭……よい女郎の事をト一チわるい女郎をくはをりげいしやの事をかはと申やすまだいろ〳〵穴もございやすがくはしくは申されやせん客コリヤゑらい穴じやわいハヽヽハヽヽ
（仕懸文庫、16、二二五頁）

⑮久……なんにしろよい御たのしみしやなにかあてじややらゑらい後生のねかいよふじや
（風俗通、19、三五頁）

⑯女房……おとりさんから文がまいつております……丈ゑらふ書くさるはへ
（意妓口、19、一七七頁、丈介は上方の店もの）

⑰女良ヲヤどうりて今夢に見てゐたよ。こ、へおはいりな客ゑらいあしかさんじやなト（うれしそうにむぐりこむ）……女良そりやあそうとの。ソレとふからそふいつておいたものはどふしたな客もってきたじや。ゑらいしんじつなト（ふところから白ちりめんのきれを出す）

（玉之帳＝「意妓口」の続編。⑲、二一九頁、客は丈介）

以上、寛政期までの江戸板洒落本では「ゑらい」は計三六例見えるが、そのうち三五例までは江戸者以外の例である（あと一例は「玉之帳」〈寛政年間〉のもの。後掲）。「ゑらい」は江戸者が使用する言葉とは考えられていなかったことがわかる。(7)

ところで「物類称呼」（安永四・一七七五年）には次のような記述がある。(8)

○大いなる事を五畿内近國共に。ゑらいといひ又いかいと云
今按に　東國にてもゑらひと云　物の多き事をいひて　大いなるかたには用ひず上かたにては高大なる事に聞えたり

（巻五、『岩波文庫』）

東国・上方共に「ゑらい」が用いられるとしているが、意味・用法は東国と上方では少し違うと考えているようである。「志不可起」には「関東俗語ニ物ノ多キヲゑらいト云」（前出㋑）とあったが、「浪華色八卦」（前出㋓）「秘事真告」（前出㋔）といった上方洒落本の例では「ゑらい」は「程度がはなはだしい」意で用いられており、東国と上方では「ゑらい」の意義に微妙な差があったかとも思われる。しかし、江戸板洒落本では㈠の「東国者による使用例」でも「数が多い」という意義で用いられているものは認められず、どの例も（プラス評価のものもマイナス評価のものもあるが）「程度がはなはだしい」意で用いられており、上方者による使用例と意義の差は特に認められない。江戸の洒落本作者たちは、東国と上方とでの「ゑらい」の意味・用法の差といったものは、特に認めていなかったように思われる。

3．江戸語における「ゑらい」の使用と意義変化

寛政年間までの江戸板洒落本中、「ゑらい」は三六例中三五例までは江戸ことばによるものではないことを前節で示したが、残る一例は次のものである。

伴頭 義太夫へ恋は女子のしやくのたね ト一口 上るり 皮太夫 イヨゑらい大将うまいこと 舟頭 いつけんいきやしよう 皮太夫 一番ごつきりだよ…… 皮太夫 此お客は何をいつても聞あいたと湯屋の伴頭さんしやあねへか

（玉之帳、19、一二五頁）

寛政年間に至って、江戸ことばでの「ゑらい」の使用が認められるようになったわけである。さらに、文化四（一八〇七）年の式亭三馬の洒落本「船頭部屋」には次の例が見える。

藤兵へ なまごろしの蛇といふ子もあるものよ。為になる客にはかまはず。ぬらりくらりと穴ばいりをしたがるかいるは。蛇にのまれてゐるたァしらず。蛇もわれしらず蝓《なめくじ》にとけてしまう。ゑらいべらぼうハ、おれもよつぽと御くろうしようだ

（24、三五一頁）（この作品での例は一例のみ）

ここに至って江戸語でも「ゑらい」が一般に用いられはじめたといえよう。

次頁の表に、化政期から明治前半までの「ゑらい」の使用状況を示す。

（なお「夢酔独言」〈天保一四・一八四三年。『東洋文庫』所収〉には「ゑらい」が一例見える。

○始は遠慮をしたが、段々いたづらをしゐだし、相弟子ににくまれ、不断ゑらきめにあった。〈同、一七頁〉

「たいへんな」といった意味で使われている例である。）

では江戸者が「ゑらい」を使用している「七偏人」と「牡丹燈籠」の例を見てみよう。

作品名	刊年	用例数	江戸者	東国者	上方者上方詞
浮世風呂	文化六～一〇・一八〇九～一八一三	18	0	0	18
浮世床	文化一〇～一一・一八一三～一八一四	11	0	0	11
八笑人	文政三～天保五・一八二〇～一八三四	0	0	0	0
春色梅児誉美	天保三～四・一八三二～一八三三	0	0	0	0
七偏人	安政四～文久二・一八五七～一八六二	8	3	0	5
安愚楽鍋	明治四～五・一八七一～一八七二	0	0	0	0
怪談牡丹燈籠	明治一七・一八八四	5	4	1	0
当世書生気質	明治一八～一九・一八八五～一八八六	3	0	0	3（西国者）
雪中梅	明治一九・一八八六	0	0	0	0
浮雲	明治二〇～二二・一八八七～一八八九	0	0	0	0

（「浮世風呂」は『日本古典文学大系』、「浮世床」は小学館『日本古典文学全集』、「八笑人」「梅児誉美」は『岩波文庫』、「七偏人」は『講談社文庫』、「安愚楽鍋」「牡丹燈籠」「書生気質」「雪中梅」「浮雲」は筑摩書房『明治文学全集』所収のものを使用。）

まず、「七偏人」による江戸者の使用例では、

ⓐ豆売り親爺につらまって困る下太郎、跂助を、脇に見て居る喜次郎、飛八、野良七の三人は、袖を引つ張り膝をつッ突き、
喜次「何様《どう》だ何様《どう》だ。自己の方寸は、ゑらいもんだらう」
飛「なかなか甘《うま》く廻《めぐ》つたのう」
野良「アレアレ、玉子と豆を六百で売つたといふ事を亦言やアがつたぜ」　（三編中、『七偏人㊤』、一三二頁）

ⓑ一人小さき腰掛に腰打ちかけて居る男が、団扇遣ひも荒荒しく、
「コウお白湯《さゆ》ばう、自己《おいら》の力《ちから》ッ瘤《こぶ》を見な。……然《さ》るところのお譲さんが、島田へ掛けた金糸の大根《だいこ》七五三《じめ》を見

た様なものを外して、二の腕を縛つたから、自己がウンと力を入れると、力ッ瘤が脹《ふ》くれる郤含《はずみ》で、縛つた金糸が弗《ふつつ》りと切れたと言ふのは何様《どう》だ、ゑらからう。（三編下、同、二四七頁）

ⓒ相も変らぬ偶談の、果ては何やら一趣向と、思ひ付いたる下太郎が進めに跂助膝をよせ、

「コウコウ聞かッし。ゑらい趣向を思ひ付いたから

茶め「横町の両替屋へはいる盗賊《どろぼう》なら御免だぜ」（四編中、『同㊦』、四三頁）

のように、「ゑらい」はプラス評価に用いられているものの、化政期以前の例の語義と同じく、「程度がはなはだしい」意で用いられている。

一方、「牡丹燈籠」における使用例は次のようなものである。

ⓓ勇「占ひでハ幽霊の所置ハ出来ないが、あの新幡随院の和尚ハ中々に秀《ゑら》い人で、念佛修行の行者で私も懇意だから……（『三遊亭圓朝集』二五頁）

ⓔ相川「夫だから孝助殿に娘の惚れるのハ尤もだ。娘より私が先へ惚れた。……ア、感服、自分を卑下した所がゑらいネー。（同、二九頁）

ⓕ醫「……どうも機轉の利き方、才智の廻る所から、中々只の人でハない。今にあれハゑらい人になると云ていたが、（同、五九頁）

ⓖ相川「……あの和尚ハ谷中の何とか云智識の従弟《でし》と成り、禪學を打破つたと云事を承ハり居るが、ゑらひ物だねへ、（同、六六頁）

ここでの使用例に至って「人の行為の立派さ」を表す用法、即ち現代語における「偉い人だ」に通ずる用法が現れるのである。

ところで『和英語林集成』初版（一八六七年）には「えらい」は次のように記述される。

YEAR-KI-KU, エライ, a. Extraordinary, wonderful, remarkable very, —h'to da, a remarkable man. —Ō ame futta, a very great rain has fallen. Syn. OSOROSHII, TAISŌ.

ここにも「えらい人だ」という記述が見える。

以上、まとめると、江戸語においては「えらい」は「程度のはなはだしい」意でのみ用いられる語であったが、幕末から明治に至って「えらい」は現代語と同様の意義である「立派だ、秀れている」意でも用いられるようになった、ということになる。[9]

4. 明治以降の「えらい」の漢字表記

さて、この節では近代以降の「えらい」の用法の問題点として、漢字表記について触れておきたい。

近世においては「ゑらい」はほとんどかな表記されたが、[10] 明治以降ではかな表記以外に様々な漢字が宛てられた例が見える。「怪談牡丹燈籠」のⓓの例では「秀」の字が宛てられていたが、このほか、

ⓗ甚麼《どんな》に可重人《えらい》か知らぬけれど、
（多情多恨、明治二九・一八九六年、『紅葉全集第五巻』博文館、三〇〇頁）

ⓘ前の奥様はナカ〱雄《えら》い、好《よ》い方で御座《ござ》いました。
（火の柱、明治三七・一九〇四年、『日本近代文学大系　木下尚江集』講談社、五八頁）

ⓙ以前非常《えら》い事世話になった家の……
（天鵞絨《びろうど》、明治四一年、『現代文学大系　啄木集』筑摩書房、二七九頁）

ⓚ「あの人はあれで学者の傑《えら》い先生なんですってね。
（松井須磨子、大正八・一九一九年、長谷川時雨『近代美人伝　上』岩波文庫、三一三頁）

のように多種多様な表記が見える。

一方、明治中期から大正期の辞書をみると、『漢英対照いろは辞典』（明治二〇年）には「えらい」は立項されていないが、『言海』（明治二二・一八八九年）には、

えらし（形・二）（苛《イラ》シノ轉）勝レタリ。
タイサウナリ。偉。

とあり、記述に「偉」とあるのが注目される。

しかし『大言海』（昭和七・一九三二年）では

えらし（形・二）―甚大―（苛苛《イライラ》しノ略轉シテ、（いこぢ、えこぢ、いぬご、えのご（痤））いらなしノ意トナレル語ナラム）イラナシ。イミジ。ハナハダシ。大層ナリ。スバラシ。「えらい出世」えらく破レタ」

となっていて、記述に「偉」の字は見えない。また『日本大辞書』（明治二五年）、『ことばの泉』（明治三一年）、『辞林』二版（明治四四年）、『広辞林』（昭和九年）では「えらい」に漢字は宛てられていない。一方、『言泉』（大正一〇年）には、

えらし　豪し　［一］たいそうなり。仰山なり。甚し。ひどし。（俚語）
［二］すぐれたり。かしこし。（俚語）

と「えらい」に「豪」の字が宛てられている。辞書類においては「偉い」という表記は一般的なものとは認められていなかったように見える。

しかし、「多情多恨」では「えらい」は計二例使用されているが、ⓗ以外のもう一例では、

①「其よりもっと偉《えら》い話がある、（前出、三七四頁）

と「偉い」という表記例が見える。（ただし、ここでの「偉い話」とは、四十男の後添に「初婚の候補者が腐るほどある」ことを指し、「偉い」は「程度のはなはだしい」意で用いられている。「立派だ、秀れている」意ではない）。また「火

の柱」では「えらい」は計一九例見えるが、

えらい　2例
豪《えら》い　1例
雄《えら》い　3例
偉《えら》い　13例

と「豪」「雄」といった例も見えるが、「偉」の例が多く見える。（ここでは、「えらい」一九例はほとんど「立派だ、秀れている」意で用いられており、意義による使い分けが見られるわけではない。）次第に「偉い」という表記が増えていく様がうかがわれる。

では鷗外、漱石の場合はどうであろうか。鷗外の場合、『作家用語索引』全五巻（教育社）に収められた作品中「えらい」は四作品計一七例見えるが、いずれもかな書きである。（『鷗外全集』岩波書店を対照）。漱石の場合も『作家用語索引』全一四巻に収められた作品中「虞美人草」（明治四〇年）までは「えらい」は四作品計七七例見えるが、「豪《えら》い」二例を除くといずれもかな書きである（『漱石文学全集』集英社、『漱石全集』岩波書店対照）。

しかし、「三四郎」（明治四一年）では「えらい」計二五例中、かな書き三例、「豪《えら》い」二例のほか、二〇例は「偉《えら》い」と表記され、以降の作品では「えらい」計四六例（六作品）中、七例のかな書きのほか三九例まで「偉《えら》い」と表記されている。また、「三四郎」以降の作品では、「偉い」は「立派だ、秀れている」意として用いられており、現代語の用法と同様である。

このようにして次第に「偉い」という表記例が増えていき、「立派だ、秀れている」意の「えらい」は「偉い」と表記するという方向で固まっていったのであろうと思われる。

5．まとめと課題

本章での考察をまとめると次のようになる。

1「ゑらい」は従来「近世中期に上方に生まれた語」と説明されてきた語であるが、この語の使用は上方では宝暦以降にしか認められないのに対し、東国語には前期から使用が認められる。つまり東国における使用が上方における使用に先行する。

2江戸語における「ゑらい」の使用は寛政頃以降で、東国及び上方より遅れた。（それ以前は、「ゑらい」は東国者及び上方者が用いるもので江戸者は用いない言葉と考えられていた）。

3化政期以降に「ゑらい」は次第に江戸語の中に定着していくが、この語は幕末に至るまで「程度がはなはだしい」意でのみ用いられる語であった。しかし幕末から明治初め頃には「えらい人だ」というような「立派だ、秀れている」意に用いられる用法、即ち現代語の「偉い」に通ずる用法が現れた。

4「えらい」に「偉」の字を宛てる表記は、明治の半ば頃から用いられ始め、「立派だ、秀れている」意の「えらい」は「偉い」と表記するという方向で固まっていった。

以上、「えらい」が先に東国で使われ、次の上方で使われた語、また田舎で先に使われ後に江戸で使われるようになった語ということで珍しく、注目に価しよう。しかし、このことについてはなお文献を広く調査し、確認すること、また言語地理学的解明も必要となろう。

意味についての課題としては、評価が中立的なものからプラスのものへ特定化した例としての、要因の追求が挙げられる。関西方言においては、一方で「苦しい」という意へのマイナス評価が起きたわけであるが、その過程とも対比して考えたい。また、明治以降の膨大な資料における漢字表記の確認も、更に必要になると思われる。

もう一つ、程度修飾の場合の「形容詞終止連体形の副詞的用法」（例えば「ゐらいうつくしいなァ〈睟のすじ書、〔16〕、一三〇頁〉では「ゐらう」の代わりに「ゐらい」の語形を取っている）の問題があるが、この問題については次章で論じる。

注

（1）近世では専ら「ゐらい」と表記され、「えらい」と表記されるようになるのは明治以降である。以下近世までの用例では「ゐらい」と表記する。

（2）「ゐら」については、「名語記」（一二七五年。北野克転写本による）に、

問　下臈《エラ》ノ詞ニオホカル物ヲエラアルト云ヘリ如何　答エラハヨケラカノ反ニアタレリ　（巻五　九〇オ）

という記述が見える。「ゐらい」が文献に現れる以前に「ゐら」という語形が見えるわけである。

（3）「睟のすじ書」の一四例中二例、「阿蘭陀鏡」の一例は江戸帰りの人物のものであるが、上方においては江戸者も「ゐらい」を用いると考えられていたと思われる。

（4）長崎までやってきた江戸者に対して、そこで魚釣りをしていた老人が発した言葉の中で用いられるものである。

（5）近世においては伊勢は上方の中の一地域と考えられていた。

（6）上方語の影響が強く、名古屋方言の資料として扱えるかどうか疑問が残る。

（7）江戸者は、「程度のはなはだしい」意の形容詞として「きつい」を多用する。

〔夷〕釣といふものは面白いものよおらアきついすきだ　（福神粋語録、天明六・一七八六年、〔13〕、三〇四頁）

（8）この頃から「いかい」の使用例は次第に少なくなり「ゐらい」の勢力に圧倒されるようになる。「出来るだけ強調

しようとする時、使い古された語句よりも、新しい語句を使いたいという心理が働く」（鈴木英夫「言葉の誤用」『国文法講座6―現代語』一九八七年、明治書院）結果であろう。

（9）上方においても「ゑらい」は化政期頃までは「程度のはなはだしい」意でのみ用いられる語であった（『洒落本大成』一～二八巻所収の作品等による調査に基づく）。しかし「新撰大阪詞大全」（天保一二・一八四一年）には「ゑらいとばかりいふ時はすぐれたといふこゝろにかなふ」（『国語学大系　方言二』）という記述がみえる。そうすると、上方では江戸よりややはやく「立派だ、すぐれた」という意の用法が現れたとも考えられる。

なお、「えらい」の関西方言的な「つらい、苦しい」意の用法について『上方語源辞典』（前田勇編、一九六五年、東京堂出版）をみると、「現代に入ってからの用法」と記述され、「そのさきがけをなすもの」として元治（一八六四～一八六五）前後の「ことわざ臍の宿替」の「ヲ、ゑらい〳〵なんじや重たいやつじや」という例を挙げている。（『日本国語大辞典』『小学館古語大辞典』では、近松半二の「新版歌祭文」において、灸をすえられ「アツ、〳〵ゑらいぞ〳〵。」と叫ぶ場面の例を「苦しい」意での初出例としているが、これは「程度がはなはだしく悪い、ひどい」の意で用いられているもので「苦しい」意とは異なるものと考えるべきであろう）。

（10）管見では、天保二（一八三一）年刊の上方洒落本「老楼志」にのみ漢字が宛てられた例が見える。

何と苛目《ゑらいめ》にあふものじやムリ升せんか

（28、三四八頁）

付記

本章は日本文芸研究会第三九回研究発表大会（一九八七年六月一三日）において口頭発表したものに手を加えたものである。

第二章　形容詞終止連体形の副詞的用法

――「えらい」「おそろしい」を中心に――

要　旨

最近、「すごく」の代わりに「すごい」を用いて、「すごい面白かった」などと使う例が増えてきているが、似た例として、近世後期の上方から現在の関西に至るまでにみられる「えらい面白かった」というような用法、及び明治・大正期にみられる「恐ろしい疲れる」というような用法について検討した。「えらい」の用法が上方において定着し、一方「恐ろしい」の場合は衰退した訳であるが、その違いが生じた原因として、「恐ろしい」の「恐怖を感じる」という、本来の意義の持つ重みというものに着目した。

1. はじめに

最近、よく耳にする用法であるが、従来の規則からは、はずれていると思われるものの一つに「すごい」の用法がある。この用法について鈴木英夫は次のように記している。

日本語を習得している成人の場合でも、誤表現はみられる。よくみられるのは、従来の規則に反して新しく使われ始めた表現であって、社会的にまだ承認されていないものである。最近の若い人にふえてきた「すごい」の用法も、その一つである。

今朝の電車、すごい混んでたよ。

という場合、「すごく」が規範的な言い方なのであるが、「すごい面白かった」「すごい喜んじゃった」などと使う人がふえている。

前にも述べたように、言葉は社会的習慣であるから、本来は誤りであっても、一般化して社会的に承認されれば、言語体系の中に組み込まれることになる。しかし、「すごい面白かった」は、未だ社会的には承認されていない。

一方、「とても」は、本来とてもたえられないのように、否定を伴って使われた語であったが、大正期になって、「とても安い」のように肯定の場合にも使われるようになり、今日ではその言い方が社会的に承認されている。（『国文法講座6―現代語』「言葉の誤用―誤表現と誤解―」七八〜七九頁、一九八七年、明治書院）

このように「すごい」は「規則に反して新しく使われ始めた表現」と考えられるわけであるが、「すごく」の代わりに「すごい」を用いるのは最近であっても、それによく似た例は近世や近代にも見られるものであった。

この「形容詞終止連体形の副詞的用法[1]」は、「程度のはなはだしさ」を表す形容詞の中に見られる用法である。現代語において「程度のはなはだしさ」を表し、連用形の形で形容詞・形容動詞などを修飾する形容詞として「えらい」、「おそろしい」、「すごい」、「すさまじい」、「すばらしい」、「ひどい」、「ものすごい」といった語が挙げられる。このうちほぼ無条件で形容詞・形容動詞などを修飾可能なものとなると「えらい」、「おそろしい」、「すごい」、「ものすごい」に限られる。「すさまじい、ひどい」はマイナス評価で多く用いられ、プラス評価では用いにくい。一方「すばらしい」はマイナス評価では用いない（用いると反語となる）制約がある。

このほか「程度のはなはだしさ」を表す形容詞としては「いちじるしい」と「はなはだしい」が考えられるが、「いちじるしい」の場合は、

この学歴偏重社会において、義務教育しか受けていないということが著しく不利なことは明らかだ

というように「程度のはなはだしさ」よりも「状態及び状態変化の明瞭さ」を表すことに力点が置かれる。(2)

一方「はなはだしい」は、

　はなはだしく解決を困難にした

というように動詞に係る場合に多く用いられ、形容詞・形容動詞を修飾する場合には

　はなはだ心もとない

というように副詞「はなはだ」が多く用いられる。(3)

連用修飾用法において副詞の「とても、大変、大層」などと同様に用いられ、ほぼ無条件に形容詞・形容動詞などを修飾可能な形容詞としては結局「えらい」「おそろしい」「すごい」「ものすごい」といった語に限られることになる。

この中で、「えらい」と「おそろしい」の場合にイ語尾の形での副詞的用法がまとまった形で現れる。(4) 以下、二節では「えらい」の場合を、三節では「おそろしい」の場合を考察する。

2. 「えらい」の副詞的用法の場合

「ゑらい」は上方語資料には宝暦頃から現れる語(5)である。

ⓐ座をくろめて賑きやか也隣座敷て強そふナ客の咄ニ七めが此中卯月八日に爰へ来てゑらうさやしおつた

（浪華色八卦、宝暦七・一七五七年、2、三五三頁）

ⓑ貴《タツトキ》は堀江に似て一段下婢たり。賤《イヤシキ》は辻君に類して又心高し。言葉《タン》ゑらふきこへて。とまつてくれなんせんかいナもかつくりとしたせりふぞかし。

（秘事真告、宝暦七年、2、三六七頁）

この「ゑらい」という語が寛政頃から次のように用いられ始める。

①ゲモシナあみぶねといふものはぐれ〳〵してこわひものナア客ナアニゑらひすきでゲわしやいやじやわへ（脺のすじ書、寛政六・一七九四年、16、一二九頁）

②頭おまへむまがすき欤ゑらひおふけなものがすきじやナア（同、一二九頁）

③又けいこ来る〆て二人になるケおいでなされトあはたゞしふすわる客ゑらいうつくしいなア（同、一三〇頁）

④ソレ〳〵ゑらふ様子のよい嬶が来たほんにゑらいよい嬶じや（身体山吹色、寛政一一年、18、四二頁）

⑤有先日重国子《おもくに》が長卜子《てうぼく》と南の淵宗へゆかれましたが長卜子が遅咲伏見之助となり綱渡りの曲ェライ勤めたものじやとの噂でござります（昇平楽、寛政一二年、19、七〇頁）

連用修飾ということで、従来の規則から考えれば「ゑらう」となるのが自然なように思われるものである。④の例など「ゑらい」と「よい」を並列していると考えられなくもないが③の「ゑらいうつくしい」といった例があることを考えると「ゑらいよい」＝「ゑらふよい」として用いているのではないかとも思われる。

天保一二（一八四二）年の「新撰大阪詞大全」には次のような記述がみえる。

ゑらいとは、すべて發語にいふことばなりゑらいとばかりいふ時はすぐれたといふこゝろにかなふ其余は所によりて意味大にちがふたとへはゑらいよい　ゑらいわるい　ゑらいちいさいゑらいおぶきいなどゝいふにて心得べし（『国語学大系　方言二』）

天保頃にはかなり「ゑらいよい」といった、「ゑらう」の代わりに「ゑらい」を用いる言い方がなされていたように思われる。『上方語源辞典』（前田勇編、一九六五年、東京堂出版）には、

えらい《副》
用言を修飾し、甚だ。大層。どうも。「エライ済んまへん」「エライ帰りが遅いなァ」〔語源〕ほぼ寛政期を境

として従前の「えらう」「えろ」が後退し、本条の「えらい」が進出する。

との記述がみえるが、「えらう」の代わりに「えらい」の形で用言を修飾する例は寛政頃から出始め、次第に勢力を増していったということである。

では、幕末期の上方において、用言を修飾する場合の「えらい」と「えらう」の勢力比の実態を見てみよう。資料に用いたのは元治（一八六四～一八六五）前後の滑稽本「穴さがし心のうちそと」と咄本「ことわざ臍の宿替」（巻二～四）(6) である。「ゑらい」は「穴さがし」では計二九例（内「どゑらい」一例）、「臍の宿替」では計三二例（内「どゑらい」三例）みえる。

このうち「ゑらい」の形で用言を修飾しているとみられる例は次のようなものである。

○「穴さがし心のうちそと」の例（八例）

⑥姫ハア姉《ねえ》はんがお客《きわく》に買《かう》てもろてやったのハ五匁二分でヱ親ヨウ〳〵ゑらい高い物じや

（『近代語研究四』四三九頁）

⑦手代さうカおつやん〳〵爰へきて着物《きりもん》ちよつと見せてんカゑらい能《よう》なつたなアしかし儒伴の衿もついでにさう
いふと持《もて》きてあげるのに

（同、四四〇頁）

⑧先イヤちか頃はづかはしきことにハあれど白米二升ほどこいもとめたくおもふなれバわけてたまはれかしこな
ますら男《を》どの米やゑらいむつかしいわからんことをいふて来たゾ

（同、四六一頁）

⑨アノ滑介《なめすけ》さんを私《わたい》のお客《きやく》かと問《とふ》たりしられたのでモフ〳〵腹が立てかなしなるほどつろうおました茶ヲヤ〳〵
ゑらい気のどくなことじやナアアノお客は払ひぐせもわるし私《わたし》もとんと好《すか》んけれど

（同、四六三頁）

⑩モフ先の季《あい》ハかけがよらいで誠につまらんでヱゑらい気のどくなけれど四五両かしておくれデヱ

（同、四六七頁）

⑪娘ナア母《おかん》様ゑらいよい嫁さんじやと聞《きい》たけれどなんにもよい事ハありやしませんがなみつちやハちよつとあるし顔立ハよいけれどはなハひくし口が大きいかはりに目がほそふておゐどハふといが背だけハゑらいかあいらしひ嫁さんじやナア（同、四六八頁）

⑫三味線《さみせん》でも琴《こと》でもよう弾てゞお升かはりにゑらい鼻に出て小言をよういふてむつかしお升でヱ（同、四六九頁）

○「ことわざ臍の宿替」の例（一一例）

⑬今日はどゑらい面白かつた、先始《まづはじめ》に十兵衛の所へいてやつたら、精出して念仏申してゐたよつて、（『続帝国文庫　校訂落語全集』五四九頁）

⑭大根賣《だいこんうり》を呼んで、無三向に直切《ねきつ》てゐるのを見て、そんな物買はずと、いつもの通り捨《すて》に行けといふたら、これもおこつたが、ゑらい面白いかはりに、丁度三軒あすびに行かれぬ様になつた、（同、五五〇頁）

⑮ヤレ〱〱どゑらい面白《おもしろ》ナア、ゑらそうな顔して内に居《ゐ》て、陰氣に暮しても一生、おれの様に飛上つても一生じや、（同、五五六頁）

⑯「何じやおきよどん、ゑらいいそかしいな、コレ〱そんな味噌のすりやう仕たら、皆ふちへついて仕もふがな、（同、五六八頁）

⑰久七さんも、そうかと思ふてゐなさるのが、ゑらい可笑《をかし》い、まア二人ながら、よいとして、あんな人らに十両も金取られるといふことがあるものか、（同、五六九頁）

⑱長い手の先を此通り鍵にして……、しかし飯くふのと雪隠へいて、拭く時にはゑらい工合がわるい、（同、五九〇頁）

⑲ゑらいづゝないケツプ〱、エヽイゲロ〱〱、（同、五九一頁）

⑳イヤ是は〱思ひかけない御馳走に成ります、あんたの味噌はゑらい美《うま》い、お汁が誠に結構じや、おまへさん

は稗島からお出のか、菜種はあつちがゑらいよいと云事じやが、米もゑいかナ、　（同、五九八頁）

㉑モシ御隠居さん、若旦那は昨日からどちらへおこしなさつたのでござりまする、今朝からまだお帰りじやござりませんが、余所《よそ》ではゑらい噂が高ふ有ります、あんたのお目が長すぎまして、兎角すかたんばつかり見ておゐでなさります、ちつとは又おつしやつても宜《よ》うござります、　（同、五九九頁）

㉒あんまり大きな草鞋《わらじ》はくと気が咎めて、人が見てゐる様で、ゑらい工合がわるい、ま、よなんぼ丁稚《でっち》でも、今時はだしで使いにいかりやせんは、　（同、六〇〇頁）

一方、「ゑらう」の用例は次のようなものである。

○「穴さがし心のうちそと」の例（八例）

㉓おいとさんけふハゑらふまたしました　（『近代語研究四』四三七頁）

㉔艶ハアお母《かん》ハ最前から番組のことであんたをゑろう待てゞおましたけれど　（同、四四〇頁）

㉕ゑらう遅《おそ》なつてわるおましたとあんじやうことはりいふて三歩《ぶ》渡して来おくれ　（同、四四八頁）

㉖ゑらふおそなりましてまことにごしんぱい　（同、四五一頁）

㉗女それを又づらしてやつたらゑらふ怒り升やろうナ　（同、四五四頁）

㉘女〳〵モシ半さんゑらふおそなると又ようじんがわるいよつて　（同、四五六頁）

㉙嫁ヲ、フお崎さんあんたゑらふ早ふ御拵《こしら》へが出来ましたナア　（同、四七八頁）

㉚風でも引たかしらんゑらふ嚔《くつしやみ》が出る　（同、四八一頁）

○「ことわざ臍の宿替」の例（五例）

㉛「何じや、太い字が書てあつて、その隣に細い字が書てあるは、これを読むとゑらうひまが入《い》て邪魔くさい、

（『続帝国文庫　校訂落語全集』五六六頁）

㉜おのれはあと先のわからぬやつじやといふて、ゑらう叱られたが、（同、五七四頁）
㉝ゑらう寒《さむう》なつた、今夜はどうぞして、布団を二帖ほと手廻さんならんが、（同、五八二頁）
㉞ゲフウ〳〵ゑらう酔《よつ》たぞ、（同、五九〇頁）
㉟私《わたし》はゑらう逆上《のぼせ》てとむならんよつて、是から暫く寝るでヱ（同、五九五頁）

以上、用言を修飾する場合の「ゑらい」は計一九例、「ゑらう」は計一三例で、寛政頃から使われ出した、用言を修飾する「ゑらい」の用法が幕末頃には「ゑらう」と肩を並べるまでになっていたことがわかる。

次に、これらの例を被修飾語の品詞別に分類して示す。（カッコ内は女性の使用数）。

表1

被修飾語		ゑらい	ゑらう
形容詞	連用形Ⅰ（面白かつた）	1	0
	連用形Ⅱ・ウ音便形（「高ふ」等）	2	2（1）
	連用形Ⅲ・ウ音便短呼形（遅《おそ》なる）	0	3（3）
	終止形	8	0
	連体形	4（2）	0
	語幹用法（面白ナア）	1	0
形容動詞		2（2）	0
動詞		1（1）	8（5）
計		19（5）	13（9）

（なお「ゑらい」「ゑらう」の男女別の使用数は、

	穴さがし	臍の宿替
ゑらい	男3女5	男11女0
ゑらう	男0女8	男4女1

であるが、「穴さがし」は作品全体に女性の会話が多く、「臍の宿替」では全体に男性の会話が多いというところもあり、男女による「変化のはやさ」の差ということは、はっきりとは言えないようである。また身分や老若の差ということはこれらの作品からはわからない）。

表1から、動詞を修飾する場合はほとんど「ゑらう」であるのに対し、形容詞の終止連体形（イ語尾形）を修飾する場合は「ゑらい」のみ、というように被修飾語によって差があることがわかる。形容詞の終止連体形を修飾する場合、「ゑらい美《うま》い」のように「ゑらい」を用いると、韻を踏むような語調上の効果が感じられる、というようなことが関係しているのではないかと思われる。

これが昭和の初めになるとどうであろうか。谷崎潤一郎の「卍」（昭和三〜五・一九二八〜一九三〇年）をみてみると、「えらい」は計七七例みえるが、「えろう」の一例以外は全て「えらい」であり、その勢力は圧倒的である。（この作品では「えらかった」というような例はみえず、無活用といってよい状態になっている）。

「えろう」の例

○「やあ、えろう分りにくいとこやなあ」と、夫は格子のとこに立ってて、　（『新潮文庫』一四五頁）

「えらい」が用言を修飾している例

○断ったら、陰い廻ってその生徒のことえらい悪う云やはりますねんと。　（同、一八頁）

○その晩家い帰ってみたら十時近くでしたのんで、「えらいおそかったなあ」と、夫はいつにのうけったいな顔して、（同、二七頁）

○あの橋のところから阪急の線まで出る路が又えらい淋しいて、（同、七二頁）

昭和の初め頃までには「えろう」の勢力は完全に後退していたわけである。

以上、まとめると、

1「ゑらう」に代わって「ゑらい」の形で用言を修飾する用法は寛政頃から現れた。

2幕末頃には用言を修飾する「ゑらい」の勢力は「ゑらう」と肩を述べるまでになっていた。特に、形容詞の終止連体形を修飾する場合には「ゑらい」のみが用いられたが、これには語調といったものが関係していたのではないかと思われる。

3昭和の初め頃には「えろう」の勢力は完全に後退した。

ということになる。

3.「おそろしい」の副詞的用法の場合

明治・大正期には「おそろしく」の代わりに「おそろしい」を用いて程度修飾する例がみられる。例えば次のようなものである。

①「あら、まあ金剛石？？」
「可感《すばらし》い金剛石」
「可恐《おそろし》い光るのね、金剛石」（金色夜叉、前掲、明治三〇・一八九七年『新潮文庫』一五頁）

②お前が何かしらお勝手で立ち働きながら、児島の噂をして、「児島といふ人間は恐ろしい気の平な男だ。若いものぢやないやうだ……どうでせう、あの気の好ささうな笑ひやうは可愛いい顔をするぢやありませんか。」真実《ほんたう》に可愛らしくつて堪らないやうにお前はいつた。（近松秋江、疑惑、大正二・一九一三年、『現代日本文学大系21』筑摩書房、三三五頁）

③「欣さんは中学校に居つた時分から気前の好い人間《ひと》であつたとよく繁さんが言つてゐました。恐ろしい気前の好い人間だ。」こんなこともお前は口にすることがあつた。（同、三三五頁。お前＝主人公の妻、児島欣次郎＝下宿人の学生）

④「おそろしい疲れるもんですね。」

一月ほどの練習をつんでから、初めえ銀座の方へ材料の仕入に出かけて行つて、帰つてきたお島は、自転車を店頭へ引入れると、がつかりしたやうな顔をして、そこに立つてゐた。（あらくれ、大正四年、『日本現代文学全集　徳田秋聲集』講談社、一一三頁）

①の例では金剛石の光る様子を、②と③では下宿人の学生の可愛いらしさ（話者である「妻」はこの後、その学生と駈け落ちする）を、④では疲労の程度を強調するために「おそろしい」が用いられている。これらの例での「おそろしい」は本来の「恐怖を感じる」意義から離れ、単に「程度のはなはだしさ」を強調する意で用いられていると考えられる。

では、この「おそろしく」の代わりに「おそろしい」を用いる例は、本来の意義である「恐怖を感じる」意の例も含めた全用例の中でどれくらいの割合を占めるものだろうか。

例として、明治期の資料の中で「おそろしい」の用例が比較的多くみられる「福翁自伝」（明治三一年、『角川文庫草稿復元版』による）の場合を検討する。（全一九例）

a．「恐ろしく」の例（一例）

⑤飲んだも飲んだか、恐ろしく飲んで　（大坂修業、六〇頁）

b．「恐ろしく」の代わりに「恐ろしい」を程度修飾に用いていると考えられる例（四例）

⑥絨氈はどんな物かと云ふと、先づ日本で云へば余程の贅澤者が一寸四方幾千《いくら》と云ふ金を出して買ふて、紙入にするとか莨入《たばこいれ》にするとか云ふやうなソンナ珍しい品物を、八畳も十畳も恐ろしい廣い處に敷詰めてあつて、其上を靴で歩くとは、　（初めて亞米利加に渡る、一一〇頁）

⑦狭い家だから大勢坐る處もないやうな次第で、其時は恐ろしい暑い時節で、座敷から玄関から台所まで一杯人が詰つて、　（攘夷論、一四六頁）

⑧寺は舊の通り焼けもせず、高さんも無事息災、今は五十一歳の老憎で隠居して居るとて写真など寄越しましたが、右の一件も私の二十一歳の時だから、計《かぞ》へて見ると高さんは七歳でしたらう、恐ろしい古い話です。　（品行家風、二五八頁）

⑨左様で御在ますか。コリヤ面白い、私は今まで随分太平楽を云たとか、恐ろしい聲高《こわだか》に話をして居たとか云て、毎度人から嫌がられたこともありませうが、　（同、二五九頁）

c．本来の「恐怖をかんじる」意で用いられていると考えられる例（一四例）

⑩夫れは〳〵恐ろしい剣幕で　（大坂修業、五一頁）

⑪國に帰て人を殺すとは恐ろしいぢやないか。　（緒方の塾風、九三頁）

⑫あの往来は丁度今の神田橋一橋外の高等商業学校のある邊で、素《も》と護持院ケ原と云ふて大きな松の樹などが生繁つて居る恐ろしい淋しい處で、追剝でも出さうな處だ。　（大坂を去て江戸に行く、九九頁）

⑬外國航海など云へば、開闢以来の珍事と云はうか、寧ろ恐ろしい命掛《いのちが》けの事で、

⑭徳利の口を明《あ》けると恐ろしい音がして、　　　　　　　　　　　（始めて亞米利加に渡る、一〇四頁）
⑮人でも怪しいものは通行を咎めると云ふことになつて居るから、……ソレカラ道中は忍び忍んで江戸に這入るとした所で、マダ幕府の探偵が甚だ恐ろしい。　　　　　　（同、一一〇頁）
⑯和蘭の商船が下ノ關を通ると、下ノ関から鉄砲を打掛けた。けれども幸に和蘭船は沈みもせずに通つたが、ソレがなか〳〵大騒ぎになつて、世の中は益々恐ろしい事になつて来た。　　　　（攘夷論、一四二頁）
⑰日本では攘夷をすると云ひ、又英の軍艦は生麦一件に就て大造《たいそう》な償金を申出して幕府に迫ると云ふ、外交の難局と云たらば、恐ろしい怖い事であつた。　　　　　　（同、一四六頁）
⑱私の書記して置たものは外交の機密に係る恐ろしいものである、　　（同、一四七頁）
⑲今にも斬つて掛らうと云ふやうな恐ろしい顔色をして居る。　　　　（同、一四九頁）
⑳凡そ世の中に我身に取て好《す》かない、不愉快な、気味の悪い、恐ろしいものは、暗殺が第一番である。　　　　　　　　　　　　　　　　　　　　（王政維新、一九〇頁）
㉑宗太郎をば乳臥《にうしう》の小児と思ひ、相替らず宗さん〳〵で待遇して居た處が、何ぞ料らん、此宗さんが胸に一物、恐ろしい事をたくらんで居て、　　　　　　　　（暗殺の心配、二〇一頁）
㉒此夜が私の萬死一生、恐ろしい時であつたと云ふは、其船宿の若い主人が例の有志者の仲間であるとは恐ろしい。　　　　　　　　　　　　　　　　　　　　　　（同、二〇五頁）
　　　　　　　　　　　　　　　　　　　　　　　　　　　　　（同、二〇六頁）

以上、「恐ろしく」一例に対し、「恐ろしく」の代わりに「恐ろしい」を程度修飾に用いていると考えられる例が四例であり、これだけをみれば「おそろしい」の副詞的用法はかなり見られるということになる。ただ、本来の意義で用いられている例に比べると数は少ないものである。

「おそろしい」の副詞的用法が比較的多くみられる作品と考えられる「福翁自伝」においても「程度のはなはだしい」意で用いられる例は割合としては少ない。この点、前節における「えらい」の場合とは性格が異なるようである。「おそろしく」の代わりに「おそろしい」を使って程度修飾する用法は、現代にはつながらずに終わったのであるが、それには基本の意義の勢力の大きさが関係しているように思われる。

「えらい」の場合と違い、「おそろしい」の形で用言を修飾する用法が定着しなかった要因をまとめると次のようになろう。

1「程度のはなはだしさ」を表す形容詞として「えらい」が現れた（注5及び二節のⓐ、ⓑの例参照）のに対し、「おそろしい」は元来「恐怖を感じる」意を表す形容詞であったこと。

2近世から現れた「えらい」と違い、「おそろしい」には歴史があって、本来の用法が厳然としてあり、「程度のはなはだしさ」を表す用法は副次的な用法の域を出なかったこと。

このような要因により、「おそろしい」が「おそろしく」に取って代わって用言を修飾する、ということが定着するまでには至らず、やがて衰退していったのだと考えられる。

4. おわりに

以上、「えらい」「おそろしい」の形で連用修飾に用いられる場合を見てきたが、ではなぜ「えらう」「おそろしく」の代わりに「えらい」「おそろしい」を用いたのだろうか。

言語変化は、より安易で単純な方向に進むとされるが、その言語変化の一環として形容詞の無活用化がみられ、その流れの中で右のような用法が出てきたとする考え方もあろう。しかし、右の終止連体形の副詞的用法は形容詞一般にみられるものではなく、「程度のはなはだしさ」を強調する場合にのみ現れることを考えると、単に、「安易で単純な方向に流れて無活用化したもの」ということで片づけるにはためらいがある。むしろ、強調効果を高めるために意図的に終止連体形を用いたものと考えたい。「えらう」「おそろしく」と活用変化させた形より、原形である「えらい」「おそろしい」の形の方が強い印象が与えられるという意識が働いた結果ではないかと私は考える。

さて、現代用いられている「すごい」の副詞的用法は、上方における「えらい」のように定着に向かうのか、それとも「おそろしい」の場合のように衰退していくのだろうか。

「すごい」は「おそろしい」と同様、古くから用いられていた言葉であるが、「おそろしい」は「程度のはなはだしさ」を表す用法とは別に「恐怖を感じる」意を表す用法が第一義として厳然と存在する。しかし、「すごい」は現代では、「程度のはなはだしさ」を表す用法とは別に本来の用法が第一義としてある、とは考えにくくなっているように思われる。この点、むしろ上方における「えらい」の場合に事情は近いのではないか。このように考えると「すごく」の代わりに「すごい」が連用修飾に用いられる用法が定着する可能性は、決してないとは言えないように思われる。今後注目していきたい現象である。

なお、今回は取り上げなかったが、

[らん]……わたしやくやしいて〳〵ならぬわいナ　（粋の曙、文政三・一八二〇年、[26]、二九八頁）

というような、シク活用形容詞の「連用形に見られるイ語尾」の問題がある。この用法は近世後期に上方に現れ、現在、関西方言に広く見られるものであるが、このことについては別の機会に述べることとしたい。

注

（1）終止連体形に相当する形を連用修飾に用いるものであるが、そこから更に一歩進めて、連用形にイ語尾を認める考え方（菊沢季生「現代大阪方言の形容詞」『国語研究』四―一、一九三六年一月）もある。

(2) 森田良行『基礎日本語2』（一九八〇年、角川書店）三一頁。

(3) 同『基礎日本語2』三三頁。

(4) 「児島の奴二十や二十一の癖に酷《ひど》い酒の好きな奴だつた。」（近松秋江、疑惑、大正二年、『現代日本文学大系21』筑摩書房、三三五頁）のように「えらい」と「おそろしい」以外にもこの用法が現れることはあるが、あまり数は多くないようである。

(5) 近世前期東国語には使用が認められ、上方での使用に先行するものであった。

　血がゑらくはしつたゆへか　（雑兵物語、金田弘編『雑兵物語索引　本文編』八二頁、桜楓社）

江戸語での使用は寛政頃からと、上方より遅れる。

(6) 『続帝国文庫』所収の部分を使用した。なお、翻刻では、「ゑ」と「え」両方使われているが、他の作品では全て「ゑらい」と「ゑ」のみの使用のため、この作品の例も「ゑ」に統一した。

参考文献　主な参考文献としては本文及び注に記したもののほか次のようなものが挙げられる。

楳垣実編『近畿方言の総合的研究』（一九六二年、三省堂）
『近世上方語辞典』（前田勇編、一九六四年、東京堂出版）
国立国語研究所『形容詞の意味・用法の記述的研究』（一九七二年）
彦坂佳宣「洒落本の語彙」（『講座日本語の語彙5』一九八二年、明治書院）
古田東朔「現代の文法」（『講座国語史4　文法史』一九八二年、大修館書店）

第三章　江戸語における形容詞「いかい」とその衰退について

要旨

江戸語において形容詞連用形は、ウ音便形〈――ウ〉と非音便形〈――ク〉が併用されるが、「いかい」の場合はウ音便形しかとらず、非音便形が用いられることはなかった。

江戸語として、形容詞連用形にク語尾形を持たないということは形容詞として不完全であったことを意味する。このことが、「いかい」の江戸語における衰退の一要因になったのであろう。

これに、他の語の勢力が大きくなるという外的要因も加わり、「いかい」は衰退したと考えられる。

1．はじめに

近世後期において形容詞連用形が用いられる場合、上方語では非音便形〈――ク〉をとらず、ウ音便形をとるが、江戸語では非音便形とウ音便形が併用される。ただ、江戸語においてウ音便形が用いられるのは「ようお出でなされました」といった高い待遇価値の敬語に連なる場合がほとんどであり、普通語（非敬語）に連なる場合は一般には非音便形が用いられる。

ところが、〈程度がはなはだしい〉意で近世前期から中期にかけて広く用いられた形容詞「いかい」の連用形の場合、例外的に、江戸語でもウ音便形としかとらないという問題がある。[1]本章ではこの問題点について考察を行い、

「いかい」の衰退の要因を考える。

2. 江戸語形容詞における「いかい」の位置

「浮世風呂」（文化六～一〇・一八〇九～一八一三年）の会話中から形容詞の全用例（上方者及び西国者の例を除く）を採集すると、異なり語数一七八語（のべ語数二〇四四語）の例が挙げられる。この一七八語のうち用例数が五例以上の四八語を示すと、次のようになる。

表1　「浮世風呂」中の形容詞（五例以上の語）

あたらしい	あつい	あぶない	ありがたい	いかい	いたい	うまい
うるさい	うれしい	おおい	おおきい	おかしい	おしい	おそい
おそろしい	おとなしい	おもしろい	かわいい	きたない	きつい	くさい
こわい	さむい	じれったい	すくない	すさまじい	そうぞうしい	たかい
ちいさい	ちかい	つよい	とおい	ない	ながい	にくい
ばばっちい	はやい	ひさしい	ふるい	めずらしい	めでたい	もったいない
やかましい	やすい	よい	よろしい	わかい	わるい	

この四八語のうちで現代東京語として用いられないのは「いかい」のみであろう。このようにしてみると、江戸語の形容詞の中では「いかい」はかなり特異な位置を占める語のように思われる。

3. 国語史上の「いかい」の意味・用法の変化について

「いかし」は古代においては〈荒々しい、烈しい、恐ろしい〉といった意味で用いられる語であった。

①おそろしげにいかきものども、ひと山にみちて、めに見ゆるとりけだ物、いろをもきらはずころしくへば、
（宇津保物語—俊蔭、『宇津保物語本文と索引本文編』七四頁）

②少し、うちまどろみ給ふ夢には、「かの、ひめ君と思しき人の、いと清らにてある所に行きて、とかくひきまさぐり、うつゝにも似ず、たけく厳《いか》きひたぶる心いできて、うちかなぐる」など見給ふ事、度かさなりにけり。
（源氏物語—葵、『日本古典文学大系　源氏物語一』三三一頁）

中世においてもほぼ同様の意で用いられていた。

③うちうなだるる鶏頭花かな
　せうかうの夕つけ鳥のいかきさに　大納言爲氏
（菟玖波集、一三五六年成立、巻一九、『日本古典全書』一九四三年）

だが、室町後半頃からは、文語形「いかし」の用例は稀となり、一方、口語形「いかい」は、〈程度がはなはだしい〉意での修飾用法でのみ用いられるようになる。（連用形イカウと連体形イカイの両形に使用は限られる）。

④車馬百駟ハ千四百匹ソイカイ事ソ　（史記抄十六、『抄物資料集成』四二丁ウ）

⑤此間はいかうほねをおつたに、只今の様に仰らるれは満足した
（虎明狂言—三本の柱、『大蔵虎明本狂言集の研究　本文篇上』一〇〇頁）

⑥さうござらふ、けふはいかひさむさでござらぬか
（同—船渡聟、同、三六一頁）

近世前期の上方語においても程度修飾用法でのみ「いかい」は用いられる[2]。

⑦さて〳〵いかい御苦労皆私故と存ずれば。嬉し悲しう忝し。（曾根崎心中、『日本古典文学大系　近松浄瑠璃集上』二四頁）

⑧ア、いかう氣がめいるわつさりと浄瑠璃にせまいか。（冥途の飛脚、同、一七一頁）

以上、まとめると、室町後半頃から一般に用いられるようになった口語形「いかい」は、元来「いかし」が持っていた〈荒々しい、恐ろしい〉といった意に代わって〈程度がはなはだしい〉意の修飾用法でのみ用いられる語（連用形イカウと連体形イカイのみの使用）となったということになる。

4．近世後期の資料について

宝暦（一七五一～一七六四）頃から寛政（一七八九～一八〇一）頃にかけての口語資料は「しゃれ本」が中心となることは、近世語研究者の見解の一致する所であろう。この場合の「しゃれ本」（通常「洒落本」と表記）は、

滑稽可笑味を第一の文芸性として、浮世物真似を文章化したようなスタイルで世相風俗を穿つものを中心とする（中野三敏「洒落本名義考」『戯作研究』三七九頁、一九八一年、中央公論社）

ものであり、それぞれの作品の中で「滑稽」と書いて「しゃれ」と読ませている例も多い[3]（「滑稽」を「こっけい」と読ませている例はない）ことからもわかるように、「しゃれ本」とは、幅広く写実の技法で「滑稽」を表現した作品群を指す（類型化した遊里文学に限られるものではない）。

一方、享和二（一八〇二）年の「浮世道中膝栗毛」以降の作品で「滑稽」を扱ったものは、研究における便宜上「こっけい本」と呼ばれているわけであるから、近世後期の口語資料は、寛政頃までは「洒落本」、享和・文化年間

頃からは、いわゆる「滑稽本」が中心（文政頃以降では「人情本」が加わる）となるわけである。

ところで杉本つとむは『東京語の歴史』（一九八八年、中公新書）において、寛政頃までの江戸語の記述における中心資料として「咄本」を用いているが、「咄本」の資料性については、

江戸小咄の文章は文語的性格がかなり強いと考えられる。

（池上秋彦「江戸小咄について」『近代語研究一』一九六五年、武蔵野書院）

といった指摘がなされているので「咄本」は参照するにとどめ、論証には用いなかった。

5．近世後期江戸語資料にみる「いかい」の連用形について

さて、近世前期までの上方語での形容詞「いかい」の用法では連用形イカウと連体形イカイの両形が見られるわけであるが、江戸語の場合はどうであろうか。

『江戸語大辞典』（前田勇編、一九七四年、講談社）では、

いかい《形・副》＊（厳《いか》きのイ音便形）連用・連体両形のみ。連用形にはウ音便・非音便両形あり。連体形は本格的な体言のほか用言的性質をもつ体言や形容動詞・副詞にも冠し、形容詞の性格よりも副詞の性格が強い。はなはだ。たいそう。ひどく。大きに。大きな。

（傍線は増井による）

との記述がある。ここで問題となるのは連用形に関する記述である。「浮世風呂」「浮世床」の両作品を見ても連体形の用例が見られるのみで、連用形の例は一例も見られないからである。

寛政期までの江戸板洒落本約二七〇編（『洒落本大成』一～一九巻中の江戸板全作品。ただし初期の漢文体のもの等は除く）を対象に「いかい」の用例数を調べると、「いかい」はそのうちの四四作品で計六八例見えるが、うち連体

形のものは三三例見られる。滑稽本に比べると、洒落本では比較的多く連用形の用法が見られるわけである。
それでは、連用形三三例の用例が見られる作品名と刊年を次に示す。（刊年の下に示したものは『洒落本大成』の巻数）。

表2　江戸板洒落本における「いかい」の連用形

	作品名	刊年	巻数	イカウ	イカク
1	交代盤栄記	宝暦四・一七五四	2	1	
2	当世座持話	明和三・一七六六	4	1	
3	遊婦多数寄	〃七	5	1	
4	擲銭青楼占	〃八	5	1	
5	寸南破良意	安永四・一七七五	6	1	
6	粋町甲閨	〃八頃	9	1	
7	初葉南志	〃九	9	3	
8	芳深交話	〃九	9	1	
9	神代椙眛論	〃九	10	1	
10	道中粋語録	〃八か九	10	1	
11	奴　通	〃年間	10		1
12	里靏風語	〃年間	10	2	
13	廓遊唐人寐言	安永語～天明二の間	10	3	
14	公大無多言	安永一〇（天明元）・一七八一	11	1	
15	歌舞伎の華	天明二・一七八二	12	2	
16	息子部屋	〃五	13	1	
17	吉原やうし	〃八	14	2	
18	京伝予誌	寛政二・一七九〇	15	2	
19	格子戯語	〃二	15	1	
20	田舎談義	〃二	15		2
21	文選臥坐	〃二	15	1	1
22	大通契語	〃一二・一八〇〇	18	1	
23	二筋道宵程	〃一二	19	1	
計				29	4

イカウが計二九例見えるのに対し、イカクはわずか四例しか見られない。では、イカウとイカクはそれぞれどのような場合に用いられるのであろうか。まず数の少ないイカクから検討していく。

6．江戸板資料におけるイカク

イカクの四例のうち「奴通」と「文選臥坐」の例は次のものである。

ⓐ侍コリヤァハアはつにげんざんのをして。いかくお世話になり申た。是からァ又おり〳〵来ますべいから。目さァかけてくれますべいかな　（奴通、10、一三五頁）

ⓑ竹わしやアハアむかへの柱のいんでにくれ《黒》へゐしやうを着てまかる女郎をかいたくゐすが（略）いた、きますへいかむしト女郎を見てマァ御亭主から御上りなされぬかわしらアハア国の城下なんそしやァ馴染かあつて女郎も買いましたか御当地じやァ（略）ハ、アこりやァいかく御念のいつた御酒じや（文選臥坐、15、一九二～一九三頁）

ⓐⓑ共に、田舎侍の類型的表現の中にイカクの使用が見られる。作品中に出身地は明示していないものの、両者共にベイの使用等から見て東国出身と思われるが、明らかに江戸者とは違う言葉遣いをしている。

残りの二例であるが、「田舎談儀」という作品におけるものである。

ⓒ徳庵フ、何ンだモシ濁酒大酔対夕風《たいすいせきふうにたいす》　四文銭一本懐中《しもんせんいつぽんかいちう》。女郎買往権八殿《ごんぱちどの》。広大夜《いかくよ》長《なかた》　今五《いつ、》鐘《のかね》。ハア、こりやァ出来もした東冬の韻カアでおもしらへ。小旦那も中〳〵あじをやりもす。

（狂詩の作者＝「大百姓の小旦那」）（15、二二四頁）

ⓓ娘だれた徳とんか。いかく待ましたァよあせハアそんなにおそくござる　（同、二二五頁）

この作品の書き出しは、

・爰に花のお江戸を百町余去って葛飾の郷あり東は利根川の流れ渺〳〵として順風の帆影種井に移り西に中河の青水帯流して呂拍子の音水田にひゝく　（同、二二〇頁）

のようになっており、舞台は江戸から離れた地方であり、登場人物も地方の者だけである。

結局、洒落本においても江戸語としてはイカクは用いられないわけである。

では、『江戸語大辞典』に引かれた実例に当たってみると、

ⓔ李助「ほんに泪がこぼれると言ゃァ、わしらが國なぞと違って、べら坊に鳥の高い所だ。直キ後ロのどぶなぞに、澤山ぎゃァ〳〵いって居るに、今日も肴屋の新公が、いかく高く賣りゃァがった。」

（小袖曾我薊色縫、一八五九年、『日本古典文学大系　歌舞伎脚本集下』三六九頁）

この李助も、

・李助「それじゃァ國への土産に仕ますべい。」（同、三七一頁）

のように言っており、ⓐ〜ⓓの例と同様、田舎者として類型的に描かれている人物であり、やはり江戸語の例とはならないものである。(4)

結局、イカクは東国語としては用いられることはあっても、江戸語としては用いられなかったとまとめられよう。

7. 江戸語におけるイカウ

表2に示したように、イカウは寛政までの江戸板洒落本中計二九例見えるが、このうち一三例は地方武士の例であって、残り八例が次のように江戸の口語の例である。（細線＝一般形容詞連用形の語尾）。

㋐今ンばんはいかうお寒うございます

（話者＝品川の宿、浜岡やの長兵衛）（初葉南志、9、一三〇頁）

㋑アイ随分お供申てもよふございますが浅草より勘三になされませぬかカノ仙台萩がイコウよふございまして

（話者＝刀屋半ヱ門）（同、一三六頁）

㋒片（下役人片五右ヱ門）是は又やほらしひいかふこつて御見物のようす。何さま御さじきが淋しふ見へます
（歌舞伎の華、12、七八頁）

八例のうち、右の三例は敬語に連なっていく場合の例であり、他の形容詞連用形もウ音便形となっているからイカウの使用は不自然ではない。また、次の三例も敬語に連なっていく場合の例である。

㋓雛鶴莞爾《にっこり》笑ひとつと前おまへの法の兄御万随意院良石さんか松葉屋の瀬川さんに出会《あは》んして（略）色〻問答がありんしてから夢にたにはなのくるはをしらすして唯いたつらに老にける哉とよまんしていかふさとらしやんした事かありんす
（里靏風語、10、一三七頁）

㋔ア、いかふきうくつにありんした
（話者＝雛鶴）（同、一四一頁）

㋕さ（さじき番）ア、今日はいかふこみますが引舟でゝも
（歌舞伎の華、12、七一頁）

ところが次の二例は、イカウが普通語（非敬語）に連なっていく例である。

㋖栄三申すにはわれら誠は品がわきつい不案内宜しく頼み申すといへば（略）長兵衛もめつたな事のいわれぬ客と思ひナニサ訳はよくご存しながらお嬲りなされますと言〱立て行《ゆき》（略）栄三なるほど爰は見通しほどあつていかう寒ひと言〱長兵衛に連られ
（初葉南志、9、一三〇～一三一頁）

㋗定能くいふもんだの。（略）まつヱ、子さ。能く出なんす。（略）清よくお当《あて》なんした。（略）きつく仕にくひようすさ。（略）定いかふ夜が更た。
（芳深交話、9、二九五～二九七頁）

一般形容詞の連用形はク語尾形が用いられており、江戸語として「いかい」が連用形にク語尾を持つならば、当然イカクが用いられるべき所である。

結局、江戸語においては、「いかい」は連用形にはウ音便形イカウしか持たない不完全な語であったということである。

8. 化政期以降の「いかい」の用法の片寄り

化政期以降の形容詞「いかい」の用例数は、例えば次のように、少なくなっている。[5]

表3　滑稽本等にみる形容詞「いかい」

作品名	刊年	用例数
浮世風呂	文化六～一〇・一八〇九～一八一三	5
浮世床	〃　一〇～一一	4
八笑人	文政三～天保五・一八二〇～一八三四	2
春色梅児誉美	天保三～四	0
夢酔独言	天保一四・一八四三	3
七偏人	安政四～文久二・一八五七～一八六二	1
	計	15

連用形の例は次に示す一例のみで、他の一四例は連体用法のものである。

㋘呑七「これは宮戸川より、出現ましましたる所の酒無理如来の尊像、生得大酒《せうとくたいしゆ》の御酒にして、（略）いかう酔《よつ》て、五盃上りませう。」（八笑人、『岩波文庫』一二四頁）

㋘の例は、わざとらしい改まった話し方の中での使用例であり、既にイカウは一般にはほとんど用いられなくなっていたと考えられる。この期においては、形容詞「いかい」は連体用法でのみ残っていたといえよう。

しかも、次のように、

・銭「サァ〳〵見さつし。いかい事女が揃ッた（浮世床、二上、『日本古典文学全集』三三五頁）

形式名詞「こと」を修飾する（「いかいこと」の形で副詞的に使われる）場合が大部分となっており、用法の幅は狭くなっている。（洒落本においてはイカイの下接語の種類は多い。表4、表5参照）。

表4　寛政期までの洒落本におけるイカイ（イケヘ）の下接語

語	用例数
うつけ	1
おせわ	1
苦	1
くそだわけ	1
くびかせ	1
苦労	1
こと	18
御報謝	1
仕合もの	1
たわけ	8
ものいり	1
計	35

表5　滑稽本等におけるイカイ（イカイ）の下接語

語	用例数
おせわ	1
お力落し	1
きがね	1
こと	11
計	14

このように「いかいこと」の形での副詞的用法のほかは、「いかい」はほとんど用いられなくなっているのであるが、その一方で、天保頃からは「実に」「たいそう」「まことに」といった程度副詞が多く用いられるようになっ

ている。「春色梅児誉美」から一例ずつ挙げておく。

・主「こふして居てもおゐらァ実《じつ》に心細イヨ」　（初編一、『日本古典文学大系』五二頁）
・よね「ヲ、ヲ、寔《まこと》にモウおそろしい　（同、五四頁）
・よね「大津屋の内義《おつかァ》にたいそふ世話になったのウ　（初編三、同、七七頁）

9．まとめ――「いかい」の衰退の要因――

江戸語の形容詞連用形においては、一般には普通語（非敬語）に連なる場合は非音便形が用いられる。ところが形容詞「いかい」の連用形の場合、東国語としては非音便形イカクが用いられることはあっても、江戸語としてはイカクは用いられず、ウ音便形イカウだけが用いられる。

江戸語として、形容詞連用形においてク語尾を持たないということは、形容詞として不完全であったということを意味し、形容詞としての母体を失うことにつながったと思われる。このことが、「いかい」が江戸末期に衰退した一要因となったのであろう。

一方、江戸末期においては「実に」「たいそう」「まことに」といった程度副詞類が大きな勢力を持つようになり、東京語においても多く用いられる語となっていった。これらの語に押され、既に小さな勢力となっていた「いかい」は東京語としては採用されずに終わった、ということもできよう。

江戸語において「いかい」自体が持っていた要因と、他の語の勢力が大きくなったという外的要因により、「いかい」は現代東京語として用いられることはなくなったと考えられる。

注

（1）江戸語形容詞連用形の一般的な傾向については、小松寿雄「近代の文法Ⅱ（江戸篇）」（『講座国語史4　文法史』一九八二年、大修館書店）、同『江戸時代の国語　江戸語』（一九八五年、東京堂出版）に詳しい。しかし、「いかい」の連用形については『江戸語大辞典』のほかには記述は見当たらない。

（2）近松での「いかい」の用例は全て程度修飾用法のものであったが、近世後期上方洒落本では、次のように強調形「いっかい」の形での、実質的な「大きい」意を持つ用例も一例見られる。

・ゆきち、なぶりな。いつかうなるはいな　（風流裸人形、安永八・一七七九年、8、二七九頁）

この例以外の「いかい」の例は全て程度修飾用法のものである。

（3）「近世の滑稽《しゃれ》何ソ此小説に及んやと」（面美知之娌、寛政頃、19、三五七頁）といった具合である。

（4）この例の引用に際して『江戸語大辞典』にも「但、田舎出身の下男がいう」との注記がある。田舎者でない例を挙げ得なかったと考えてよいのではないか。

（5）「浮世風呂」「梅児誉美」は『日本古典文学大系』、「浮世床」は小学館『日本古典文学全集』、「八笑人」は『岩波文庫』、「夢酔独言」は『東洋文庫』、「七偏人」は『講談社文庫』所収のものを使用した。

参考文献

彦坂佳宣「洒落本の語彙」（『講座日本語の語彙5』一九八二年、明治書院）
日野資純「方言と文献国語史の接点――デカイの語史――」（『方言学論考』一九八四年、東宛社）

第四章　近世後期における形容詞「きつい」の意味・用法とその勢力について

1．はじめに

「きつい」という語の使用は室町時代頃からみられるものである。例えば『日葡辞書』には次のような記載がある。

Qitçui　キツイ（きつい）強い（こと、きびしい（こと）、恐るべき（こと）、など

Qitçusa（きつさ）

Qitçũ（きつう）

（『邦訳日葡辞書』）

右の記述のように、室町頃の「きつい」の意味・用法は現代とそれほど異ったものではなかったようである。

しかし、近世後期においては、現代の「きつい」の意味・用法である、

ⓐ感覚に受ける刺激が強い。

ⓑいいかげんなことでは許さないさま。厳しい。

ⓒこらえたり、なしとげたりするのが大変である。たえがたくつらい。

ⓓ人の気性がはげしい。

ⓔ物理的にすき間がない。ゆるみがない。また、せまくて窮屈だ。

（『日本国語大辞典』より）

といったものの他に、

ⓕ程度がはなはだしい。大変な程度である。

（同）


の意味・用法のものが多くみられる。例えば次のようなものである。

①とみおばさん此頃は。おとう〳〵しうござりやす茶やノかゝきついおみかぎりだの。さきからおきやくが待かねてだよ
（妓者呼子鳥、7、一一一頁）

②高慢おまへ迄同しやうに誉なんすわつちらか師匠なとは人まねはきついきらいさ
（浄瑠璃稽古風流、7、一二二頁）

①②にみられる「きつい」の意味・用法は現代にみられないものである。このほか、

ⓖある行為やことば、情況などに対してそれが普通でないことを感嘆の気持を込めていう。たいしたものだ。

ⓗまったくその通りである。

（『日本国語大辞典』）


といった例も多くみられるが、このような、現代にはみられない「きつい」の意味・用法について検討し、この語が近世後期においてどれ位の勢力を持っていたかを考察していきたい。

2. 江戸語における「きつい」の勢力の広がりについて

「程度がはなはだしい、たいそう」といった意での「きつい」の用例は、数は少ないながらも近世前期頃から既にみられる。

③何者やら。道ばたにふせつておる。いて見てまいろうず。さても〳〵。ねておるこそは。とうりなれ。はれき

つうようておる。

（狂言記―茶壺、『狂言記の研究　翻字編』[二]二九オ⑪）

④とのさまの。おがつてんが。まいらぬこそだうりで。御ざりますれ。かういたしまするど。きつうひろがりまする

（同―末広がり、同、[三]三ウ⑩）

⑤茂兵衛殿へのあたりは皆悋氣から起つた事。私にきつう惚れたとて。隙さへあれば抱きついたり袖引いたり。

（大經師昔暦、『日本古典文学大系　近松浄瑠璃集上』二二八頁）

『近世文学総索引』に収められた近松世話物一二編中「きつい」は計七例（内「きつう」三例）みえるにすぎず、数は多いとはいえないが、近世中期頃以降、「きつい」の用例が多くみられるようになる。

江戸洒落本における「きつい」の意味・用法については既に彦坂佳宣の言及があり（「洒落本の語彙」『講座日本語の語彙5』二〇一～二〇二頁）[1]、この語の現代にはみられない多様な意味・用法は、「洒落本の感覚的な表現傾向によるものであろう」との指摘がなされている。

しかし、江戸語における「きつい」の「感覚的な表現傾向」によるとみられている例は、洒落本だけには限られないようである。

「浮世風呂」「浮世床」において「きつい」をみると、「浮世風呂」では一五例、「浮世床」では一七例「きつい」がみられる[2]。

そのうち「浮世床」での形容詞は、異なり語数一四四語、総用例数一〇二七例みられるが、「きつい」の一七例というのは、

よい・いい　二六四例

ない　二〇九例

わるい　五二例

はやい　　　三三例
ありがたい　一八例
わかい　　　一八例

の六語に次ぐ、第七位の用例数である。現代の作品においては「きつい」は一つの作品の中で、せいぜい一度用いられるかどうかであるから、「浮世風呂」「浮世床」での「きつい」の使用頻度は相当に高いと考えられる。

この中に、

⑥いぬ「……お釜と丁度能《よい》お友達だ　きぢ「ハイ。有がたう。ホンニお釜さんもきつい御成人でございます。毎日よく御稽古にお通ひなさいます（浮世風呂、二編上、『日本古典文学大系』一二九頁）

⑦徳「しかし美女《い、》だ　せい「男好のする風だ　けん「亭主もちだらうの　せい「アノ婆さまが跡の方からにこ〱して行くから、あれは実の娘だぜ　徳「きつい〱。違あるめへ（浮世床、初編中、『日本古典文学全集』二九〇頁）

⑧銭「鶴屋南北とはむかしの道外《どうけ》役者で、しかも位付が上上吉名人であつた　びん「今のは其家筋だが狂言方さ　長「勝俵蔵の改名さ　銭「ハハア俵蔵か　長「目さきがよつぽど上手だのう　短「きついものさ（浮世床、初編下、『日本古典文学全集』三一三頁）

といった例がみられる。⑥の例での「きつい」は「立派だ」というような意に、⑧は「すばらしい」といった意に、それぞれ誉め言葉として使っている。また⑦の例では「まさにその通り」当たっているというような意で用いられている。

このような意味・用法は現代にはみられないものであって、彦坂の指摘する所の「洒落本の感覚的な表現傾向」によるとみられる「きつい」の用例と同質のものと考えてよいであろう。

このように考えていくと、「きつい」の多様な用法は江戸洒落本に特徴的なものというよりも、江戸語として広く見られたものだと考えた方がよいのではないだろうか。

3. 後期上方語における「きつい」の勢力

「きつい」の語誌として『小学館古語大辞典』に次のような記述がなされている。

中世から認められるが、江戸時代には、上方系の「えらい」とほぼ同義で、地域的に使い分けられていたといえる。物事の程度がはなはだしいの意を根底に、賞賛の意から蔑視する表現まで意味領域ははなはだ広い。〔細川英雄〕

右の記述は、『江戸語事典』（三好一光編、昭和四六年、青蛙房）にみられる、

きつい　大した　甚しいの意。

さらば二色にほめてやりませう。江戸風のきついもの　上方風のゑらいもんじや、やつちや〳〵、何ときようか。（京伝、廬生夢魂其前日）

といった記述等を踏まえてのものであろうが、細川氏の記述をみる限りでは、上方では「きつい」はあまり用いられていなかったかのように受け取れる。

しかし、近世前期の上方では、先の⑤の例でもわかるように、数こそ多くはないものの、「程度のはなはだしい」意でも「きつい」は用いられていた。問題は上方において「ゑらい」が用いられ始めた近世後期以降である。

では、次の五九頁に宝暦期から寛政期までの上方洒落本において「きつい」の例が見える作品を示すが、合わせて「ゑらい」の例が見える作品も示す。（『洒落本大成』一〜一九巻の全作品を調査対象とした。第一巻に収められた作

品の中には宝暦以前のものもあるが、便宜上ここに含めた。なお、刊年の下に示したものは『洒落本大成』の巻数である）。

用例数をみると、寛政期までの上方洒落本においては「きつい」が一一七例であるのに対し、「ゑらい」が六一例と「きつい」の方が数が多い。「ゑらい」が用いられ出した宝暦七（一七五七）年以降も明和・安永頃までは「きつい」の方が優勢である。

しかし、天明・寛政期になると、「きつい」と「ゑらい」は数の上ではほぼ拮抗するようになる。「徒然粋か川」（天明三・一七八三年）から「昇平楽」（寛政一一・一七九九年）までの範囲でみると「きつい」は四一例、「ゑらい」は四七例である。また、明和年間の例では、

⑨客きつい酔よふてあつた（異本郭中奇譚、4、三三一頁）

と酒酔の程度のひどさを表すのに「きつい」が用いられていたが、寛政年間では、

⑩客ゑらいよふて足がやくたいじや（睟のすじ書、16、一二九頁）

と「ゑらい」が用いられるようになるなど、次第に「きつい」の領域に「ゑらい」が入り込んでいく様子がうかがえる。

ただ、「きつい」の勢力は、

⑪綾切字が三ツ有てそれは仕合じやナア申宗匠もしも切ぢで無ふて穴痔が三ツ有つたらきつふむつかしうて療治がなるまい（昇平楽、19、七〇頁）

のように、寛政年間ではまだまだ「きつい」の勢力は大きかった。

享和年間以降でも、

⑫は、……是はさもしい物でござりまするけれどトづだぶくろより取出すつくね芋（略）きせイヱ〳〵是は手前のわろかきつい好物で御座ります（嘘之川、享和四・一八〇四年、23、七六頁）

	作品名	刊年	巻数	用例数 きつい	用例数 えらい
1	会海通窟	寛保三・一七四三	1	1	
2	拾遺枕草紙花街抄	宝暦初めか	3	1	
3	穿当珍話	宝暦六・一七五六	2	1	
4	月花余情	再板・宝暦七	3	4	
5	新月花余情	宝暦七	2	2	
6	陽台遺編・妣閣秘言	宝暦七	3	2	
7	陽台遺編〈異本〉	不明	3	1	
8	聖遊廓	宝暦七	2	5	
9	浪華色八卦	〃七	2		1
10	秘事真告	〃七	2		1
11	遊客年々考	〃七	3	3	
12	このてかしわ	〃一二	3	1	
13	列仙伝	〃一三	3	5	1
14	開学小筌	〃年間	3	9	3
15	玄々経	〃年間か	3	2	
16	遊郭擲銭考	明和二・一七六五	4	7	
17	色里つれ〳〵草	〃三	4	1	
18	間似合早粋	〃六	4	3	
19	郭中奇譚〈異本〉	〃八	4	11	2
20	胆相撲	〃年間	5	5	1
21	浪華今八卦	安永二・一七七三	6	1	1
22	風流睟談議	〃三	6	5	1
23	無論里問答	〃五	7	1	
24	風流裸人形	〃八	8	1	
25	虚辞先生穴賢	〃九	9	3	2
26	千字文	安永から天明初	10	1	1
27	徒然粋か川	天明三・一七八三	12	2	
28	浪花花街今今八卦	〃四	12	1	
29	粋宇瑠璃	〃五	13	2	1
30	短華蘂葉	〃六	13	2	6
31	粋の源	〃七	14		1
32	言葉の玉	寛政五・一七九三	16	1	
33	睟のすじ書	〃六	16	2	14
34	遊里不調法記	〃六	16		2
35	北華通情	〃六	16	2	
36	粋庖丁	〃七	16	2	1
37	戯言浮世瓢単	〃九	17	1	
38	うかれ草紙	〃九	17	5	
39	阿蘭陀鏡	〃一〇	17		1
40	十界和尚話	〃一〇	17	4	2
41	粋学問	〃一一	17	3	5
42	野暮の技折	〃一一	18	1	
43	身体山吹色	〃一一	18	4	10
44	南遊記	〃一二	18	8	3
45	昇平楽	〃一二	19	1	1
計				117	61

⑬菊あんまりあほらしい作きついあはてナ辻しかし是で落付たであろ（竊潜妻、文化四・一八〇七年、[24]、二〇二頁）

のように文化年間頃までは「きつい」の勢力はまだまだ大きかったようである。

以上、まとめると近世において「きつい」は、少なくとも文化年間頃までは江戸だけではなく上方でも広く用いられていた語だということである。

4.「きつい」の終止連体形の副詞的用法

この節では「きつい」の〈終止連体形の副詞的用法〉について考えてみたい。

形容詞の〝終止連体形の副詞的用法〟については、第二章において「えらい」の場合と「おそろしい」の場合を中心に取り上げているが、「きつい」についても同様の例が見られる。

この点について彦坂佳宣は、

⑭[文里]おいらんさあ〳〵まちかねていたきついいそがしい事だの[九重]なアにマアなぜ此頃はおいてなんせんへ（傾城買二筋道、寛政一〇・一七九八年、[17]、一一九頁）

の例を挙げ、⑭の、

形容詞へ掛かるともみえる結合法も「浮世風呂」などに無いわけではないが、全体に江戸洒落本において多様である。（前出「洒落本の語彙」二〇二頁）

と記述している。

しかし、この記述だけでは不十分な点もあるように思われるので、もう少し掘り下げてみたい。

寛政期までの範囲（『洒落本大成』一〜一九巻）で洒落本の用例を拾うと、「きつい」の形で形容詞を修飾しているとみられる例（「きつふ、きつく」は含まない）として次のものが挙げられる。

まず江戸洒落本の例であるが、⑭の例以外に、

⑮ナント旦那のお隣はお慰みになりましたかと申せはイヤモウきつい面白ひ事と云て彼め花を貰ひに来たと思ひ

（初葉南志、9、二三三頁）

の例が挙げられる。（なお、彦坂氏の記述を読むと、他にも同様の例が見出せそうであるが、実際にはなかなか見出せない[3]。）

一方、上方洒落本にも同様の例がある。

⑯花さてモシお下りのあいだにきつひうつくしい子が出てゞござり舛た（略）もそいつよぼふかのゥ

（睟のすじ書、16、一三五頁）

⑰脇道からかふいふとどふやら親仁くさいけれど今の娼はきつい仕にくひげな

（粋学問、17、三一七頁）

⑭、⑮の例と⑯、⑰の例との間に特に用法の差は見出せないから、彦坂の記述のように特に江戸洒落本に多くみられる用法とは（数から言っても）いえないであろう。言い換えると、「きつい」が終止連体形の形で形容詞を修飾する用法は江戸、上方を通じて（洒落本全般に）みられる用法だということである。

次に、被修飾語を形容詞と限定せず、用言全般と考えると、「きつい」の終止連体形の副詞的用法の例には次のようなものが挙げられる。初めに江戸洒落本の例として、

⑱元来が仏道から出たによつて色道も知て居ます。又きつい信心な者月の三日には。闇ひ内から大師様へ参て。

（風俗七遊談、2、二二四頁）

といった例が挙げられる。一方、上方洒落本の例でも、

⑲達者な物しや、帰りにお杣と鹿野に逢た、きつい時花《はなやか》じや、　（粋庖丁、[16]、二五三頁）

⑳遊戯《なぐさみ》も沢山《なんと》有のに物好な事じやそれを興行《くはだて》た衆はキツイ骨折な事じや　（南遊記、[18]、一七六頁）

といった例が挙げられる。この点でも用法の広がりは江戸と同様である。

なお、彦坂の記述では「浮世風呂」などに「きつい」が形容詞を修飾する例がみられるかのように受け取れるが、「浮世風呂」「浮世床」にはそれに該当する例はない。形容動詞を修飾する例としては、

㉑おらアきつい嫌《きれへ》だア。　（浮世風呂、二の下、『日本古典文学大系』一六〇頁）

のような、「きついきらい」「きついきらいだ」の例が当てはまるかもしれない。（「きついきらい」の例は、他に「浮世風呂」一例、「浮世床」一例）。

「きついきらい」「きついすき」の例は江戸洒落本に多く、寛政までの範囲では「きついきらい」二二例、「きついすき」一一例が見出せる。

㉒わつちらアその通が。きつひきらひさ。　（淫女皮肉論、[7]、三四四頁）

㉓[清たき]ぬしやきつい仏さんがきらひさぬしやまづなんだへ神道者かへ　（郭中掃除雑編、[7]、八八頁）

㉔わしはあた名を高慢と申やして上るりかきついすきてありイス　（浄瑠璃稽古風流、[7]、一二三頁）

「浮世風呂」「浮世床」での用例は江戸洒落本にみられる用法と同様のものと考えていいであろう。

ここまで、「きつい」が形容詞あるいは形容動詞を修飾しているように考えられる例をみてきたが、上方洒落本には、このほかに「きつい」が動詞を修飾しているように見える例がいくつかある。

㉕東婆様は李節推といふ若衆方にきつい打込《うちこん》で花みちから李節推か馬ニ乗て出られましたれば　（聖遊廓、[2]、三三一頁）

㉖なるほどかねの緒とはよふ見立た貴公の所の長吉はきついさいが働く　（粋学問、[17]、三一四頁）

㉖の例だと「きついさい」＝「はげしい才能」といったように考えられなくもないが、やはり「大そう（さいが働く）」と考えるのが自然であろう。㉕の例も「大そう（打込《うちこん》で）」と解釈するのが自然と思われる。

以上、「きつい」の終止連体形の副詞的用法は江戸のみならず上方にも広くまた多様な姿が見えることを述べた。

5．幕末以降の「きつい」の用法の片寄り

上方において「きつい」が多様な用法を持ち、広く用いられていたことを述べてきたが、文政三（一八二〇）年の洒落本「当世粋の曙」でも「きつい」は四例（「ゑらい」は七例）ほどみえ、まだまだ「きつい」の勢力は大きかったように思われる。

しかし、天保二（一八三一）年刊の「老楼志」に至ると、「ゑらい」の勢力の伸びに押されて「きつい」の勢力が衰退に向かう様がうかがえるようになる。

「老楼志」では「ゑらい」が計一八例みえるのに対し、「きつい」は次の、

㉗半……ぜんたい舟場《ふなば》の者は気がきつひ。其代リまた陽気じや。　（㉘、三三二頁）

の一例のみであり、「程度のはなはだしい」意では次のように、

㉘伊ゑらふ美しいナア。　（同、三三九頁）

「ゑらい」が「きつい」の勢力を完全に奪ったと考えてもよいように思われる。

元治（一八六四～一八六五）頃の滑稽本「穴さがし心のうちそと」でも「ゑらい」が計二九例みえるのに対し、「きつい」は次の、

㉙クメ地下に言はれるより当こすりの方ハ稲荷山の巨燵でキツ当るゼナア

（『近代語研究四』四七九頁）〈なお、この例は「きつう」の短呼形と考える〉

一例のみと、「きつい」の勢力はすっかり狭まっている。

　このように化政期頃まで上方において広く用いられてきた「きつい」は天保頃になって「ゑらい」にすっかり勢力を奪われたわけだが、それでは江戸の場合はどうであろうか。

「浮世風呂」「浮世床」で「きつい」が広く用いられていたことは先に述べたが、天保期においても、

㉚金「ナニおれか、拙者めは今日仲間の者の付あひにて、（略）小三「道理こそ、マアきつい御機嫌。

（假名文章娘節用、後編中、天保二〜五・一八三一〜一八三四年、『有朋堂文庫』八〇頁）

㉛仇「ヲヤ気障な。増さん、女房《おかみ》さんだとかはいそうに。ネヘ私やアもう女房はきついきらひだよ

（春色辰巳園、後編巻之六、天保四〜六年、『日本古典文学大系』三三一頁）

のように「きつい」は広く用いられていたようである。（「假名文章娘節用」では「きつい」五例、「春色辰巳園」では三例）

　しかし、幕末以降「きつい」の使用は限られた範囲のものになっていく。

「七偏人」（安政四〜文久二・一八五七〜一八六二年）では、次の一例のみである。

㉜跂「しかし、今度は、自己《おいら》といふ強者《こわもの》が味方に付いて居るから」喜次「よしサよしサ。お前《めえ》はきついヨ。

（四―中、『講談社文庫　七偏人㊦』四五頁）

　次に明治前半の作品をみてみると、「安愚楽鍋」（明治四〜五・一八七一〜一八七二年）、「怪談牡丹燈籠」（明治一七年）、「雪中梅」（明治一九年）には「きつい」の例はみえず、「当世書生気質」（明治一八〜一九年）では一例、「浮雲」（明治二〇〜二二年）の会話中でも一例用いられているのみである。[4]

㉝（須）……モウ〳〵幹事ハ願下だ。ア、、辛度《きつか》〳〵。

（書生気質・第一回、『明治文学全集』六三頁。なおこの人物は西国なまりの人物として描かれている）

㉞お政が顔を見るより饒舌《しゃべ》り付けた。「今貴君《あなた》の噂《うわさ》をしてゐた所《とこ》さ。（略）きついお見限りですね。

（浮雲・第三編、『明治文学全集』七一頁）

江戸語での「きつい」の多様な用法の名残は、わずかに㉞の例にみられるのみである。

明治期半ばの辞書をみても、たとえば『漢英対照いろは辞典』（明治二〇年）には、

きつい〔俗〕（形）強、つよき：烈、はげしき strong, severe

というように、現代でも使われる「きつい」の意味・用法しか挙がっていない。

ただ、『言海』（明治二二年）には、

きつし（形）㈠甚シ。イトドシ。「暑サ―」「痛ミ―」キック似ル」太甚㈡強シ。剛《タケ》シ。剛

と「きつく似る」という例が挙がっており、これは「たいそうよく似ている」との意と考えられるから（「気の強さが似ている」と捉えるのは現代の用法に引きつけすぎであろう）江戸語的な「程度がはなはだしい」といった意の用法も残っていたと考えるべきであろう。

さて、用法の片寄りの要因についてであるが、上方では「えらい」の勢力の伸びによって「きつい」の勢力が奪われたわけであるが、江戸語、東京語においては「えらい」の勢力の伸びに押されたと考えるよりも、別の要因を考えた方がよいようである。[5]

一つの要因として考えられるのは「程度がはなはだしい」意を表す語として「きつい」はあまりにも俗語的と考えられ、その代わりに「実に」「たいそう」「まことに」といった程度副詞類が規範的に語と考えられ、勢力を増していったのではないかということである。「実に」「たいそう」「まことに」といった語は人情本あたりでは広く用

いられている語である。これらの語はどちらかといえば上層階級で用いられる語であったが、中流以下に多く用いられていた「きつい」を押しのける勢いをみせ、明治期において標準的な東京語として認められたということではないだろうか。

「安愚楽鍋」から「実に」と「たいそう」の例を挙げておく。

㉟モシあなたハどういふ腕を出して婦人をおころしなさるのでげス実にふしぎ妙でごぜへす。ア、おそれべ〳〵
（初　八四編、○野幇間《のだいこ》の諂諛《おべツか》、『明治文学全集』一四二頁）

㊱馬「牛公ひさしくあハねへうちてめへハたいそうしゆつせして（略）牛「ヲ、馬かてめへこそこのせつハたいそうりつぱな車をひいて一六にやアにぎやかなとこへばかり
（三編、當世牛馬問答、同、一五六頁）

6. まとめ

本章での考察をまとめると次のようになる。

1「きつい」はこれまで「洒落本に特に多くみられる語」とのみ説明されてきたが、洒落本のみならず、江戸語全般に広くみられる語である。

2「江戸では〈きつい〉、上方では〈ゑらい〉という地域的使い分けがみられる」との説明は、適切でなく、上方においても「きつい」は化政期頃までは広く用いられた語である。

3「きつい」の終止連体形の副詞的用法も江戸・上方共にみられるものである。

4上方においては天保頃から「ゑらい」の勢力が「きつい」の勢力を圧倒するようになる。一方、江戸においても幕末頃から「きつい」の勢力は衰えていく。

5「きつい」の衰退の一要因として、「きつい」が標準語にふさわしい品格を持たない語と規定された、というようなことが考えられる。ただし、これは仮説であり、今後更に検討を要する。

注

（1）以下に該当する部分の記述を挙げておく。

通言類を通しても気付くことであるが、洒落本には感覚的な表現傾向が色濃い。遊里社会が好悪・美醜に関心深く、口説を弄して遊ぶことを第一とするためであろう。衣裳類の色彩などの描写もそうであるが、また表現法としても、「ばからしい」「けしからねエ」「うそわねエ」など、物事に対する感情的・感覚的な評価やあしらいをしばしば文末にあって感動詞的に表出するような点も注意される。今まで述べて来た、普通と異なる語形や用法をことさら使う点も、これと通うところがあろう。ここでは、それを、多用される形容詞「きつい」から窺ってみよう。

①[三]茶を呑《のみ》なんせんか　[金]いや〱　[三]たばこはへ　[金]たばこもいや　[三]ヲヤきつい愛想《あいそ》づかしさ。（甲駅新話　安永四年1755）

②[三]アイそんならどふぞ、又此頃《このごろ》にお出《いで》なんし　[谷]正月の十二三ある時に来やせふ　[三]きつい愛想さ。おさらばへ（同右）

③[谷粋]金公、なんときつい馬じやあねへか（同右）

④[女房]一ツおあんなんせ。といふてはじめる。[平]これはきつい小盃《しようはい》な。今日《けふ》一日、よつてはゐるけれど、此やうな小盃では、少《すこ》し、くすぐツたいやうじや。例《れゐ》の大物《たいぶつ》を〱。（遊子方言）

⑤[五郎]十三で売《うら》れて親判なれば（中略）跡《あと》せうみ十年六両づめぐらいな女だが、子がいだけ、年いつぱい十五両か。[須磨]としをあてなんすとおもやア。[五郎]おつと気のみじかへもんだ。こゝからわりださねへけりやア、きつい所《ところ》はあてられねへ。（傾城買二筋道　寛政十年1798）

⑥[小花屋娘お中]どふだ、次郎どん。きついものだねヱ。前のお松どんが、居《い》ねヱけりや、亀山へ斗いきなさる

な。次郎こりやアめいわく。客衆《きやくしゆ》さへ来《こ》やうと云《いへ》ば、いつでも参りやす。（辰巳之園）
⑦女郎もし〳〵。客ア、きつく酔ふた。（同右）
⑧文里おいらん、さあ〳〵まちかねていた。きついいそがしい事だの。九重なアに。マアなぜ此頃はおいでなんせんへ。（傾城買二筋道）
⑨客繁《しげ》さん、一トツ頼やす。利中私《わたし》が出ませう。△藤兵衛さんがお花さん、〳〵と、云なさつても、お花さんは、やです〳〵と、云なさります。大勢きつし〳〵（辰巳之園）

ここには、「きつい」の多様な用法がみえる。①②は「きつい」が「愛想（づかし）」へ掛かり、その情態説明をしつつ「きつい」の意味から生じる詰りの気持を表している。しかし、③～⑥などは修飾語「きつい」と被修飾語との意味的関係はぴったりせず、自然な意味関係を外しひねった表現となっている。従って、大変な数の馬だ（③）、不便な小盃だ（④）、正確な年は当てられない（⑤）といった意味は文脈の助けをかりて初めて理解できる。「きつい」は、こうした事態に対する表現者の抱く感覚的な程度のはなはだしさを表すことに向けられているのではなかろうか。⑦⑧は、こうして既に程度副詞の用法である。更に⑨は、感動詞的に程度のはなはだしさに対する感覚的な評価をもっぱら表し、ここでの声色に対する上手だ上手だという意味は、場面に寄り掛かって理解されるにすぎなくなっている。逆にいえば、どのような事態に対しても用いられ、もっぱらそれについての心情的な側面を表現するのである。数量にも（③）正確さにも（⑤）状態にも（⑦⑧）用いられ、評価的な面も、詰り（①②）驚き（③）不満（④⑥）称讃（⑨）などと、多岐にわたる用法がみられる。⑨のような形は上方にもあり、⑧の形容詞へ掛かるともみえる結合法も「浮世風呂」などに無いわけではないが、全体に江戸洒落本において多様である。特定の修飾関係や意味領域の範囲を外し、程度のはなはだしさを感覚的に表現するものといえよう。『魂胆総勘定』（宝暦四年1754）は、「きつい好さ」「きつい芸さ」を通言として掲げている。

（2）先の記述において彦坂は「遊里文学としての洒落本」を念頭に置いておられるようなので、ここでは江戸語の代表的な資料として滑稽本を取り上げた。黄表紙、川柳等にも「きつい」は広くみられる。

（3）強いていえば、次の例あたりが該当するか。

［村］きついじやうのねへこつたの　（廓大帳、天明九・一七八九年、［15］、一二〇頁）

（4）地の文中には「浮雲」の次の二例がある。

○針を持つ事がキツイ嫌ひ　（第一編、『明治文学全集』七頁）

○「殿様風」といふ事がキツイお嫌ひ　（同、二六頁）

近世戯作文の影響による使用例といえようか。

（5）江戸語・東京語における「えらい」の勢力はそれほど大きなものではない。

第五章　形容詞「えらい」の勢力拡大過程
――近世にみる新語の普及と定着――

1.「えらい」の示す問題点

新しく用いられ始める言葉（新語）はどのように勢力を伸ばし、定着していくのか。その過程をたどることは容易でない場合も多いが、近世において新しく用いられ始めた形容詞「えらい」の場合は、その過程をはっきりと跡付けることができる。またそれをたどることは、「えらい」一語の語史の問題としてだけではない様々な問題を提示することにもなるであろう。

「えらい」は現代においては、「立派である、地位が高い」といった意を表すが、一方では俗に（プラス・マイナス両面において）「程度がはなはだしい」意で用いられたりしており、近世には専ら後者の意で用いられるものであった。

「えらい」の持つ一番の問題点としては、この「程度がはなはだしい」意から「立派である、地位が高い」といった意への意義変化の問題が挙げられるが、まずその前に「えらい」の上方語における勢力拡大過程から考えていきたい。

2．上方語における勢力拡大過程

「えらい」は近世前期には、東国語には用例が見られる（「雑兵物語」「志不可起」に一箇所ずつ）ものの上方においては使用が認められないものであった。上方における「えらい」の用例は、洒落本に見えるものが確認されるもっとも早いものである。(1)

①座をくろめて賑きやか也隣座敷て強そふナ客の咄ニ七めが此中卯月八日に爰へ来てゑらうさやしおつた一日に拾七貫手放した（浪華色八卦、宝暦七・一七五七年、[2]、三五七頁）

②貫《タツトキ》は堀江に似て一段下婢たり。賤《イヤシキ》は辻君に類して又心高し。言葉《タン》ゑらふきこへて。とまつてくれなんせんかいナもかつくりとしたせりふぞかし。（秘事真告、宝暦七年、[2]、三六七頁）

この「えらい」について「物類称呼」には、次のように記述されている。

③○大いなる事を五畿内近國共に　ゑらいといひ又　いかいと云
今按に　東國にても　ゑらひ　と云　物の多き事をいひて　大いなるかたには用ひず　上かたにては高大なる事に聞えたり(2)　又いかいは　いかいものといふ時は大い成事　いかい事と唱ふる時は多き事也　諸國の通稱にや四國にて　いかい　と云は　いかいお世話　いかい御苦勞などゝ云事にのみつかふ　是も大いなる義なり（巻五）

ここでの「大いなる事」とは「大層、大変」など「程度がはなはだしい」ことを表すが、安永四（一七七五）年時には上方ではこの意で「ゑらい」と「いかい」の二語が使われていたことがわかる。

近世前期上方では「ゑらい」は用いられていず、次のように「いかい」が用いられていた。

④ア、いかう氣がめいるわつさりと浄瑠璃にせまいか。

（冥途の飛脚、『日本古典文学大系　近松浄瑠璃集上』一七一頁）

この「いかい」の勢力に、宝暦以降「ゑらい」が入りこんだわけである。

では次に、寛政年間までの上方洒落本における「いかい」と「ゑらい」の使用状況を次頁の表1に示す。（『洒落本大成』一〜一九巻の全作品が調査対象）。

安永頃を境に、「いかい」の使用が減り、「ゑらい」がそれに代って勢力を伸ばしたことがわかる。

このように後期上方語において、「いかい」と「ゑらい」の勢力交替が行われたわけだが、前期上方語においては「程度がはなはだしい」意では「いかい」以外に「きつい」という語も用いられていた。

⑤茂兵衛殿へのあたりは皆悋気から起つた事。私にきつう惚れたとて。隙さへあれば抱きついたり袖引いたり

（大經師昔暦、『日本古典文学大系　近松浄瑠璃集上』二三八頁）

この「きつい」という語は、寛政年間頃までは「程度がはなはだしい」意で「ゑらい」と共に用いられていた。

⑥綾　切字が三ツ有てそれは仕合じやナア申宗匠もしも切ぢで無ふて穴痔が三ツ有つたらきつふむつかしうて療治がなるまい

（昇平楽、19、七〇頁）

しかし、この「きつい」も、天保頃になると「程度がはなはだしい」意では用いられなくなり、もっぱらこの意では「ゑらい」が用いられるようになった[3]。

⑦伊　ゑらふ美しいナア。

（老楼志、天保二・一八三一年、28、三三九頁）

このようにして「いかい」と「きつい」の勢力が後退、「ゑらい」が勢力を伸ばしていったわけである。

表1

	作品名	刊年	巻数	用例数 いかい	用例数 ゑらい
1	月花余情	再板・宝暦七・一七五七	3	5	
2	新月花余情	宝暦七	2	1	
3	陽台遺編・妣閣秘言	〃七	3	1	
4	陽台遺編〈異本〉	不明	3	1	
5	浪華色八卦	宝暦七	2		1
6	秘事真告	〃七	2		1
7	肉道秘鍵	不明	3	2	
8	弥味草紙	宝暦九	3	1	
9	正夢後悔玉	〃一一	3	3	
10	このてかしわ	〃一二	3	2	
11	列仙伝	〃一三	3		1
12	開学小筌	〃年間	3		3
13	原柳巷花語	〃年間	3	1	
14	夢中生楽	宝暦から明和初	3	1	
15	色里つれ〳〵草	明和三・一七六六	4	1	
16	間似合早粋	〃六	4	2	
17	郭中奇譚〈異本〉	〃八	4	5	2
18	恋道双陸占	〃八	5	4	
19	胆相撲	〃年間	5		1
20	浪華今八卦	安永二・一七七三	6		1
21	風流睟談議	〃三	6		1
22	無論里問答	〃五	7	1	
23	風流裸人形	〃八	8	2	
24	虚辞先生穴賢	〃九	9		2
25	千字文	安永から天明初	10		1
26	粋宇瑠璃	天明五・一七八五	13		1
27	短華蘂葉	〃六	13	1	6
28	粋の源	〃七	14		1
29	言葉の玉	寛政五・一七九三	16	1	
30	睟のすじ書	〃六	16		14
31	遊里不調法記	〃六	16		2
32	粋庖丁	〃七	16		1
33	戯言浮世瓢単	〃九	17	1	
34	阿蘭陀鏡	〃一〇	17		1
35	十界和尚話	〃一〇	17	1	2
36	粋学問	〃一一	17	1	5
37	身体山吹色	〃一一	18		10
38	南遊記	〃一二	18	1	3
39	昇平楽	〃一二	19		1
			計	37	61

3．江戸語、東京語における意義変化

ではここで、「程度がはなはだしい」意から「立派である」意への意義変化の問題を考えていきたい。(4)

「ゑらい」は近世前期の東国語には使用が認められる。

⑧常は賢才のつらの赤さか、武邊はなして氣をつつはつて血かゑらくはしつたゆへか今はさいろくかやうに青くなつた。

（雑兵物語、金田弘編『雑兵物語索引　本文編』八二頁）

⑨関東俗語ニ物ノ多キヲゑらいト云

（志不可起、巻七、『国語学大系　方言一』）

江戸洒落本にも東国者及び上方者の使用例は認められる。

・東国者の使用例

⑩竹　ナアニしらねへちうはゑらくうそだんべい

（文選臥坐、寛政二・一七九〇年、15、二九五頁）

・上方者の使用例

⑪長　何さけふは来られる所じやあったがちよヲつと来たのじや夷講じやさかゐゑろういそがしいはいの

（世説新語茶、安永五・一七七六年、7、二四〇頁）

寛政期までの江戸板洒落本（『洒落本大成』一九巻までの全作品対象）では「ゑらい」は計三六例見えるが、そのうち東国者の例が一五例、上方者の例が二〇例である。江戸っ子意識が「ゑらい」を受け付けなかったのだろうか。

江戸者の使用が初めて認められるのは、次の例である。

⑫伴頭 義太夫〽恋は女子のしやくのたね ト一口上るり 皮太夫 イヨゑらい大将うまいこと 舟頭 いつけんいきやしよう 皮太夫 一番ごつきりだよ

（玉之帳、寛政年間、19、二二五頁）

寛政年間に至って初めて「ゑらい」が江戸語に食い込んだわけである。

さて、⑫までの例では、「ゑらい」は「程度がはなはだしい」意でのみ用いられていたが、幕末の滑稽本「七偏人」（安政四～文久二・一八五七～一八六二年）では次のように用いられている。

⑬喜次「何様だ何様だ。自己の方寸は、ゑらいもんだらう」
　飛「なかなか甘く廻つたのう」　（『講談社文庫　七偏人㊤』二二三頁）

一方、「怪談牡丹燈籠」（明治一七・一八八四年）では次のような例が見られる。

⑭どうも機轉の利き方、才智の廻る所から、中々只の人でハない。今にあれハゑらい人になる　（『明治文学全集　三遊亭圓朝集』五九頁）

⑬の「ゑらい」は「大変な」というほどの意味で、「立派だ」という意とは少し差があるようだが、⑭の例は現代語の「偉い」に通ずる用法である。幕末から明治に至って「ゑらい」は現代語と同様の意義である「立派だ、すぐれている」意でも用いられるようになったわけである。『和英語林集成』初版にも「えらい人だ」という記述が見える。この意義を生み出した要因としては、動詞「える／えらぶ」との類推が考えられる。

さて、近世ではほとんどかな表記されていた「ゑらい」（管見では天保二・一八三一年の上方洒落本「老楼志」のみ例外。この作品では「ゑらい」に「苛」の字が当てられている）であるが、明治に入ると（「ゑ」ではなく「え」の）「えらい」という表記が見られるようになり、明治半ばに至って初めて「偉い」という表記が見られるようになる。

⑮「其よりもっと偉《えら》い話がある、　（多情多恨、明治二九年、『紅葉全集第五巻』博文館、三七四頁）

意義変化に伴い、「えらい」が「偉」の字と結び付けられて捉えられるようになったわけである。[5]

4. 「すばらしい」の意義変化について

形容詞を意味上から分類すると、属性形容詞と感情形容詞に区分される。属性形容詞は客観的な性質・状態の表現をなすもの（例　おおきい、かたい、たかい etc.）であり、感情形容詞は主観的な感覚・感情の表現をなすもの（例　いたい、うれしい、なつかしい etc.）である。

「えらい」は「程度のはなはだしさ」を表す語として属性形容詞の中に位置づけられるものであるが[6]、同じ枠の中に分類される語群として近世の（先に挙げた）「いかい、きつい」のほか次のようなものが挙げられる。

いちじるしい、おそろしい、すごい、すさまじい、すばらしい、はなはだしい、ひどい、ものすごい

この中で、近世においては現代と違う意味・用法で用いられていたものとして「すばらしい」という語が挙げられる。

この語について『大辞林』を見ると、

㋑近世江戸語では、多く望ましくないさまをいうのに用いられる。ひどい。

との説明があり、用例として歌舞伎「与話情浮名横櫛」（一八五三年初演）の、

○此女故にやあすばらしい苦労して

という例が挙げられている。

洒落本においても、

⑯やくしやとみへしものふたり木戸ばんとみへしものひとりわるしやれのすはらしき男ひとり四人いちざにて何かむしやうにしやれのめす（女郎買之糠味噌汁、天明八・一七八八年、[14]、一四一頁）

というような例が見える。

一方、「すばらし」を『言海』で見ると、
○甚ダ盛ニ大イナリ。厳《イカ》シ。雄偉
と記されており、近世とは意味・用法が異なってきているようである。

このように近代以降に意義変化を起こしたと考えられる語は「えらい」のほかにもある訳であるが、「すばらしい」を含め、いつ、どのようにして意義変化を起こしたのかはさらに検討を行う必要があるであろう。

5. まとめ

ⓐ近世において「程度がはなはだしい」意で広く用いられた形容詞は「ゑらい」のほか「いかい」と「きつい」の二語があった。近世前期の上方では「ゑらい」は用いられず、「いかい」と「きつい」の二語のみが用いられていたが、近世中期以降は「ゑらい」の勢力の伸びにつれて、まず「いかい」の勢力が後退し、次いで「きつい」も勢力を後退させていく。

ⓑ近世前期には東国で用いられ、中期以降に上方で用いられるようになったのち近世後期以降に江戸語に取り入れられた「ゑらい」は、やがて「立派だ、すぐれている」意でも用いられるようになる。その意義変化に伴い、「えらい」は明治半ばに至って「偉い」という表記でも使われ始めるようになっていく。

ⓒ近世以降に意義変化を起こしたと考えられる語は「えらい」のほかにも「すばらしい」などが挙げられるが、その要因についてはさらに検討を行う必要がある。

6．おわりに

近世後期以降、上方では「ゑらう」の代わりに「ゑらい」を用いて「ゑらい面白い」というような言い方が勢力を増し、現在の関西では「えらい面白い」というような用法はすっかり定着したように感じられる。では最近耳にすることの多い「すごい面白い」というような言い方はどうだろうか。果して定着するだろうか。今後注目していきたい用法の一つである。

注

（1）寛政年間までの洒落本以外の例としては浄瑠璃の次のような例が挙げられる。

○艾も痃癖も大摑みにやつてくれ。（略）サア居ますぞへ。アツ、〳〵ゑらいぞ〳〵
（新版歌祭文、安永九・一七八〇年初演、『日本古典文学大系　浄瑠璃集下』一四二頁）

（2）東国では数量程度を表し、上方では状態程度を表した、というように使い分けがあったかのように読めるが、江戸洒落本における東国語の使用例においても⑩のように状態程度を表す意で用いられており、使い分けははっきりしない。

（3）ここまでの引用例は、「ゑらふ」の形のものが多いが、実際にはそれ以外の形のものも多い。たとえば次のようなものである。

○客　長兵衛めが砂場へうとんくひにいこ（略）まつていたけれどとう〳〵きさらさいでけたいくそてついねたゑらひつぼじや
（異本郭中奇譚、4、三二六頁）

○ケ　けたいなヱ、すかん（略）頭　ハアゑらひかんしやくじや
（晬のすじ書、16、一三四頁）

（4）上方語での意義変化は、あるいは江戸語の場合より先行するかとも考えられるが、ここでは江戸語の場合のみ扱う。

（5）古い時代の「偉」の訓として古辞書を見ると、『類聚名義抄』では「タクマシ、メヅラシ、ウルハシ」が、『和玉篇』では「オホイナリ、アヤシ、ヨシ」といったものが見える。
（6）『形容詞の意味・用法の記述的研究』（一九七二年、国立国語研究所）参照。

第六章　形容詞「まぶしい」の出自について

――「マボソイ」↓「マボシイ」↓「マブシイ」――

1．はじめに

日本語学において、「語彙」の分野の研究は、まだまだ遅れている面も多い。特に、形容詞については、よく知られているとは言い難い。

本章で取り上げる「まぶしい」については、真田信治が、徳川宗賢編『日本の方言地図』（昭和五四年、中公新書）所収の「標準語の地理的背景」において、「上方語マブイを母胎として〈まぶしい〉が生まれた」との説を述べているが、この説は近世・近代にみる文献の記述と符合しない点があるように思われる。

では、まず前記の真田の記述を見てみよう。

まぶしい（眩しい）――上方語マブイが母胎――

暗い場所から急に明るい所へ出たときの感じを形容する語は、全国的に非常にバラエティに富んでいる。分布図によってもその一応の様相はうかがわれよう。しかし、これとてそのあらましを示したにすぎず、実はもっともっと多彩な表現形が各地に存在するのである。くわしくは原図である『日本言語地図』を見てほしい。

現代標準語形はマブシイであるが、この語形が使用されている地域は主として関東地方であって、その領域は案外と狭いのである。分布模様から推定すると、この語形は東京（おそらく江戸）を中心に勢力を広げたもののようである。関東から東北に広がるマッポイと伊豆諸島でのマッポシイは活用形式の上でク活用とシク活用との違いはあるが、同系の語形とみてよく、過去には連続していたものであろう。そしてある時期、その領域をマブシイが断ち切ったものと思われる。また、山梨・静岡・愛知などのヒドロイ、ヒズルシイと茨城・千葉でのヒデッポシイは、たぶん語源的に「日（太陽）」と関わりをまつ同系の語形であろう。これもマブシイによって領域を断ち切られたものと思われる。

ところで、これら古層と認められるマッポイ系およびヒドロイ系と、新しい勢力としてのマブシイとは系統上はつながらないもののようである。では一体、関東でのマブシイはどのようなプロセスを経て成立したものなのであろうか。そのことを解明するために、次に関西方面に目をむけてみよう。

この地域では、関東周辺部とは異なって、マブシイに関わりのあると認められる語形が強い勢力をはっていることに気付くのである。まず、マブイ。この語形は現在、近畿中央部に勢力をもって存在しているのであるが、マブイとマブシイはク活用とシク活用の違いこそあれ同系のものと認めることができよう。実際、マブイの領域内にはマブシイも点々と存在している。マブシイは、おそらくこのマブイを母胎として生まれたものであろう。それが、ある時期、江戸へ移植されたと考えられる。したがって、現代標準語形マブシイもまた、本来は上方に出自するものと推定されるのである。

しかし、近畿におけるマブイとて、それほどに古い時代からのものとは認められない。なぜなら、このマブイの領域を周囲からとりかこむような形でマバイイ、マバイ、ババイイ、ババイなどのマバイイ系統の語形が分布しているからである。言語地理学的見地からは、この系統の語形がおそらく近畿中央部でのマブイの一時

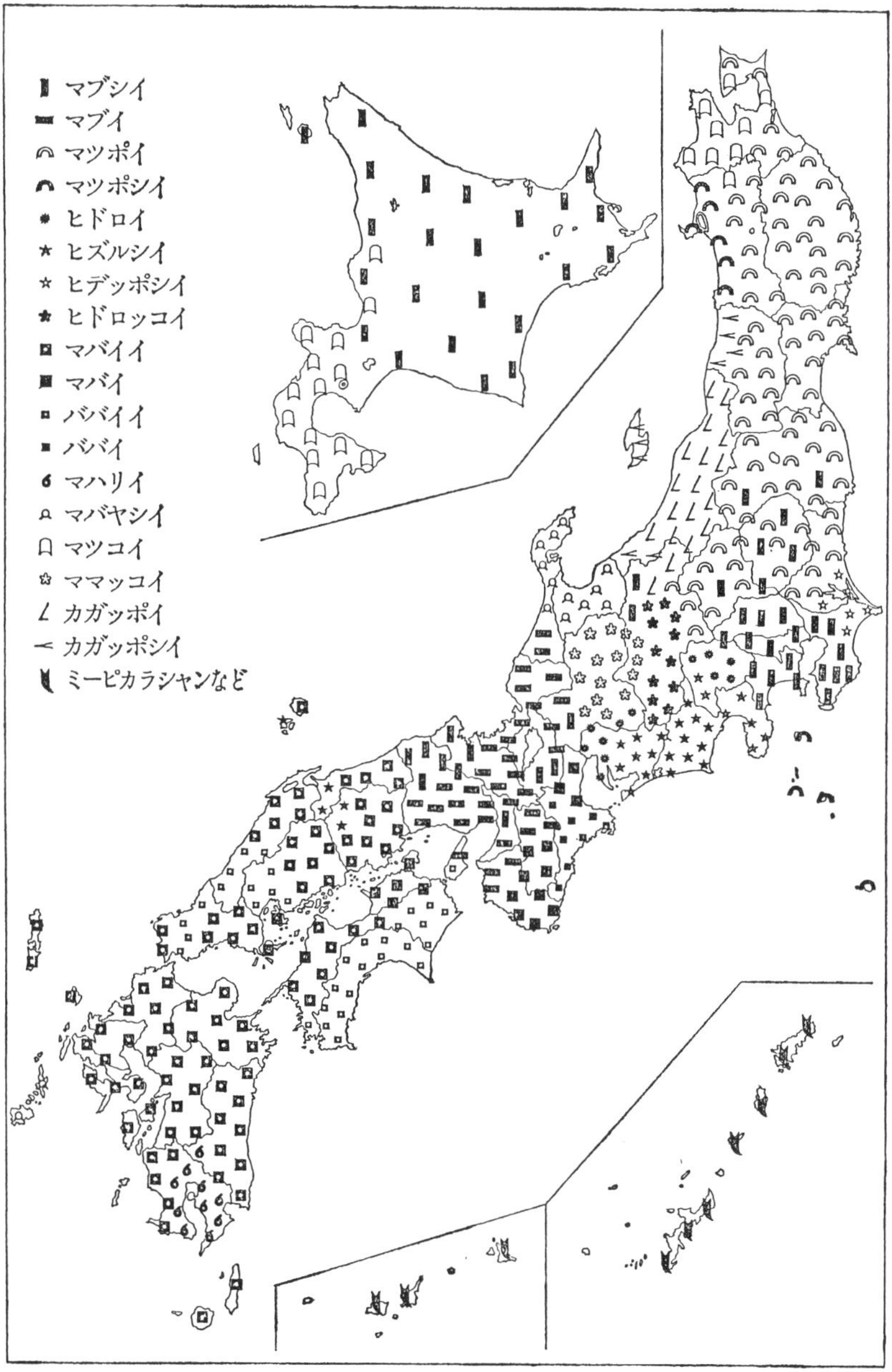
マブシイ
マブイ
マツポイ
マツポシイ
ヒドロイ
ヒズルシイ
ヒデッポシイ
ヒドロッコイ
マバイイ
マバイ
バババイイ
ババイ
マハリイ
マバヤシイ
マツコイ
ママッコイ
カガッポイ
カガッポシイ
ミーピカラシャンなど

まぶしい（眩しい）

代前の分布層であったと考えられる。マバイイは、古語のいわゆる「まばゆし」の直系である。この語は現代でも、特別な場合に文章語として使用されることがある。たとえば、「夢に仏がまばゆい姿で現われた」のように。マバイ、ババイイ、ババイなどはマバイイからの変化形である。

鹿児島に分布するマハリイは、その周囲をマバイイによってとりかこまれている。これもマバイイが変形してできた語形であろう。また、石川・富山に分布領域をもつマバヤシイもマバイイの変化した語と考えられる。この地域には、ほかにも、たとえば「いらだたしい」という意味を表わすハガイイがハガヤシイに変化するといったような現象が存在するからである。

近畿において、マバイイ系統の語がある時期マブイと交替した。その契機についての確かなところはわからない。しかし、マバイイの変化形マバイとマブイとは音韻的にそれほどへだたったものではないという点に、一つの手がかりを求めることができそうである。

以上に記した以外に、地域的に勢力をもつ語形としては、青森のマッコイ、新潟のカガッポイ、沖縄のミーピカラシャンなどがある。マッコイは青森から北海道南部にかけて広がっている。これはたぶん、東北最大の勢力をもつマッポイからの変化形であろう。語尾が～コイとなる語形は岐阜・長野にもみられる。岐阜のものはママッコイ、長野のものはヒドロッコイであって、前部は異なるが、後部の同じものが隣接して分布していることが注意を引く。新潟を中心とする地域には集中してカガ～の類が分布している。このカガ～はおそらく「輝く」の語幹と関連があろう。カガッポイはク活用、カガッポシイはシク活用の語であるが、このようなク活用形とシク活用形の語の対立が多いことは、「まぶしい」の表現形での著しい特徴ということができる。

なお、奄美・沖縄地方に分布するミーピカラシャンのピカラは、おそらく「光る」という語に関係していよう。語頭のミは本土方言のメ（目）に対応するものである。

（『日本の方言地図』二二一～二二五頁）

2.「まぶしい」の前に「マブイ」なし

ここでまず問題になるのは「果して〈まぶしい〉発生以前に上方語マブイが存在したか」という点である。そこで近世の文献からまず見ていきたい。

はじめに「物類称呼」（安永四・一七七五年）からである。

○羞明《まばゆし》といふ事を　中國にて。まぼそしと云　江戸にて。まぼしいと云　東奥にて。まじぽひ《ィ》と云　美濃尾張邊にて。かゝはゆひ《ィ》と云　土佐にて兒童など。ばゞいひといふ（ばの濁音はまの清音にかよふ也）（巻之五）

この記述には「まぶい」も「まぶしい」も見えない。一方、江戸では「まぼしい」という語が使われていたことがわかる。

では江戸語における「まぶしい」に関連する語彙にはどのようなものがあっただろうか。『江戸語大辞典』（前田勇編、一九七四年、講談社）にはこう記載されている。

まばゆい【目映い】《形》＊　まぶしい。天明元（1781）年・通人三国師「いツそまばゆうおざんすはな」

まぶ《形動》＊　①盗賊隠語。悪いに対して、良いこと。上々。美しくないのに対して、美しいこと。寛政四（1792）年・桃太郎発端話説「今はまぶな金持になりました」②芝居者隠語。嘘・贋に対して、真実・本物。寛政十一年・品川楊枝「芝居のふちやう（略）ほんの事を、まぶ」

まぶい《形》①操り・浄るり社会隠語。良い。美しい。文化九（1812）年・浮世床二上「やつかい（めつさう）にまぶい（うつくしい）所へかま（行）つたはいの」②盗賊・職人なども前項と同義に用いるが、いずれが先か、にわかに断じがたい。明和七（1770）年・神霊矢口渡四「めんかのまぶいげんさいの事さ」③香具師隠語。うまい。文化三年成・潮来婦志後中「まぶい（うまい）けれど」④露天商人隠語。にぎやかだ。弘化三（１８４６）年・魂胆夢輔譚四上「余《あんま》りとひがまぶいから」（原注「マブイとは、にぎやかなこと」）

まぶしい【眩しい】《形》まばゆい。寛政二年・繁千話「まつてへなくつて、まぶしくつて、どふもよられんせん」

まぼしい【眩しい】《形》まぶしい。まばゆい。享和三（１８０３）年・甲駅雪折笹「まぼしくつてしれねへ」

まぼしがる【眩しい】《自ラ五》まぶしがる。まばゆがる。安永三（１７７４）年・柳多留九「どなただと中将ひめはまぼしがり」

『江戸語大辞典』でみる限り、「まぶしい」意での「マブイ」の例は認められないこと、「物類称呼」で見られる「まぼしい」より前の「まぶしい」の例は認められないことがわかる。（『近世上方語辞典』には「まばゆい」「まぶい」「まぶしい」等の記述なし）。

なお、「まぼしい」について『日本国語大辞典』を見ると、次のような例が挙がっている。

まぼし・い【眩】《形口》文 まぼ。し《形シク》「まぶしい（眩）」に同じ。＊雑俳・高点部類―安永四（１７７５）年「まぼしく見せて仕廻ふ流し目」＊人情本・春色辰巳園―天保五（１８３４）年―後・八回「あんどうをいだす。『仇さん、おめへはまぼしかろう』」方言 江戸†01　東京都南多摩郡279

まぼし‐が・る【眩】《他ラ四》（形容詞「まぼしい」の語幹に接尾語「がる」の付いたもの）「まぶしがる（眩）」に同じ。＊雑俳・川柳評万句合―宝暦十二（１７６２）年・松一「八朔に病み目のかふろまほしかり」

「まぶしい」については、『江戸語大辞典』に挙がっている例より古いものは見られない。このことから見ても、

「まぼしい」の後から「まぶしい」が出てきたと推定される。

続いて、幕末から明治期の辞書を見ると、『英和対訳袖珍辞書』（一八六二年）では、Glimmer の訳語として「覩《マバ》ユカル」が挙げられているほか、Loom の訳語として「眩《マボ》シガラセル」が挙げられている。

一方、『和英語林集成』三版（明治一九・一八八六年）では、「まばゆい」「まぶしい」「まぼしい」は立項されているが、「まぶい」は立項されていない。

『言海』（明治二二年）での記述は次のようなものである。

ま-ばゆ・し・キ・ケレ・ク・ク（形．一）目映（一）光、烈シク赫キテ、正シク見難シ。マボシ。マブシ。「日影―」羞明（二）盛ナルニ對シテハ恥カハシク、荒涼ナルニ對シテハメザマシク、目、ソバメラル。

++まぶし（形）まぼしノ轉。（東京）羞明

まぼ・し・シキ・シケレ・シク・シク（形・二）目映《マバユ》シ、ノ轉訛。マブシ。（東京）羞明

一方、『日本大辞書』（明治二五年）では次のような記述が見える。

●ま・ばゆイ（第三上）形。まばゆしノ近體。

まばゆ・さ（第二上）名。マバユイ度合ヒ。

○ま・ばゆシ（…）形。〔目映し〕（一）光リ烈シク、物ヲ見ニクイ。＝マブシイ。（二）一方ガ盛ンデ、ソレニ對シテ恥カシイ。

▲まぶイ（第二上）形。マブシイ（京坂）。

○まぶし（第二上）形。まぼしノ轉。

●まぶしイ（第三上）形。前ノ近體。

△まぼし（第二上）名。まばゆしノ轉。

管見では、「まぶしい」意での「マブイ」の例は、『日本大辞書』のものより前はない。そこで、『日本国語大辞典』の「まぶい」の記述を見てみると、次のようになっている。

まぶ・い【眩】《形口》（「まぶ」の形容詞化）①容貌が美しい。＊浄瑠璃・神霊矢口渡‐四「おれががんばって置ためんかのまぶいげんさいの事さ」＊滑稽本・浮世床‐初・上「芸が能（いひ）ときてゐるに、面がまぶいと云ふもんだから」＊歌舞伎・曾我梅菊念力弦‐二幕「因果者の夫太だが、余ッぽどまぶい代物だから」②仕事などが、うまくいく。都合がよい。＊洒落本・潮来婦誌‐後・中「どうろくが気をつければ、まぶいけれど、げんさいまかせだから」③金回りがよい、金持である意の盗人仲間の隠語。〔日本隠語集〕④晴天である。晴れている意の盗人仲間の隠語。〔特殊語百科辞典〕方言 光が目にまぶしい。まばゆい。「日が当たってまぶい」石川県能美郡441　福井県坂井郡464　長野県東筑摩郡523　滋賀県彦根619　京都625　大阪637　神戸659　淡路島660　奈良県宇智郡669　和歌山県682　徳島県805　香川県817　《まぶいい》広島県比婆郡751　《まびい》千葉県長生郡一宮270

ここにも「まぶしい」意での「マブイ」の例はない。

結局、文献上言えることは、「まぼしい」「まぶしい」以前に「まぶしい」意での「マブイ」の存在を認めることは出来ないということである。

3．「まぼしい」→「まぶしい」について

前項では、「まぶしい」の前に「まぶしい」意での「マブイ」の存在は認められないこと、「まぶしい」は「まぼしい」の後から出てきたことを述べた。

「まぶしい」が「まぼしい」の変化と見られていることは『言海』や『日本大辞書』に見る通りである。「まぼしい」は明治期においても、特に漱石等によく使用が認められるものであった。

ぎら〳〵する日《ひ》を少時《しばらく》見《み》詰《つ》めてゐたが、弦《まぼ》しくなったので、　（「門」、集英社『漱石文学全集四』四七一頁・六）

『作家用語索引第一期』の範囲で見ると「坊っちゃん」（明治三九年）、「三四郎」（明治四一年）、「それから」（明治四二年）、「門」（明治四三年）と「まぼしい」の使用のみ見られ、「まぶしい」は見られない。大正期の作品である「行人」に至って初めて「まぶしい」の使用が見られるのである。（「まばゆい」の例は「彼岸過迄」〈明治四五年〉と「行人」に一例ずつ見られる）。

さて、「まぶしい」が「まぼしい」の変化したものだとすると、その変化の要因は何であろうか。そこで、先の（『江戸語大辞典』に挙げられている）「繁千話」の例を見ると、「まったいなくって、まぶしくって」とあり、ここでは「まばゆい」意のほか「立派だ」の意も含まれていると考えられる。つまり「まぼしい」＋（美しい意の）「まぶい」として「まぶしい」は出てきたのではないかということである。

もっとも、この「繁千話」の例は特殊なものとも考えられ、近世では他に「まぶしい」の例はなかなか見当たらない。

4．「まぼそい」→「まぼしい」

前項では「まぶしい」の前の形として「まぼしい」を見たが、では現代における「まぼしい」の使用域はどの程度のものだろうか。

『日本言語地図』を見ると、「まぼしい」は関東地方のほか西日本では但馬地方、丹後地方などに使用が認められ

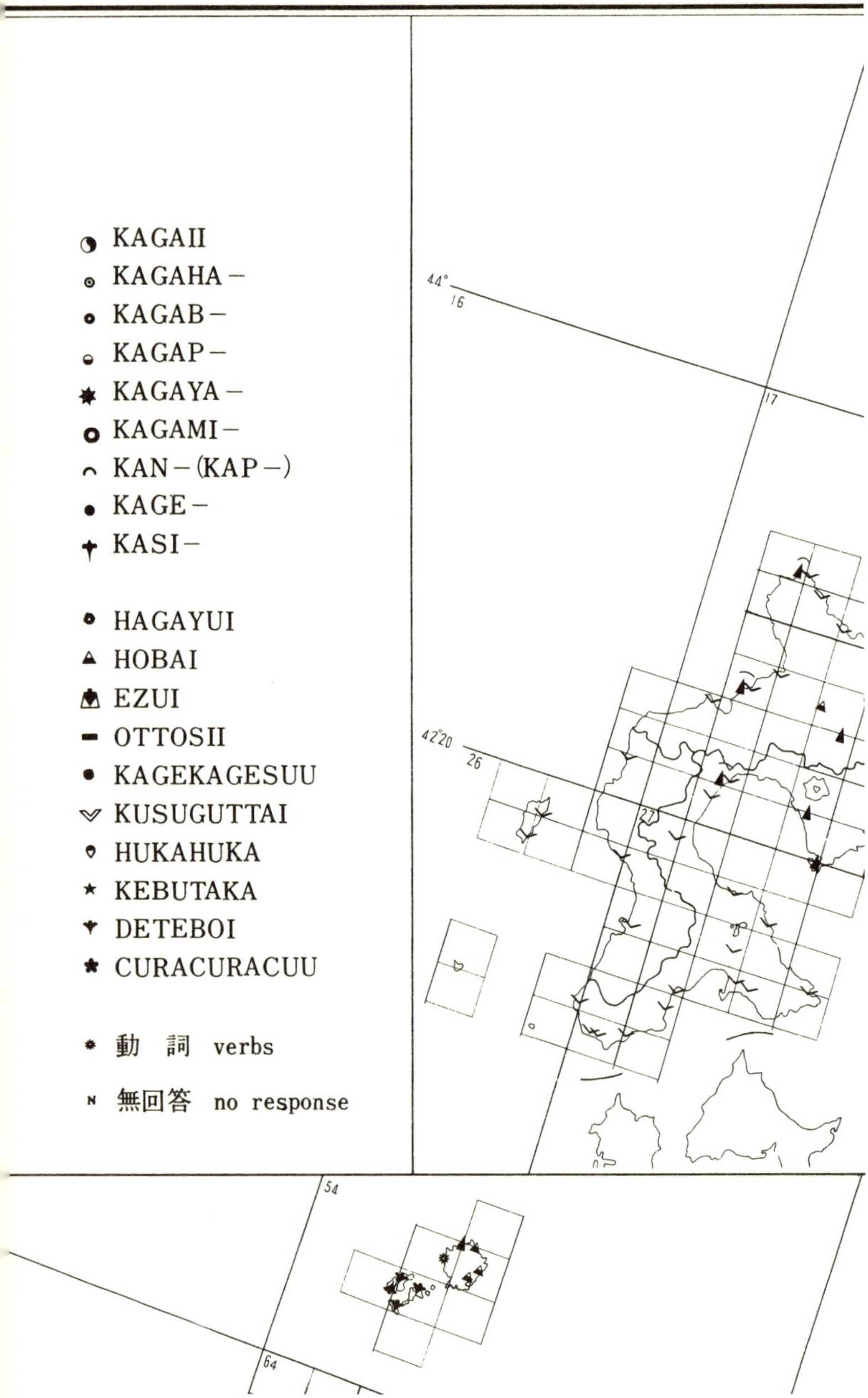
KAGAII
KAGAHA－
KAGAB－
KAGAP－
KAGAYA－
KAGAMI－
KAN－(KAP－)
KAGE－
KASI－
HAGAYUI
HOBAI
EZUI
OTTOSII
KAGEKAGESUU
KUSUGUTTAI
HUKAHUKA
KEBUTAKA
DETEBOI
CURACURACUU
動　詞　verbs
無回答　no response
44°
16
17
42°20
26
27
54
64

30　まぶしい(眩しい)−前部分

dazzling, blinding (first element

MABU−
MAMU−
MABO−
MABA−
MYABA−
MAMA−
MAWA−
MAHA−
MABE−
MAME−
MAHE−
MABI−
MAGA−
NABA−
NAMA−

AMABU−
AMABO−
AMABA−
AMAHA−

ABABO−
ABABA−
ABAA−
ABA−
BABA−
BAKABAKA−
BATABATA−
BABE−

MACU−
MACYO−
MASI−
MAKI−
MAP−

MEBA−
MAIBA−
MEMA−
MEWA−
MEYAWA−
MEHA−
MEME−
MEZU−
MEBO−
MIBO−
NEBA−

MI−
MII−
MIN−
MAN−
PIKA−
NMIBUSIKAM
MAISYAN
MAGI−

HIBABA-
HIDO−
HIDA−
IDARA−
HIDE−
HUDE−
HUTE−
HITE−
HICIRO−
HIZU−
HIGI−
HIGA−
HIGU−
HIMA−
HIME−
HIMU−
HUMA−
HINE−

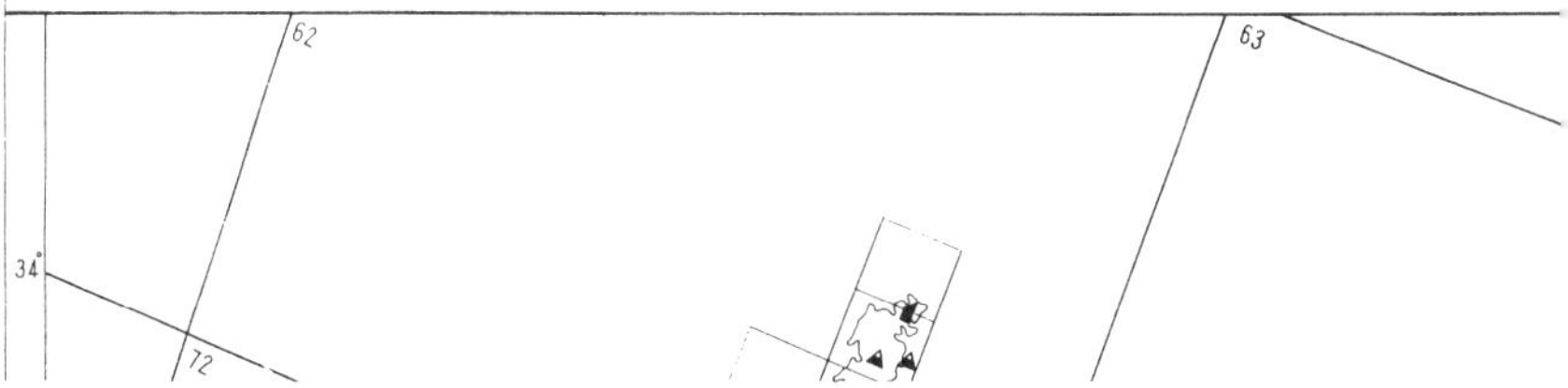

マボシイ(MABOSHII)
74
75
85
135
0
50
100
150Km
20

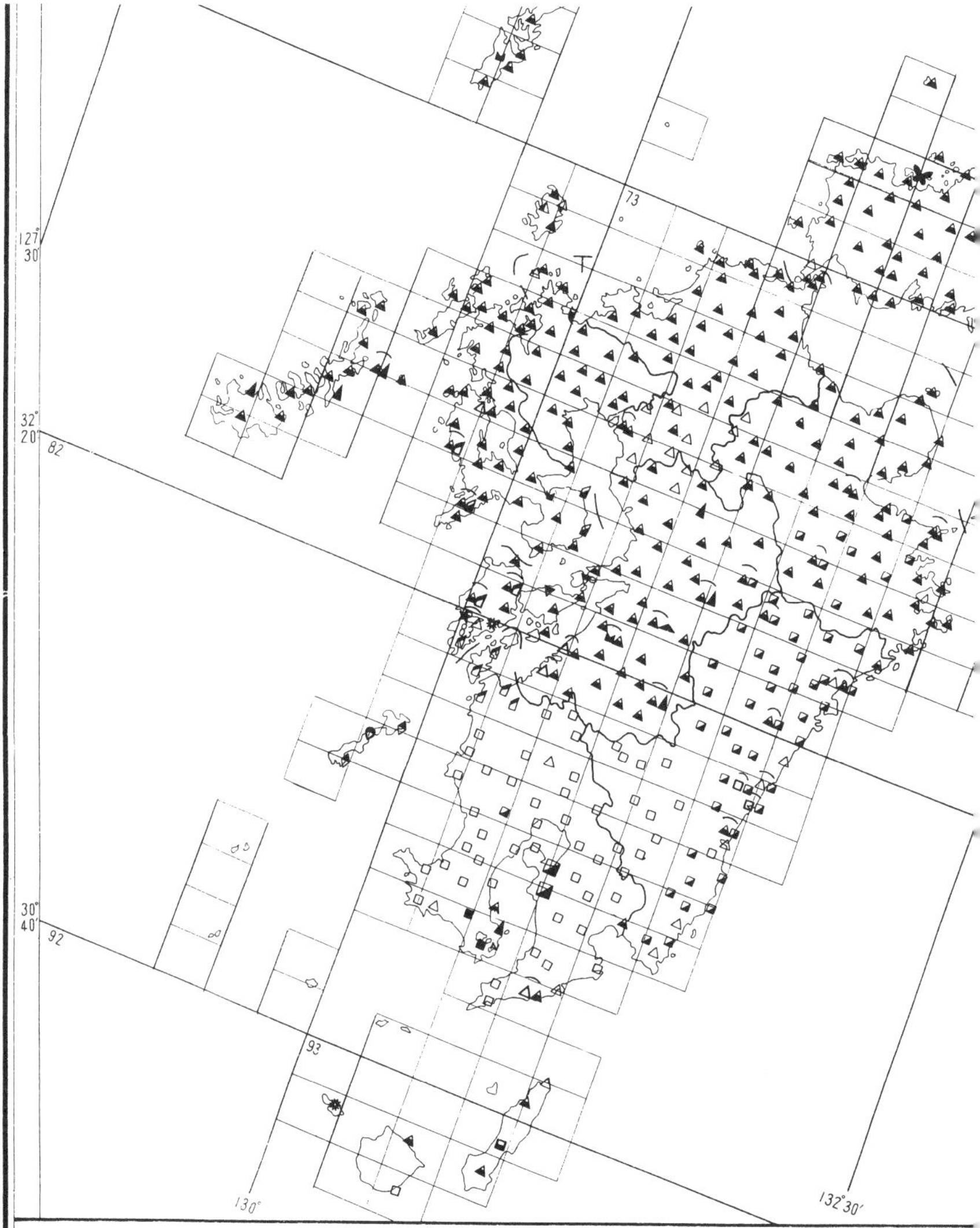

質 問 文：太陽を見るとあまり明かるいので目のあけていられないような感じが
します。その感じをどんなだと言いますか。(115)

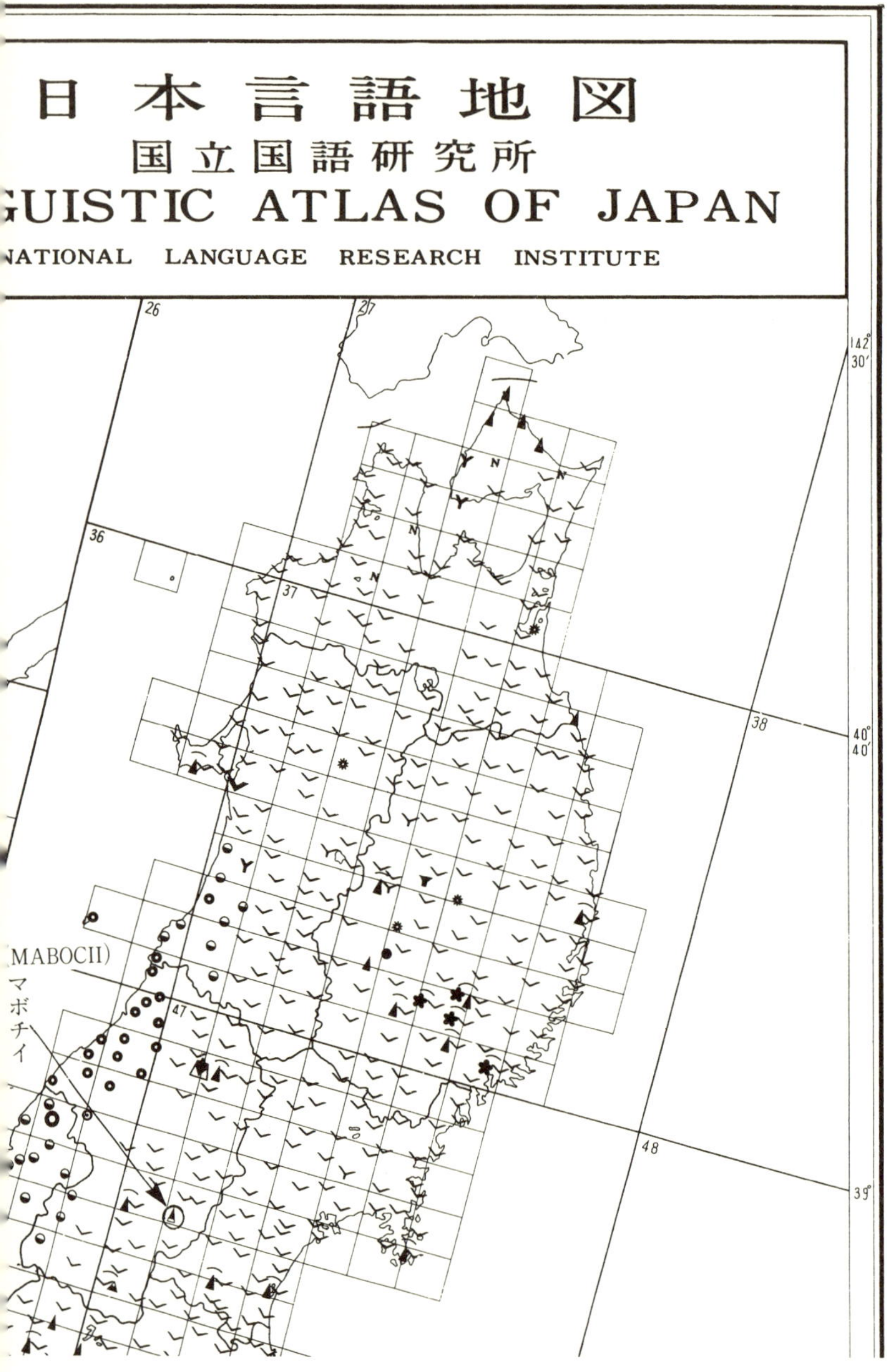
日本言語地図
国立国語研究所
GUISTIC ATLAS OF JAPAN
NATIONAL LANGUAGE RESEARCH INSTITUTE
(MABOCII)
マボチイ
26
27
36
37
38
47
48
142°
30′
40°
40′
39°

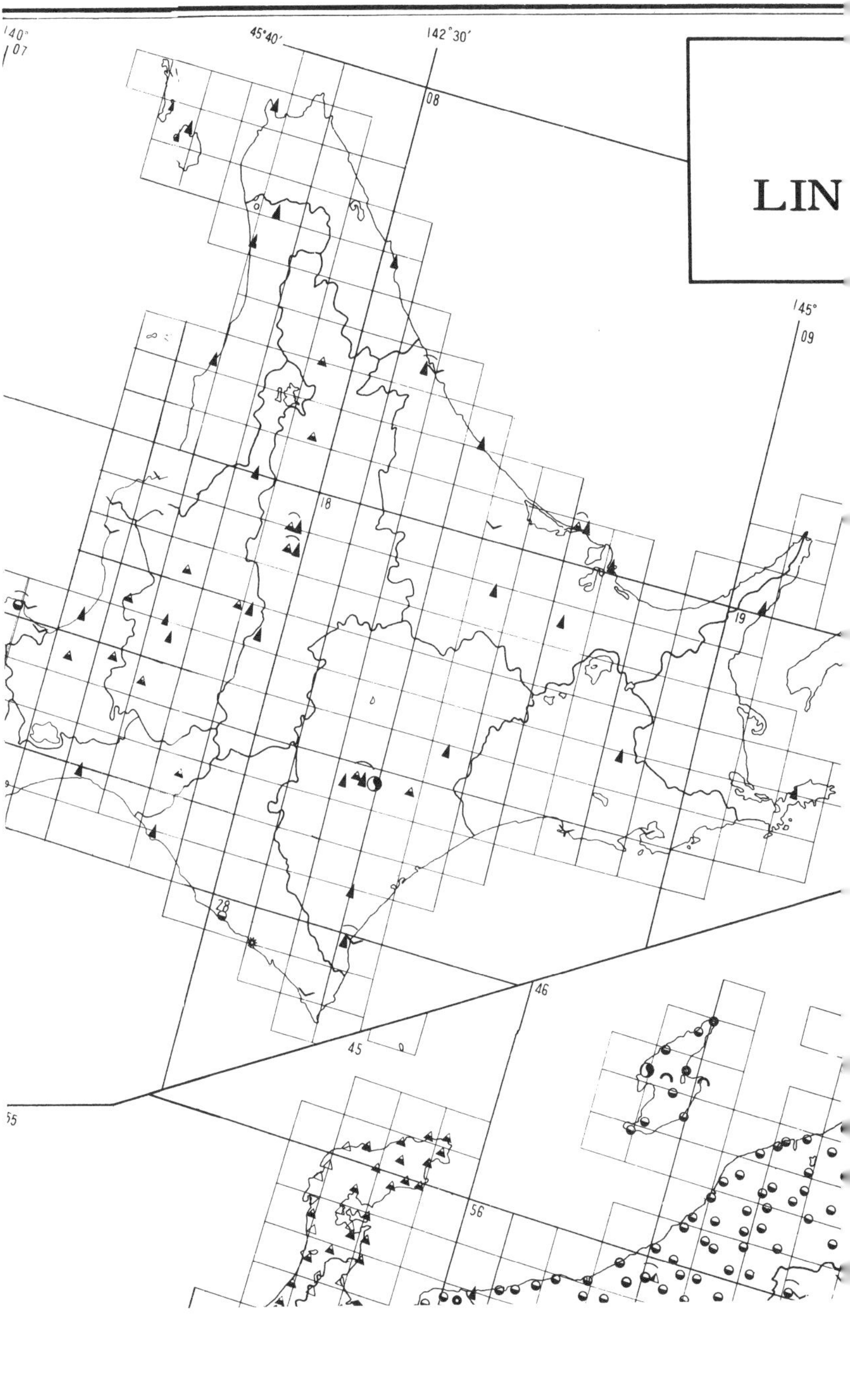
140°
07
45°40′
142°30′
08
LIN
145°
09
18
19
28
46
45
55
56

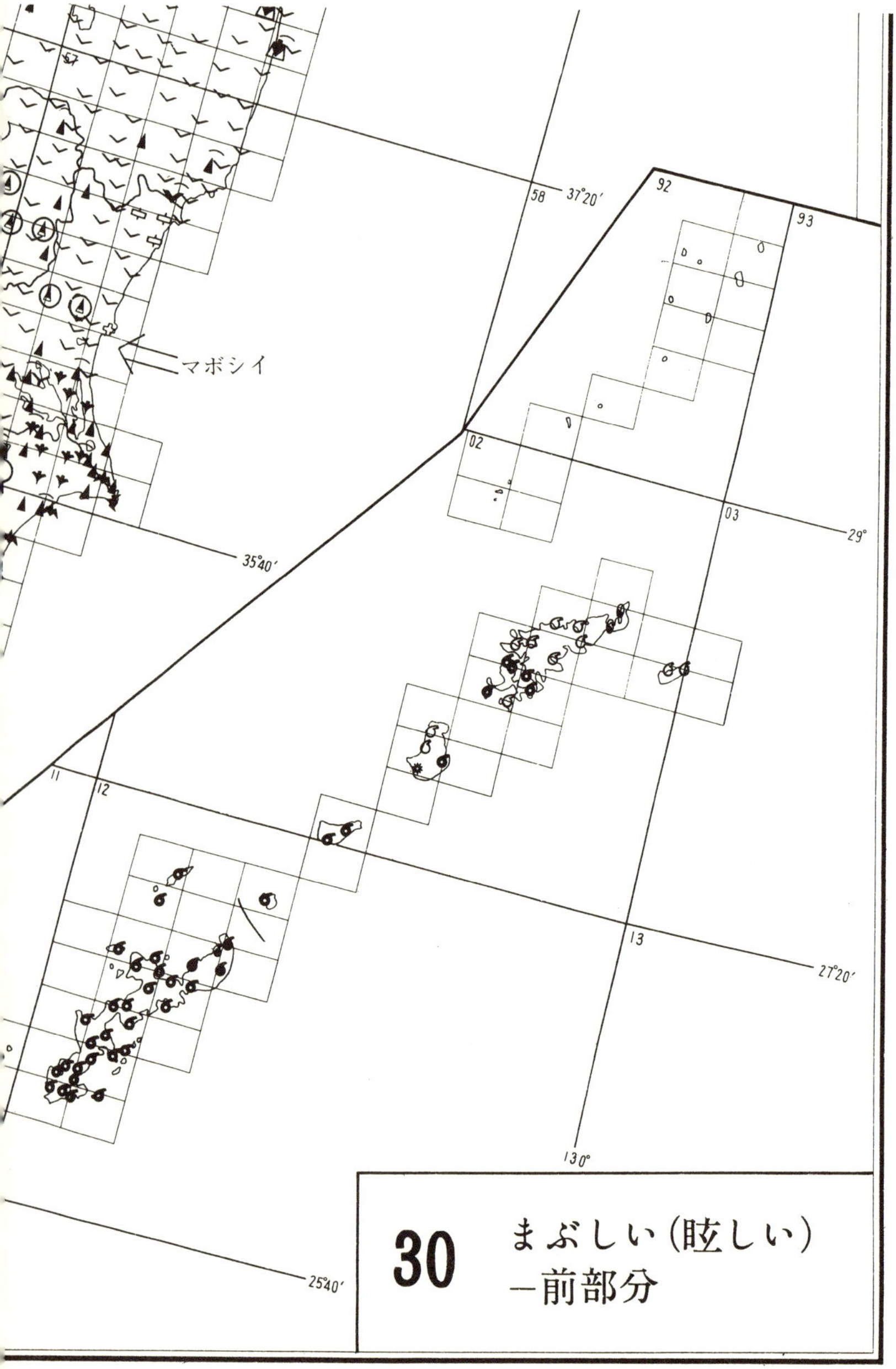

30 まぶしい（眩しい）
—前部分

アマボヨイ
マボイ
アバボイ
ミボシイ
マボシイ
メボセッタイ
(MEBOSETTAI)
マボロシキャ
(MABOROSIKYA)
メボシキャ
(MEBOSIKYA)
66
76
34°
137°30
21
24°
125°0′
32°20′
140°
127°30′

る。（九〇〜九七頁参照）。

ここで、先の「物類称呼」の記述を思い起こすと、「中国にてマボソシ、江戸にてマボシイ」とあった。また、近世前期の文献である「男重宝記」（元禄六・一六九三年）にも、

羞明《まばゆし》といふ事を中国にてまぼそいといへり　（五・二）（『日本国語大辞典』による）

とある。但馬、丹後地方は山陰地方であり、現在でも中国地方との結び付きは強いと思われる。このことから、但馬、丹後地方に見られる「まぼしい」は「まぼそい」の転かとも思われる。「まぼそい」と「まぼしい」は音も近く、「まばゆくて目を細める」意で「まぼそい」を使っていたのが「まぼしい」に転じたことも考えられるのではないか。

なお、北関東から東北にそろがる「マッポイ」と「マボシイ」とを関連付けることは、間に「マッポシイ」の分布が見られない以上、難しいようである。

5. 関西における「マバイ」→「マブイ」

現在、関西地方において用いられている「マブイ」は、どのような経過で発生したのだろうか。「まばゆい」が変化して「まばいい（まばい）」になったことは容易に想像がつく。しかし、「まばい」から「まぶい」へは、音変化というだけではやや無理があるようである。

考えられるのは、一つには「美しい」意での「まぶい」の影響ということである。これは江戸語における「まぼしい」から「まぶしい」への変化の過程でも考えられたことであり、関西における「まばい」から「まぶい」への過程でも考えうることだとおもわれる。

もう一つには、江戸語・東京語における「まぶしい」の影響ということである。「まぶしい」の初出が洒落本であり、「まぶしい」意での「マブイ」の初出が『日本大辞書』だとすると、時期的に見て「まぶしい」の影響で「まばい」が「まぶい」に変わったとも考えうる訳である。

この変化では、第一の要因が大きかったのではないかと想像するところではあるが、第二の要因も考慮においておかなければならないように思われる。

6. おわりに

形容詞の「まぶしい」は「まぼそい（目細い？）」から「まぼしい」を経て生まれたと思われることを述べてきた。

このほか、「まぶしい」の意味の問題として、「日の光がまぶしい」のか、相手が立派なために「恥ずかしいように思う」のか、を区別した用法はしていないのか、ということがある。

例えば、東海地方でのかなりの地域で、「日の光がまぶしい」意で「ヒドロイ、ヒズルシイ」を用いるということだが、『日本言語地図』を見ると、岐阜県南部で「カガハイイ」を用いるとなっている所がある。しかし、山田達也氏ほか何人かの方から、その地域でも、「恥ずかしいように思う」の意では「カガハイイ」を用いることはあっても、「日の光がまぶしい」意では「ヒドロイ」か「ヒズルシイ」を用いるのではないか、調査のやり方に問題があったのではないか、との疑問が提示された。

そのあたりの点については、私の調査は不行き届きであり、自分の見解を述べることは差し控え、今後の検討課題としたい。

このほか、より細かく見て行けば、まだまだ問題はあると思われる。今後、更に考えていきたい所である。

第二部　近世後期語研究

――資料性の問題を中心に――

第一章　洒落本とは

1．文学史からみた洒落本

近世後期の小説一般をさす言葉として「戯作《げさく》」という語が用いられるが、「洒落本」は、「読本」「黄表紙」「滑稽本」「人情本」などと並べて、「戯作」の一つと位置づけられるものである。

洒落本は、中国文学に傾倒する当時の漢学者が、中国の遊里文学を手にし、それを模倣することから始まった。はじめは漢文で綴られていたが、やがて会話を主とする日本語文に変わり、日本的な描写文学になっていったものである。

洒落本には、まずは、遊里文学として、「廓《くるわ》の穿《うが》ち」といわれる、人の知らない遊里の一面を描いて見せるという方向のものがあった。続いて、廓などでの恋愛を興味深く描くという方向のものが見られ、それは後に、人情本へと発展する。

もう一つ、滑稽描写の方向があった。元来「洒落」という言葉には、滑稽の意味が強く含まれていた。洒落本の生成に関与したものとして「浮世物真似」といわれるものがあるが、それは滑稽を主体に成立した大道芸である。この「浮世物真似」を文章化したようなスタイルで世相風俗を穿つ、というのがそもそもの洒落本だったともいわれている。この方向は、後の滑稽本に発展していった。

洒落本の代表的な作家としては、まず山東京伝が挙げられる。京伝は廓における穿ちを主な手法として、廓に出入りする人々の真情を描写し、後続作品に大きな影響を与えた。京伝は、寛政の改革で幕府の取り締まりに触れるまで主要な作家として活躍した。代表作として「通言総籬」（天明七・一七八七年）「傾城買四十八手」（寛政二・一七九〇年）などが挙げられる。

京伝以後の洒落本は、二つの方向に分岐する。ひとつは京伝の真情描写を継承し、恋愛の推移を小説としてまとめる方向である。梅暮里谷峨「傾城買二筋道」（寛政一〇年）がその代表として挙げられる。この方向が後に人情本に発展した。

もうひとつは滑稽描写に近づく動きである。式亭三馬は「辰巳婦言」（寛政一〇年）で洒落本界でデビュー、十返舎一九は「恵比良濃梅」（享和元・一八〇一年）などで洒落本作家として認められた。いずれも、廓を舞台にしつつも、滑稽に重点が置かれたものであった。滑稽本の代表作家として知られる一九、三馬なども初めは洒落本作家として出発したのである。

さて、研究資料として洒落本に当たる場合には、『洒落本大成』（全三〇巻）という大変信頼できる活字本があり、まずはこの本によって見ていけばよいと思われる。編者として水野稔、中村幸彦、中野三敏といった名が挙げられているが、それぞれ近世文学の研究者として第一級の面々で、これらの方々の校訂により、これ以上は望めないというレベルの厳密な校訂がなされている、とされる。中央公論社から、昭和五三（一九七八）年から昭和六三（一九八八）年にかけて刊行されたもので、研究を行う場合の用例の引用なども、ほぼこの活字本を用いて行えばよい、と考えられている。

2. 近代語研究資料としての洒落本

洒落本は、特に宝暦年間（一七五一〜一七六四）頃から寛政年間（一七八九〜一八〇一）頃までの口語資料としては第一の資料と考えられるものである。全部で五百数十編にも上る数があるものだが、基本的には、短編の作品ばかりであり、ごく短い分量のものも多い。研究においてはある程度の作品をまとめて扱うことも必要となる場合がある。

なお、主に享和年間（一八〇一〜一八〇四）以降の作品についてであるが、洒落本と後続の滑稽本・人情本とを厳密に分けるのは難しいところもあり、短編を洒落本、中編以上の長さがあるものを滑稽本・人情本としている、と見るのが実際のところかもしれない。

洒落本作品の数は、やはり江戸板のものが多いが、上方板のものも百編以上あり、そのほかの地方のものもかなりの数が見られる。

さて、この時期の口語研究を考える場合、二つの中央語、上方語と江戸語が勢力を競っていた時期だということを視野に入れておく必要がある。

まず、宝暦年間頃から明和五（一七六八）年頃までだが、この時期は、口語資料として扱えるものは上方板の作品のみで、江戸板ではまだ研究対象となるような作品は見られない。洒落本でも会話を主とする日本語文の作品は、上方板のものが先行する。その嚆矢となるものは、延享三（一七四六）年に刊行されたが絶板処分をうけたとされる「月花余情」という作品である。その初板のものは現存していないと思われ、再板のものは宝暦八（一七五八）年ということであり、実質研究対象になるのは宝暦七年の「新月花余情」「陽台遺編」あたりからということになる。

一方、最初の江戸的な洒落本としてよく知られているものは、明和七（一七七〇）年の「遊子方言」であるが、江戸語研究に用いられる資料となる最初の洒落本が現れたのは、「遊子方言」の前年、明和六年に刊行された「郭中奇譚」からである。そしてこれが、江戸語のまとまった口語資料として扱える最初のものである。ここから江戸語東京語研究の第一歩が始まる、といってよい。

江戸板洒落本の舞台としては、まず吉原や深川といったところが挙げられるが、そのほか両国、品川、新宿などを舞台にするものも挙げられる。

一方、上方板洒落本の舞台となる場所としては、京都では島原、大阪では北新地といった名前が挙げられる。

ところで、近世後期上方語の研究は近世前期の上方語の研究に比べて、また同時期の江戸語研究に比べて軽く見られる点があり、かつての研究状況は不十分な点があったように思われる。しかし、特に寛政年間頃までは、上方語の、中央語としての勢力は無視できないものであったのであり、近年ようやくそういった点が認識され、研究も充実してきたかと思われる。

なお、京都と大阪の言葉の違いをこの時期のもので調べ、はっきりされるのはかなり難しいと思われ、当面は、上方語として、京都及び大阪をまとめて考える研究状況が続くと思われる。

洒落本は寛政年間頃までの口語研究の一級資料となるものだが、それだけではなく、享和年間頃から幕末までの口語研究についても一級資料となるものである。ただ、この時期の口語研究については、洒落本を引き継いだ形の内容を持つ滑稽本や人情本でかなり研究が進められているのに対し、洒落本を使った研究は、まだまだという面がある。

寛政の改革で打撃を受け、（特に作品内容の質という面だが）衰退に向かったという面も確かにあり、そのため文学研究の面からは、十九世紀の洒落本は一段低く扱われる、という面も確かにあるのではあるが、しかし、近代語研究という面においては、作品の数もたくさんのものがあり、決して見逃してはならないものだと思われる。

十九世紀洒落本に現れる、語誌研究上、なかなか面白い例だと思われるものを、次に挙げる。「どぎつい」という語の出現例である。

昔《むかし》も今《いま》も金《かね》がいはする美男子《よいをとこ》脚元見《あしもとみ》られてぐつと罵《いれ》られ苛《ときつ》ふ心《しん》にあたりしが誹名《はいみよう》さへ負惜《ふじやく》と付程《つくほど》の古気《こけ》おしみ

（当世廓中掃除、文化四・一八〇七年、24、三二九頁）

現代の俗語のように思われる言葉が、この時期に見られるのである。なお、「当世廓中掃除」は京都の洒落本である。

さて、洒落本は、近世後期の口語研究のための重要な資料となるものであるが、特に、会話部分のある作品に注意して資料に用いることが、口語研究においては重要なポイントとなる。

洒落本だけでなく、滑稽本や人情本、さらには明治以降の小説においても共通していえることだが、特に口語研究における資料として用いる場合、地の部分と会話部分を分けて扱うことも必要となる場合がある。地の部分は口語資料として扱えるかどうか、吟味が必要となる場合も多い。

そして、話者の属性にも、可能な限り注意して研究にあたる態度が求められるであろう。最低限、地方の出身者でないかどうかはチェックしなければならないし、待遇表現の研究などの場合には、身分・階層など出来る限りの吟味を行わねばならない。

作品数としてまとまった量があるものは、江戸板、上方板のほか、名古屋板の洒落本である。二〇編以上の作品がある。

3．名古屋板洒落本について

名古屋板洒落本の主な舞台としては、「神戸《ごうど》」が挙げられる。「神戸」は現在では名古屋市熱田区となる場所にあった遊里である。なお、熱田は、近世においては名古屋ではなく、その隣の鳥居前町であり、宿場町でもあった場所である。

語彙的には、名古屋と上方で共通する面がいろいろあるように思われるのであるが、上方の影響というだけでなく、名古屋独自の面もいろいろあるように思われるし、まだまだ検討の余地があるように思われるものである。

4．地方を舞台とする洒落本

これまでに挙げたもののほか、洒落本には地方を舞台にしているものが相当数存在する。

まず、伊勢の古市を舞台にする作品（「千客万奇」・享和元年など）がかなりの数（一〇編近くはあるか）見られる。近代語資料として面白いと思われるが、上方板のものと言葉は近いように思われ、どう扱っていくかまだ方針が定まっていないところかと思われる。さらに検討が必要なところだろう。

それ以外の地方の洒落本もある。

東北地方のものとしては、仙台が舞台の「仙台風」（天明年間）、鶴岡が舞台「苦界船乗合咄」（慶応三・一八六七年）などがある。

その他、思いつくまま列挙してみると、

潮来を舞台とする「潮来婦志」（文政一二・一八二九年）

軽井沢を舞台とする「道中粋語録」（安永年間）

信州田中、現在の湯田中温泉を舞台とする「鄙風俗真垣」（享和年間頃）

新潟を舞台とする「新かた後の月見」（文政二年）

直江津を舞台とする「意気地合戦」（文化九・一八一二年）

駿河を舞台とする「阿倍川の流」（文化一〇年）

加賀の串茶屋村（現在は小松市）を舞台とする「夜告夢はなし」（天保四・一八三三年）

讃岐金比羅を舞台とする「金郷春夕栄」（嘉永三・一八五〇年）

これくらいで止めるが、ほかの地方を舞台にする作品もまだまだ存在する。

ただし、これらの作品を方言資料として扱うには、他の方言資料、例えば近世の方言辞書「物類称呼」等とつきあわせるなど十分な吟味が必要とされると思われるし、それぞれの作品の分量が限られている点も、やはり問題となるように思われる。

付記

洒落本を用いた江戸語研究の第一人者としては、まず小松寿雄の名が思い浮かぶ。一方、上方板洒落本を用いた研究の第一人者としては、寺島浩子の名ははずせない。

また、名古屋板洒落本を用いた研究においては彦坂佳宣の名が第一に挙がる。この他、洒落本を用いた優れた業績のある研究者として鶴橋俊宏、矢野準等の名を挙げるべきところであったが、紙幅の関係などもあって割愛させていただいた。遺憾に思うところである。

なお、「1　文学史からみた洒落本」の記述については、次に挙げるものを主要な参考文献としている。

『日本の近世文学』（荒木繁他編、一九八三年、新日本出版社）

『日本文学新史　国文学解釈と観賞別冊　近世』（松田修編、一九八六年、至文堂）

第二章　江戸語資料としての十九世紀洒落本について

――「きつい」「ゑらい」「いかい」等の語を見ながら――

要　旨

十九世紀（享和年間以降）の江戸洒落本は、存在自体があまり注目されてこなかったもので、寛政の改革によって衰微したものと片付けられがちだった。しかし、実際には寛政以降にも数多い作品がある。文化年間後半からは江戸洒落本は数を減らしていくが、この勢力の後退は、寛政の改革が主たる要因ではなく、「浮世風呂」に代表される、滑稽本の隆盛が大きな要因となったものである。十九世紀の洒落本も、それ以前の作品と同様、江戸語資料として積極的に評価できるもので、より多くの活用が望まれるものである。

一、「滑稽本の時代」の洒落本の資料性

国語研究において、近世後期語の資料は、一七五一年（宝暦元年）から一八〇〇年まで（寛政年間まで）は洒落本（ただし、江戸語研究に用いられる洒落本作品は、明和六・一七六九年刊の「郭中奇譚」から）、一八〇一年（享和元年）以降は滑稽本（天保ごろからは人情本も加わる）が中心となっている。江戸では寛政の改革で打撃を受けた洒落本にかわって、享和二年以降「東海道中膝栗毛」が刊行されていくにつれての滑稽本の盛行が見られる訳であるから、化政期は滑稽本が中心資料となるのは当然といえば当然だが、上方や名古屋では寛政の改革以降も洒落本はさかん

に出板されていて、まとまった量の資料となっている。（滑稽本と人情本は上方や名古屋ではあまり発達せず、資料の量が少ないのは惜しい）。

さて、十返舎一九や式亭三馬などの活躍が目立つ「滑稽本の時代」（享和から化政期）の江戸洒落本だが、一九や三馬自身、洒落本を書いている。（寛政の改革以降も、江戸でも洒落本はたくさん刊行され続けていくのだが、あまり評価されてこなかった）。このうち、一九の作品は、かつて中村幸彦が「東海道中膝栗毛」について「資料にならない」と断じられて以来、江戸語資料としては避けられてきている。三馬の作品にしても「滑稽本を見れば十分」との空気が強く、洒落本は顧みられてはいないように思われる。

私自身、江戸語研究では享和以降は、滑稽本（及び人情本）を資料とするだけで出来るものをと考えてきた。「享和以降の洒落本も無視できない」と思いつつも、「資料としての価値が認められていない享和以降の洒落本を何もわざわざ使わなくても」という気持ちになり、避けてしまっていた。

享和以降の江戸洒落本の資料性が認められてこなかったのは、「パターン化し、天明頃（江戸洒落本黄金期）の作品から表現などもそのまま借りてきたような作品が目立つ」と考えられてきたからであろう。「本当に、化政期当時の言語状況を反映しているのか保証の限りではない」と。しかし、自分自身を振りかえってみると、享和以降の江戸洒落本が本当に資料として使えないのかどうか、ろくに検討もしなかったというのが正直なところである。（そもそも、『洒落本大成』の刊行に至るまでは、享和期以降の洒落本の存在が広く国語学者一般に知られていたとは言いがたいのではないか。今でもどれだけの人が、この存在に注目しているのか疑問だという気持ちはある）。これからは、もう一度、研究をはじめた頃の初心に帰って、享和以降の江戸洒落本の資料性の検討を始めようと思っている。

考えてみれば、寛政の改革以降の洒落本の価値を認めてこなかったことが、国語史研究のなかに近世後期上方語の研究を位置付けることの必要性を、長く認めてこなかったことの遠因をなしているようにも思われる。（近世後期上方語研究は単なる方言史の研究ではなく国語史研究の一部と位置付けて見なければならないことは最近ようやく認知されたと思うが）。上方や名古屋の洒落本では、むしろ寛政の改革以降の作品（例えば上方では寛政一一・一七九九年の「身体山吹色」、名古屋では文化二・一八〇五年の「駅客娼せん」など）が高く評価されるぐらいなのである。

以上、とりとめもなく書いてきたが、知らぬ間に享和期以降の江戸洒落本について、変な思い込みで思考が固まってきていたのかもしれないと反省しているこの頃である。

二、十九世紀初頭江戸洒落本の資料性

1．江戸語の第一資料である洒落本

近代語研究において口語研究となる代表的なものの一つに会話体の洒落本がある。江戸における初めての会話体洒落本は、明和六（一七六九）年に出された「郭中奇譚」であるが、それ以降、安永、天明を経て寛政に至るまで会話体洒落本は盛んに刊行され続けていった。この時期は洒落本が第一の江戸語資料と位置付けられるものである。（他の資料では、例えば「咄本」については「文語的性格がかなり強い」ことが明らかにされている）[1]。一方、享和以降については、例えば小松寿雄が記述しているように、「寛政の改革によって、洒落本が衰微し、享和以降の資料としては、滑稽本が利用される」ということになっている[2]。確かに、天明期の代表的洒落本作家である山東京伝は、寛政の改革によって洒落本が書けなくなったわけであるし、寛政の改革で洒落本の性質がいくらか変わることはあったであろう。しかし、洒落本は享和年間にはたくさんの作品が書かれているし、それ以降もかなりの作品が出され続けていた。

事実としては、洒落本の勢力の後退は、寛政の改革によるのではなく、きっかけは「東海道中膝栗毛」の出現であり、後退の一番の要因は「浮世風呂」の出現とその成功にあったのである。

2．十九世紀に書かれた江戸洒落本について

江戸の洒落本は寛政の改革によって一時的に作品の数は減るものの、すぐまた盛り返し、享和元（一八〇一）年及び享和二年にはかなりの作品が書かれている。この二年間に書かれた作品数の合計は四一編（『洒落本大成補巻』所収の「洒落本刊本写本年表」による）にも及び、一年あたりの平均作品数でも二編以上となる。洒落本全盛期とされる天明年間（天明元・一七八一年から天明八・一七八八年までの八年間）に書かれた江戸の洒落本の作品数は八二編（同「洒落本刊本写本年表」による）であり、一年あたりの平均作品数は一〇編ちょっとであるが、享和元年、二年の二年間に書かれた平均作品数は、天明年間のそれのちょうど倍にもなっているのである。

享和期の代表的な洒落本作家の一人に十返舎一九がいるが、彼は享和元年と二年にたくさんの洒落本を書いたあと、同享和二年に「しゃれ本」の新機軸として出した作品[3]である「浮世道中膝栗毛」で大当たりを取り、後世「滑稽本」作家として名を残したのである。

式亭三馬の場合も、文化三（一八〇六）年に書いたとされる「船頭深話[4]」の頃までは洒落本中心の作家であり、文化六年に初編が刊行された「浮世風呂」の成功で後世「滑稽本」作家として名を残したのであった。

（なお、元々「洒落本」と「滑稽本」は同一ジャンルの作品群であるが、後世になって短編作品を普通「洒落本」、中編を普通「滑稽本」と呼び分けられるようになったものである。さらに天保期においては次のような記述も見られる。

○鼻山人為永春水等の述たる滑稽本《しやれぼん》と見競評し給ふ事なかれ。〈志家居名美、29、一七七頁〉

春水自身は自らの作品を人情本と称していたようだが、一般には洒落本、滑稽本、人情本は同一ジャンルのものと見られていたようである）。

一方で、享和期の前後の頃には上方や名古屋でも盛んに洒落本は刊行されているのだが、それらは近世後期上方語や名古屋方言研究の資料として、第一に利用されるものとなっているものである。

「浮世風呂」以降、江戸では「洒落本」から「滑稽本」に隆盛が移り、「滑稽本の時代」と言っていい時代を迎えるのだが、洒落本はいくらか数は減らしていくものの、幕末に至るまで刊行され続けているのであり、一般に言われているほどあっさり衰微したわけではなく、かなりの数の作品が残されているのである。また、それを江戸語資料として検討していくことは大きな課題として残されてもいるのである。

さて、十九世紀江戸洒落本についてまとめると、この時期の江戸洒落本は作品の刊行数の多少により、さらに二つに分けてとらえるのが適当と思われる。

Ⅰ　享和元年から文化年間前半まで（「浮世風呂」以前）

Ⅱ　文化年間後半以降（「浮世風呂」以降）

Ⅰ期は寛政年間までと同様に作品刊行数も多く、洒落本が第一の口語資料となる時期であり、Ⅱ期は洒落本の刊行数はⅠ期ほどではないものの、それなりの数はあり、洒落本を滑稽本・人情本と同等の資料として扱うことのできる時期である。

この項では、Ⅰ期の享和から文化年間前半の洒落本を対象にして考察を行う。

3. 対象とした江戸洒落本作品

対象とした作品は次の通りである。享和元（一八〇一）年から文化八（一八一一）年までの七〇作を対象とした。（ただし、文化七年と文化八年に出された洒落本は知られていない）。『洒落本大成』（中央公論社）の第二〇～第二六巻及び補巻を使用。作品名、『洒落本大成』における所収巻数、出版年〈または書写年〉の順に記す。一部、会話体でないものも含まれる。

1　恵比良濃梅　[20]、享和元年（一八〇一）
2　色講釈　[20]、享和元年
3　喜和美多里　[20]、享和元年
4　甲子夜話　[20]、享和元年
5　廓胆競　[20]、享和元年
6　廓之桜　[20]、享和元年
7　匂ひ袋　[20]、享和元年
8　比翼紫　[20]、享和元年
9　二蒲団　[20]、享和元年
10　夢之盗汗　[20]、享和元年
11　埜良玉子　[20]、享和元年
12　古物尋日扇香記　[20]、享和元年
13　三千之紙屑　[20]、享和元年
14　仇手本　[22]、享和元年
15　通神蔵　[22]、享和元年
16　後編婀意妃　[20]、享和二年
17　商内神　[21]、享和二年
18　穴可至子　[21]、享和二年
19　狐竇這入　[21]、享和二年
20　起承転合　[21]、享和二年
21　遊冶郎　[21]、享和二年
22　妓情返夢解　[21]、享和二年
23　にほひ袋　[21]、享和二年
24　五大力　[21]、享和二年

25　吉原談語　[21]、享和二年
26　鄽意気地　[21]、享和二年
27　三躰誌　[21]、享和二年
28　竅学問　[21]、享和二年
29　青楼娭言解　[21]、享和二年
30　青楼小鍋立　[21]、享和二年
31　青楼日記　[21]、享和二年
32　松の内　[21]、享和二年
33　八幡鐘　[21]、享和二年
34　素見数子　[22]、享和二年
35　婦足髑　[22]、享和二年
36　南門鼠帰　[22]、享和二年
37　挑燈蔵　[22]、享和二年
38　花折紙　[22]、享和二年
39　魂胆胡蝶枕　[22]、享和二年
40　梅になく鳥　[22]、享和二年
41　甲駅雪折笹　[22]、享和三年
42　酒徒雅　[22]、享和三年
43　真寸鏡　[22]、享和三年
44　三人酩酊　[22]、享和三年
45　遊子評百伝　補巻、享和三年
46　雨夜噺　[20]、享和年間
47　夜の錦　[22]、享和年間
48　佳妓窺　[22]、享和年間
49　胆競後編仇姿見　補巻、享和年間
50　教訓相撲取草　[22]、文化元年（一八〇四）〈享和四年〉
51　傾城買杓子木　[23]、文化元年
52　契情実之巻　[23]、文化元年
53　螺の世界　[23]、文化元年
54　傾城買花角力　[23]、文化元年
55　彫青とかめ　[23]、文化元年
56　栄花の現　補巻、文化元年
57　両面手　[23]、文化元年
58　通言東至船　[24]、文化元年
59　笑屁録　[23]、文化三年
60　面和倶噺　[23]、文化三年
61　青楼草紙　[23]、文化三年
62　裸百貫　[24]、文化三年

63 退屈晒落　[24]、文化三年
64 船頭深話　[24]、文化三年
65 偏界録　補巻、文化三年
66 通客一盃記言　[24]、文化四年
67 船頭部屋　[24]、文化四年
68 傾城買禿筆　[26]、文化三年あるいは四年
69 北系兵庫結　[25]、文化五年
70 後編甲駅新語・三篇甲駅新語　[25]、文化五年

4.「きつい」「いかい」等の語の使用と江戸語らしさ

本章で特に問題として取り上げる語群は、「程度のはなはだしさ」を表し、連用形の形で形容詞・形容動詞などを修飾可能な形容詞類である。現代語では「えらい」「おそろしい」「すごい」「すさまじい」「すばらしい」「ひどい」「ものすごい」といった語が当たる。

一方、江戸語資料に特徴的に現れるものは、「きつい」「ゑらい」「いかい」といった語である。（これらいくつかの語は作品の資料性の問題を考える取っ掛かりとしても意味を持つと思われる）。

それでは、対象とした七〇作品の中で「きつい」と「ゑらい」、それに「いかい」が使用されている作品とその用例数を次に示す。〈表1〉

表1

作品名	用例数		
	きつい	ゑらい	いかい
2 色講釈	1	2	
3 喜和美多里	2		
4 甲子夜話	2	2	
5 廓胆競	2		
6 廓之桜	2	4	
7 匂ひ袋	4		
8 比翼紫	1		1

9	二蒲団			1
10	夢之盗汗	1		
11	埜良玉子	1		
12	古物尋日扇香記	1		
13	三千之紙屑	5		
14	仇手本	1		
15	通神蔵	5		
16	後編姫意妃	2	1	
18	穴可至子	5		1
21	遊冶郎	1		
23	にほひ袋	1		
24	五大力	1		
25	吉原談語	1		
27	三躰誌	10		
28	竅学問		3	
29	青楼娭言解	1		
31	青楼日記	3		
32	松の内	1		
33	八幡鐘	2		
35	婦足髷	2	2	
36	南門鼠帰	5		
37	挑燈蔵	4	1	
38	花折紙	17	2	
39	魂胆胡蝶枕	5		
40	梅になく烏	2		
41	甲駅雪折笹	3		
42	酒徒雅	2		
44	三人酩酊	1		
45	遊子評百伝	2		
46	雨夜噺	2		
47	夜の錦	4	2（ゑら）	
48	佳妓窺	1	1	
51	傾城買杓子木	5		
52	契情実之巻	2		
54	傾城買花角力	2		
55	彫青とかめ	3		
56	栄花の現	1		
58	通言東至船	3		
61	青楼草紙	2		
63	退屈晒落	1		
64	船頭深話	17	2	
66	通客一盃記言	5		
67	船頭部屋	4	1	
68	傾城買禿筆	1		
69	北系兵庫結	3		4

「きつい」は七〇作品中の五〇作品、計一五一例、「ゑらい」は一二作品、計二三例（「ゑら」二例を含む）、「いかい」は四作品、計七例見られる。

用例の多さからもわかることだが、この中でも特に江戸語においてよく用いられる語は「きつい」である。宝暦頃からずっと江戸語では「きつい好きさ」といった表現が通言として用いられてきた。享和期でも、

[女]きついしやれさ爰の内ではきついしやれさといふ事がはやるなり　（甲駅雪折笹、[22]、二六〇頁）

のように「きつい」は大変多く用いられていた。逆に言うと、江戸板で「きつい」が用いられている洒落本は、より江戸語らしい言葉が使われている作品という感じを受けるようにも思われる。

一方、「いかい」については出現する七例全例を次に示す。

ア こしよりかわのふくろにいかひことついていているかきを出し　（比翼紫、[20]、二〇四頁）

イ [要]わしはもうさいぜんからいかう過たから先〻　（二蒲団、[20]、二一五頁）

ウ [鉄]……名はかわらねへても顔がかわつたりして中の町をはつて見しつた女郎衆斗りもいけへこと見へねへ　（穴可至子、[21]、三八頁）

エ 客内蔵右ヱ門今宵は雪故かいかくひへかつよいもうなんとぎじやしらん　（北系兵庫結、[25]、一五頁）

オ [内]……むまいことがあるならちとうけたまわりたいじやておれもいかい心にあたることもあるじやて　（同、一六頁）

カ [内]……いかうふさいてじやがどふぞいの　（同、一九頁）

キ [内]こりやいかふはりかつよふて面白いわい　（同、二七頁）

イの例とエ～キの四例、合わせて五例は地方武士の使用例であり、江戸語の例とはならない。アは割書の中での例であるが、それを入れても結局二例しかここでは江戸語としての使用がないことになる。

以前筆者は「いかい」は江戸語では連用形イカウと連体形イカイの形しか持たない、用法に片寄りのある語であることを述べた。ここでは「いかいこと」の例しか見られないわけで、寛政期（更に限定すれば安永期）までの洒落本での用法より狭まっていると言えるように思う。拙項で示したが、寛政期までの洒落本の範囲でも江戸語でのイカウの使用は天明二（一七八二）年の「歌舞伎の華」の例が最後に見られるものであり、かなり早い段階で「いかい」連体形の用法のみに狭まっていたと考えられる。

逆に言うと、「いかい」の連用形が現れる江戸洒落本は、江戸語資料として使えるかどうか、かなり慎重な検討が必要だということにもなる。少なくとも、登場人物の素性については慎重に考える必要があるだろう。

5. 江戸洒落本における「ゑらい」と作品の資料性

もう一つ、問題は「ゑらい」の使用の広がりと江戸洒落本作品の資料性の関わりについてである。筆者はかつて「ゑらい」は江戸でも寛政末頃からは使われ出していたと述べた。その際に挙げた例は次のようなものである。

○皮太夫　イヨゑらい大将うまいこと　舟頭　いつけんいきやしよう　皮太夫　一番ごつきりだよ

（玉之帳、19、二二五頁）

しかし、「玉之帳」という作品は一応寛政年間の作品とされるものだが確証はなく、享和二年以降の作品である疑いも残るものである。[5] ここでの話者は江戸者とは思われるが、寛政までの江戸者の「ゑらい」の使用例はこれ一例きりであり、疑問がないわけではない。

そこで、文化前半までの、本章で対象にした洒落本作品中で見ると「ゑらい」は一二作品、計一二三例使われている。次にその用例全例を示す。

1 八右ヱ門 嘉兵へさん。こちよらんせ。ゑらいたんなわろじや　（色講釈、20、三七頁）

2 か兵へ なるほどあづまゑびすじや。ゑらうものいゝのきたないとこじやわいの　（同、同頁）

3 伊 コレ〳〵ゑろうむねがわるひそうしや耳だらゐもつておじや　（甲子夜話、20、七九頁）

4 伊 ハテゑろうよふてじやものをしかたがないわひ　（同、同頁）

5 伊久 なんじやふみを見てゑらふおふさわぎじやのコレ聞へぬぞや命から二番目の大事の金をつかつて来るは外聞のわるひ事じやがゑろうほれねばこられぬに寐もせずおきもせずそのやうにつくねんとしてどふしてくれるのだ　（廓之桜、20、一〇三頁）

6 伊……名にもはちず人の金銀をだしてあげた女郎を盗或は客の帰つた跡へつけこみ仲の町では引づりこみゑろうむまいぬすみをさんすの押つけよいぬす人になるであろう　（同、一一〇頁）

7 伊 イヤゑらいものきやうといものへこんでいそうなところをまけぬはおいらんだけ　（同、同頁）

8 伊平次……ふたりながらゑろふ相がわるひ　（後編姫意妃、20、三八六頁）

9 権 仮名のせのじにして。おくれんか。そしてもちつと。ちいさくかけばよい。ゑらう字がふとい　（籔学問、21、二七八頁）

10 権 アイタ、、、、どふぞこんどの時にして。アイタ、、、ゑらう血が出る。　（同、二七九頁）

11 権……ゑらふ酒がすぎたさかいで。逆昇して。目まいがしたわいの。　（同、同頁）

12 薄 ゑろうあぶらをいふてじやわしもかふして年に二どつゝお江戸へ下るたんび　（婦足髷、22、四三頁）

13 薄 どのやうな衆かはしらんが我身は覚語のまへしやが其親がゝゑろうなきおるじやあらう　（同、四四頁）

14 伴 是はゑらい燈灯じや　（挑燈蔵、22、八一頁）

15 和唐珍解　三和作　頭取……こんたんのやはらかみにそのうへ持まへのてつよきしうちゑらひそ〳〵

16 八 そりやァよろしくねへ了簡だ。気に入らなへつて跡で。取けへべいと云と。ゑらむつかしいぜ。このぢうのばんげへも向座敷の客仁が其りくつで。ゑらもめたアむし。（花折紙、22、一六五頁）

17 東平 ゑらういそがしい（夜の錦、22、二二七頁）

18 店者 どふじや〳〵ゑらふ早ひ手廻しじや（佳妓窺、22、三三二頁）

19 店……精急じや〳〵いんまのまにもどらんとゑらふ間合がわるひ。（船頭深話、24、一一九頁）

20 藤兵へ……蛇にのまれてゐるたアしらず。蛇もわれしらず蝓にとけてしまう。ゑらいべらぼうハ、おれもよつぽと御くろうしようだ（同、同頁）

（船頭部屋、24、三五一頁）

16と20以外の計二〇例はどれも上方者ないし上方的物言いの例である。また、16の「ゑら」一例は東国者（田舎者）の例である。

結局、江戸者の「ゑらい」の使用例は、20のわずか一例ということになり、明和以降、文化四年に至るまででも「ゑらい」の江戸語での使用例は「玉之帳」の一例と合わせてもわずか二例ということになる。これではとても江戸語で「ゑらい」の使用が定着してきていたとは言えないと思われる。（他のジャンルの作品では、この時期までの江戸語での「ゑらい」の使用例はいまだ確認されていない）。

さて、文化年間前半までの「きつい」「いかい」「ゑらい」三語の使用状況についてまとめると、「いかい」は天明以降は用法が狭まり、ほとんど連体用法のみになり、それに伴い用例も減っていった。「ゑらい」はいまだ江戸語で一般に使われていたとは言えない状況だった。結局、江戸語では「程度のはなはだしさ」を表し、形容詞、形容動詞などを修飾可能な形容詞としては「きつい」の一語が多く用いられていた、ということになる。

ところで、滑稽本・人情本では、前に拙稿で書いた通り、「ゑらい」は「八笑人」「春色梅児誉美」では使用は見られず、「浮世風呂」「浮世床」でも上方言葉でのみ使用が見られ、江戸者ではやはり「ゑらい」の使用は見られない。安政四（一八五七）年～文久二（一八六二）年刊の「七偏人」でやっと江戸者での使用が見られる。天保一四（一八四三）年の「夢酔独言」には「ゑらい」の例が見られるから「七偏人」の刊行時よりは前から「ゑらい」の使用が一般化しつつあったとは思われるが、いずれにせよ幕末頃からようやく「ゑらい」は江戸語でも使用されるようになったと見たほうが無難なように思われる。今後、化政期以降の洒落本の調査を加えながら、もう少し検討を続ける予定である。

なお、今のところ江戸語で「ゑらい」が使われている作品については、登場人物の検討と共に作品の資料性について慎重な態度を取った方がいいように思われるのが現在の状況である。

また、「ゑらい」が使われている一二作品のうち、「色講釈」と「竅学問」の二作品は一九、「甲子夜話」「廓之桜」「後編婀意妃」の三作品は梅暮里谷峨のものである。谷峨については、作中人物に浄瑠璃、歌舞伎で名高い人物を登場させるなどの趣向で知られており、それが資料性になんらかの影響を与えているのではないかと感じるところもないではないのだが、そのような点も含めて今後の課題としたい。一九の資料性に関しても、かつて中村幸彦がその価値を全否定するかのように述べ(6)、それに対し、日野資純が「東海道中膝栗毛」でも方言資料として使える部分があることを示し、一九作品の資料性が全否定されるべきものではないことを明らかにした(7)。

だが、一九の洒落本作品が江戸語資料となりうるのかについてはこれまでの研究ではなんら検討は為されていないように思われる。私見では、洒落本は「膝栗毛」シリーズよりは資料としやすいように思うが、これも今後の検討課題となる。

その他、洒落本における作家と資料性の関係については、今後の課題となる点が多いというのが現状のように思われる。

今回は文化年間後半以降（「浮世風呂」出現以降）の洒落本について主に検討する。

三、江戸末期洒落本の資料性

1. 対象とする作品

次に対象とする作品は次に挙げるものである。既に一応検討した範囲の洒落本は、享和元（一八〇一）年から文化八（一八一一）年まで（実際は文化五年まで。文化六年から八年は作品は大変少ない）の七〇作であるが、今回扱ったものは文化九（一八一二）年から慶応元（一八六五）年までの五二作である。『洒落本大成』（中央公論社）を使用している。作品名、『洒落本大成』における所収巻数、出版年〈または書写年〉の順に記す。一部、会話体でないものも含まれる。

1 昼夜夢中鏡　25、文化九（一八一二）年
2 通俗雲談　25、同一〇年
3 愛敬鶏子　25、同一一年
4 四季の花　25、同一一年
5 くるわの茶番　25、同一二年
6 ふたもと松　25、同一三年
7 ふたもと松二篇　25、同一四年
8 当世花筏　25、同一四年
9 青楼籬の花　25、同一四年
10 相合傘　26、文化年間後半
11 百人袷　26、同
12 吉原帽子　26、同

13　後編吉原談語　㉖、同
14　京伝居士談　㉖、同
15　実の巻心得方極意　補巻、同
16　ふたもと松三篇　㉕、文政元年（一八一八）
17　廓宇久為寿　㉖、同元年
18　夢の艪拍子　㉖、同元年
19　傾城懐中鏡　㉘、同元年頃
20　いろは雛形　㉖、同三年
21　婦身嘘　㉖、同三年
22　遊子娯言　㉖、同三年
23　楼上三之友　㉖、同四年
24　東海探語　㉗、同四年
25　斯農鄙古間　㉗、同四年
26　青楼胸の吹矢　㉗、同四年
27　花街鑑　㉗、同五年
28　青楼快談玉野語言　㉗、同五年
29　青楼女庭訓　㉗、同六年
30　青楼曙草　㉗、同八年
31　花街寿々女　㉗、同九年

32　田舎あふむ　㉗、同九年
33　新宿哂落梅ノ帰咲　㉘、同一〇年
34　ゆめあわせ　㉘、同一〇年
35　楠下埜夢　㉘、同一〇年
36　初夢草紙　㉘、同一一年
37　青楼色唐紙　㉘、同一一年
38　新宿夜話　㉘、同年間（一八一八〜一八三〇）
39　娼妓買指南処　㉘、同
40　妓娼精子　㉘、同
41　田舎滑稽青楼問答　㉘、天保元年（一八三〇）
42　青楼夜話　㉘、同三年
43　夜色のかたまり　㉘、同三年
44　後要心身上八卦　㉙、同四年
45　深川大全　㉙、同四年
46　つゞれの錦　㉙、同七年
47　さかもり弐編　㉙、同八年
48　志家居名美　㉙、同八年
49　都無知己問答　㉙、同一二年
50　女郎買夢物語　㉙、同年間（一八三〇〜四四）

51　傾城秘書　㉙、安政年間（一八五四〜一八六〇）
52　傾城三略巻　㉙、慶応元年（一八六五）

2．江戸末期洒落本における「きつい」「いかい」等の語

ここで取り上げる語（群）は、「程度のはなはだしさ」を表し、連用形の形で形容詞・形容動詞などを修飾可能な形容詞類である。現代語では「えらい」「おそろしい」「すごい」「すさまじい」「すばらしい」「ひどい」「ものすごい」といった語が当たる。（例えば、「えらく大きい」「すごくきれいだ」といったような形で使用され得るもの）。

これらの語（群）は、用例数を見た場合、異なり語数としては少ない数になるが、延べ語数は少なくなく、さらに、実際の会話中において果たす役割は、実際の使用数以上に大きく感じられるものである。

一方、これらの意味・用法を持つ語で江戸語資料に特徴的に現れるものは、「きつい」「ゑらい」「いかい」といった語である。

享和から文化年間前半までの洒落本で範囲では「きつい」は七〇作品中の五〇作品、計一五五例、「ゑらい」は一二作品、計二三例（「ゑら」二例含む）、「いかい」は四作品、計七例見られたが、文化年間後半からの江戸末期洒落本の範囲では「きつい」は五二作品中の二四作品、計四四例、「いかい」は九作品、計九例、「ゑらい」は四作品、計九例見られた。

次頁に、対象とした五二作品の中で「きつい」と「いかい」、それに「ゑらい」が使用されている作品とその用例数を示す。

「きつい」「いかい」「ゑらい」、この三語の中で、特に江戸語においてよく用いられてきた語は「きつい」であった。宝暦頃からずっと江戸語では「きつい好きさ」といった表現が通言として用いられており、享和期でも、

表2

作品名	用例数		
	きつい	いかい	ゑらい
2 通俗雲談	1	1	
3 愛敬鶏子	1	1	
4 四季の花	5	1	
5 くるわの茶番	1		
13 後編吉原談語	1		
14 京伝居士談	3		
16 ふたもと松三篇		1	
17 廓宇久為寿	2		
20 いろは雛形			1
22 遊子娯言	2		
23 楼上三之友		1	1
24 東海探語	1		
25 斯農鄙古間	1		
26 青楼胸の吹矢	1	1	
27 花街鑑		1	
28 青楼快談玉野語言	2		
29 青楼女庭訓		1	
30 青楼曙草	1	1	
31 花街寿々女	1		
32 田舎あふむ	1		
33 新宿哂落梅ノ帰咲	1		
39 娼妓買指南処	1		
40 妓娼精子	3		
41 田舎滑稽青楼問答	4		
42 青楼夜話	2		
43 夜色のかたまり	5		
44 後要心身上八卦	1		1
48 志家居名美	1		6
49 都無知己問答	2		

○女 きついしやれさ（爰の内ではきついしやれさといふ事がはやるなり）　（甲駅雪折笹、22、二六〇）

のように「きつい」は大変多く用いられていた。時代が下って天保期でも、

①太吉 モシ竹さまお迎は例の通りでヤコノお山さんはきつい御もったい一寸見て参じます　（夜色のかたまり、28、四一三頁）

②そこの息子が私しと同年でそれが従弟だからきつひ心易イサ　（都無知己問答、29、二四四頁）

のように、変わらず用いられている。（これは人情本などでも同様である）。江戸語では「程度のはなはだしさ」を表し、形容詞・形容動詞などを修飾可能な形容詞としては「きつい」がもっとも多く用いられていた状況は変わっていないようである。また、「きつい」の用法が現代のように狭まるのは、もう少し後の時代のようである。

一方、「いかい」については出現する九例全例を次に示す。

ア 太志 ……江戸中の通者わ文魚か死てこのかた……みんな死でいまではおくまと草嘉斗りだわへまだいけへことあるけれど（通俗雲談、25、一七一頁）

イ 木戸番 うぬがやふな。のろまだから。僅斗リの銭を巾着切に捕れたろふ。いけへべらぼふめ。あっちへ。いきやアがれ（愛敬鶏子、25、一八七頁）

ウ 情も恋もわきまへぬ。ぼ、なやつがあるものだやぼともばかとも名のつけようがねへ。いかいたわけだハ、、、、（四季の花、25、二〇八頁）

エ わん 去とはきどくな子だぞおいらはあの子にはいけい事世話になつた（ふたもと松三篇、25、三〇八頁）

オ 飲 ……おめへッちにやアかくして。とうから。財木を。いけへことあつめて。此頃二三本。てをなうちを。はじめたが。（楼上三之友、26、三四一頁）

カ 新 こりや子供酔さめでいかうのどが。かはくじやて水一ッもつて来やれ（青楼胸の吹矢、27、五五頁）

キ 母 ……御挨拶も致しませズ。ごめん遊ばして下さりまし。コレハいかい事有りがたふ。ござります（花街鑑、27、七〇頁）

ク トマ ……おツ嗅さんが。あなたに煮てたべさせろトネ。おつしやつて。いかい事お買なされましたヨ（青楼女庭訓、27、一六三頁）

ケ 与 どふぞその気で。入らしつて。下さらぬト藤田やも。いかふ迷惑いたしますテ（青楼曙草、27、二四二頁）

このうちカの一例のみは「四十五六のさむらひ」の例で、江戸語の例とするには不適当なものである。ケは「亭主与六」の例だが、客に対しての丁寧な言葉遣いでの例である。その一方で「与六」は下僕太介に対しては、

○コレハまアどふしたのダ　（二三九頁）

というようなしゃべり方をしており、明らかに言葉遣いが違っている。丁寧な言葉遣いをする時には上方的な物言いをするのが中層以上の町人の通例であり、ここでのイカウは上方的な物言いの例と考えるべきだろうと思われる。

筆者は以前「いかい」は江戸語では連用形イカウと連体形イカイの形しか持たない、用法に片寄りのある語であることを述べ、さらに、前項では、享和期洒落本では江戸語としては「いかいこと」の例しか見られないことから、「イカウの使用は天明期頃まで」と述べた。ケのような例があるので完全に「イカウ」の使用がなくなったというわけではないが、ふだんの江戸者らしい言葉としては「イカウ」は用いられず、ほとんど連体用法の「イカイ」のみになっていたと見てよいものであろう。

3．江戸語における「ゑらい」の使用について

もう一つ、問題は江戸洒落本にみられる「ゑらい」の使用例についてである。

筆者は以前「ゑらい」は江戸でも寛政末頃からは使われ出していたと述べた。その際に挙げた例は次のようなものである。

○皮太夫　イヨゑらい大将うまいこと　舟頭　いつけんいきやしよう　皮太夫　一番ごつきりだよ

（玉之帳、19、二二五頁）

しかし、この「玉之帳」という作品は一応寛政年間の作品とされるものの確証はなく、享和二年以降の作品である疑いも残るというものである。ここでの話者は江戸者とは思われるが、三味線の師匠（上方出身の者が多いとされる）であり、一般の江戸庶民より上方的な言葉遣いをしている可能性もある。寛政までの江戸者の「ゑらい」の使用例はこれ一例の他は見られないのであるから、果たして寛政末から「ゑらい」が江戸で使われ出していたと言えるかどうか。

文化前半までの洒落本作品中で見ると「ゑらい」の江戸者の使用例として次のような例がみえる。

○藤兵へ　……蛇にのまれてゐるたアしらず。蛇もわれしらず蝓にとけてしまう。ゑらいべらぼうハ、おれもよつぽど御くろうしようだ　（船頭部屋、24、三二五頁）

この「船頭部屋」という作品は文化四年の刊とされるものであるが、結局、江戸者の「ゑらい」の使用例は、明和以降、文化四年に至るまででも「玉之帳」の一例と合わせてもわずか二例ということになる。上方語で広く使われていた「ゑらい」は江戸語では、まだまだ洒落本あたりの世界の「はやりことば」の域だったということだろう。とは言え、江戸語として「ゑらい」の使用がみられるようにはなっていたことは確かである。（なお、他のジャンルの作品では、この時期までの江戸語での「ゑらい」の使用例はいまだ確認されていない）。

さて、文化年間後半以降の洒落本（江戸末期洒落本）では「ゑらい」は四作品、九例見られる。

1かまあの時にやよふき《結城》のき《着》よものを片しりおぱしよつておんねゐきィなふと《人》だとおもつたらゑらひうはきもんじや　（いろは雛形、26、二一二頁）

2かきつけて置たのを。見てくんな　詩イヤゑらい事を言出したぞへ。ドリヤ拝見いたさう　（楼上三之友、26、三四一頁）

3仁平二　……小はるもてまへの身にはくもりかゝりはあるまいなれどふたりながらゑろふ相がわるひ

（御要心身上八卦、29、三六頁）

4 又右衛門　今申いたとおり吹や丁堺丁といふ此右の裏か吉町とてかげまのおる所ぢやナントゑらいもんぢやナア
（志家居名美、29、一五三頁）

5 甚五　これ又右あの着物を両側にほしたはゑらひ人品の町人ぢやが爰はなんといふ丁だな　（同、一五三頁）

6 甚五兵衛いそいで女の先へゆき跡ふりかへりみて　甚五　なんとゑらいなア　（同、一五三頁）

7 甚五　イヤたわいもないといへば去暮の状が着したが笠嶋はなんとゑらい昇進だ　（同、一五四頁）

8 甚五兵衛　此挑灯はゑらひ太い物ぢや　（同、一五七頁）

9 又右　なぜといつて国者と見ると無利に上て遊ばせる其上ゑろうとられる　（同、一五八頁）

しかし、1と4～9九の例は地方の人間（東国者と思われる）の言葉の例（4～9は地方出身の武士の例）で、2と3は上方的な言葉の例であり、江戸語での例とは言いがたいものである。結局、文化年間後半以降の江戸末期洒落本では「ゑらい」が江戸語として一般に定着していた様子は確認できなかった。

ところで、滑稽本・人情本では、前に拙稿で書いた通り、「ゑらい」は「八笑人」「春色梅児誉美」では使用は見られず、「浮世風呂」「浮世床」でも上方言葉でのみ使用が見られ、江戸者ではやはり「ゑらい」の使用は見られないものであった。仮説であるが、（特に文化年間前半までの）洒落本はその当時の最新あるいは最新に近い言語状況を示しており、一方、滑稽本はその当時最も一般的な言語状況を示しているということがあるのではないだろうか。（もっとも、末期洒落本での「ゑらい」の九例からでは、その当時最新の言語状況を表しているとは言いにくいのではあるが）。滑稽本の例としては安政四（一八五七）～文久二（一八六二）年刊の「七偏人」でやっと江戸者での使用が見られる。

a 喜次　「何様《どう》だ何様《どう》だ。自己の方寸は、ゑらいもんだらう」　（三編中、『講談社文庫　七偏人(上)』一三二頁）

「夢酔独言」には「ゐらい」の例が見られる。（武士の例であるが、上方的な物言いが混ざった例かとも思われるが）。

b始は遠慮をしたが、段々いたづらをしゐだし、相弟子ににくまれ、不断ゐらきめにあった。

（『東洋文庫』一七頁）

「夢酔独言」は天保一四年のものなので「七偏人」の刊行時よりは前から「ゐらい」の使用が一般化しつつあったとは思われるが、いずれにせよ幕末頃からようやく「ゐらい」は江戸語全般で一般的に使用されるようになったと見られるものである。

4．資料としての江戸末期洒落本の位置付け

これまで見てきた文化年間後半以降の洒落本（江戸末期洒落本）の資料性についてまとめてみる。（もっとも今回は、初めて一度ながめて見たというだけの状態なので、本当の所はこれからである）。

文化年間前半までの洒落本（浮世風呂以前の洒落本）には第一級の（他の資料にはない、独自の）資料的価値があるが、文化年間後半以降の洒落本（末期洒落本）は、それ以前と比べて作品数が少なくなっていることもあり、洒落本独自の資料的価値（滑稽本や人情本を上回るだけの資料的価値）は今のところ見い出せていない。しかし、滑稽本、人情本と同等の資料的価値は見いだせるものであり、今後の研究における積極的な活用が望まれるものである。

5．おわりに

停滞気味に感じられる江戸語の研究状況だが、明治以降の（町人階級の言葉が元になったと考えられる）全国共通

語的に通用する東京語の研究も、現在はあまり進んでいないように感じられる。(8)（武家階級の言葉が元になったとされる標準語の研究は、洋学資料・辞書等の研究とあいまってかなり進んでいるように感じられるのだが）。

文化年間以降の江戸語の研究がより盛んになり、そこから明治語の（口頭語の）研究がさらに盛んになることを望みたい。

注

（1）池上秋彦「江戸小咄について」（『近代語研究一』一九六五年、武蔵野書院）他。

（2）『江戸時代の国語　江戸語』（一九八五年、東京堂出版）による。

（3）中野三敏『戯作研究』〈特に、「洒落本名義考」の章〉（一九八一年、中央公論社）等参照。

（4）この通説に対し、棚橋正博によって疑義が示されている（「武亭三馬の洒落本『船頭深話』について――享和二年刊行説――」（『近世文芸』六〇、一九九四年七月）、『式亭三馬』（一九九四年、ぺりかん社）が、今は異説があるということにとどめたい。

（5）『洒落本大成』一九巻「解題」参照。

（6）「近世語彙の資料について」（『国語学』八七、一九七一年一二月）等参照。

（7）「『東海道中膝栗毛』の読解と『駿国雑志』の方言」（『方言学論考』一九八四年、東苑社）等参照。

（8）そもそも、一般庶民の間に全国共通語的に通用する形での東京語が、はっきりした形で認識されていたのかも、さらに検討が必要と思われる。しかし、話言葉の歴史を考える上で重要な観点であろうし、仮説として「全国共通語として通用する形での東京語はあった」として私は研究を進めたいと考えている。

第三章　近世後期上方語研究の課題

——近世後期名古屋方言を視野において——

1. はじめに

近世後期上方語研究は、江戸語研究に比して遅れを取っていたが、次第に研究も進んできたように思われる。しかし、まだまだ、残された課題も多いようである。

本章は、まだ研究が十分でない語法や資料の問題などを取り上げ、研究の糸口を示すことを目的とするものである。

2. 江戸板「郭中奇譚」と上方板との比較

「郭中奇譚」は明和六（一七六九）年に刊行された洒落本で、江戸における最初期の写実的会話体洒落本として有名である。また、この作品が成功したせいか、二年程後には、その舞台、言語表現等を上方に改めた異本も刊行されている。

このように、同一内容の話を上方と江戸とで書き分けた作品は、対応する部分の言語現象を比較することで、より上方語と江戸語との違いがはっきりする部分もあると思われる。特にこの作品の中でも「掃臭夜話」（上方板では「掃臭夜帖」）の部分は大筋は全く同じであり、比較するのに適当である。（「弄花巵言」の部分は全く別物といってもよい程変えられているが、その中から対応する部分を抜き出し、考察を行うことは既に矢野準「近世後期京坂語に関する一考察―洒落本用語の写実性―」〈『国語学』一〇七、一九七六年一二月〉において行われている）。

それでは「掃臭夜話」（「掃臭夜帖」）の対応する部分の本文を次に示す。（[4]所収）

掃臭夜話

【夜たか】申〳〵【客】①でばの熊手ぬぐいほうかむり②ひより下駄きせるこしにさして なァまァいだァんぶ引〳〵【よ】③熊さんか【客】ヲ、④はやく出たナエ、この犬めはいま〳〵しいと下太でくはん【よ】ゆふべは⑤どふしなさッた外に⑥ゑいのができたか【客】ナニサ⑦こよふとおもッたが アノじやんこめが⑧ふぐ喰にあいべと⑨いひやがッたから内にねたァはなしのよふなこッた【よ】ソリヤおきの（二十二ウ）どくやはいのあたま【客】なんのこッたィばかッつらな【よ】チョット⑩へゝりねへ【客】⑪けエりによるべエ【よ】今夜は⑫お月様がよくさへさしやッた⑬おめェのけふの髪は⑭高くゆひなさッたノ【客】ヲ、サあいつはへたゞわィ【よ】

掃臭夜帖

【客】①てんぼの太兵衛手拭ほうかふりして②草履下駄（さうりげた）にて来り―【惣嫁】桐の木の間③太兵衛さんじやないかいな【客】お、おれ④じやはやう出やつたの【惣か】夕部は⑤見へなんたなあ北の方や南の方みてゐたけれと⑥外によいのかてきたかへ―【客】なんのいそんなこつちやない夕べおら⑦こふと思ふたけれど腕の長兵衛めが砂場へ⑧うとんくひにいこほとに内にまつてゐよといひ⑨上つたよつてうせるかとおもふてきよろりとまつていたけれどとう〳〵きさらさいでけたいくそて（廿三オ）ついねたゑらひつぼじや【惣か】そんな事かへそして今夜いきなんすか【客】お、今よつたらそこらそめいてそろ〳〵さきへゆけて、ぬかしたそれでぞめきもつて出かけて来たこらまあなにしてけつかるしらぬあたぶのわる

ドレ手ぬぐい⑮買なさッたか 客 ヲ、三舛ゥが紋が
ついてあるコリャ⑯見ろ此下駄も⑰かッたァ よ い
つものよりや背が高い⑱よふだ 客 木がゐエワイ
そのかわりに⑲そぐがれんたァ（二十三オ） よ おら
がのもまいばん本所からこゝ迄⑳くるのだからはや
㉑くへるぞ 客 イヤ下駄でおもひ出したアノお六
めに兵蔵めが下駄で首だけ㉒ほれやがッた よ
㉓そうだとサ 客 おらもあいつはゐゝぞ よ
ハア、アノソリヤだァがよ 客 あごたたゝきやァがると
鼻ッばしらちりけへたゝき出すぞ よ ソリヤソ
ウト其むしろの上の物取ッてくれねへ 客 何
を よ 土平をハヽヽヽヽ 客 くそくらへ よ
むま（二十三ウ）くもない物 客 アレアノ北のほうから
㉔義太夫うなッてきやがるはだれだァ、宗八めだワイ
宗八やァい〳〵 よ ナニサあれじゃない㉕マット脊
がひくいはづだ 客 材木の影で見へない。う
しやがッたらさきへ㉖いッたと㉗いッてくれろ よ
どこへ行なさる 客 清三けづりに よ ㉘はや
くかへりなさい 客 歌いさいかまわずいさらご

いがきじや 惣か そんなら見よぞいなちよつと⑩はいり
なんせんか 客 どふでも⑪もどりによろそ 惣か そんな
ら勝手になんせこんやは⑫お月さんがよふさへさしやつた⑬お
まへけふの髪は⑭高ふい、なんしたの 客 ごつかろかな
けさ床て卅五文しまふた 惣か たいていいかつゐ事じ
やないよい（廿三ウ）手ぬぐい⑮がいなんしたか 客 此中夜《よ》
見世で買《かふ》た八蔵の紋《もん》か付てある 惣か ほんになあ今夜《こんや》
はよふ見へる 客 まだ⑯見てくれ此下駄《げた》も⑰かふた 惣か
ほんにな何とやらいつものとはせが高《たか》い⑱よふな 客 五
ふだかの桜台《たい》しやそのたいに⑲そくがれんしやあつた 惣
か そんなら本表《ほんをもて》じやあろわしかのもまいはん高原《たかはら》から
⑳くるのじやよつてたいてい㉑へる事じやない 客 いやあの
さつま杉の六めに源七めがくびだけ㉒いてけつかる 惣か
㉓そしやげななあ 客 さぁそれでもありやまへ長兵衛があ
ふて（廿四オ）ゐたによつてそれしや面が立《たつ》まいといふてと
めた 惣か あの子しやて、なんのそんな気のわるひ事
せふぞいなぞらそともとりにおまへよりなんせや 客
男のいふた事が違《ちか》ふてたまるものかい 惣か あれ〳〵
北のはうから㉔上るりかたつてくるはそふしやないかいなよ

ヲのヲ石きる　[あばの宗八]　跡より熊やァい〱 ―
[熊]　㉙あばかァいはやくこいなによして（二十四オ）い
るぞいゆでばすのかぎにかゝッたやうに

郭中奇譚

ふにたこゑじやぞへ　[客]　いや〱ありやそふしやない長
兵衛めかこゑは㉕もつとおつかひらいてあるほんにこれやと
うしさらす事しやしらぬこゝへ来たらのヲさきへ㉖いたとい㉗
ふてくれそろ〱いこわい　[惣か]　見へたらそふいをも
とり（廿四ウ）にへ㉘これどこへも道よりなんすなへ　[客]　歌
おもひきれ〱今こゝできれ〱今が思ひの切所　[友達]
腕の長兵衛太兵衛やァい〱　[太兵へ]　おゝ㉙はよ来いやい何と
するぞいだら〱あたげたいのわるひ

（異本）（上方板）

また、対応する部分の言語表現を抜き出し、次の**表1**に出す。

この表に挙げた二九項目のうち、⑩の「へゝりねへ」→「はいりなんせんか」の部分については、命令表現の形式の違いとして矢野によって既に指摘されている。しかし、その他の部分については指摘されていない。（ただ、「弄花巵言」の部分の中から

○ハ行四段動詞の音便形の書きかえ
○形容詞の連用形の書きかえ
○「ダ」と「ジャ」の書きかえ

といった点は指摘されている。表1中では④「はやく」→「はやう」、⑦「おもッた」→「思ふた」、⑫「よく」→「よふ」、

表1　郭中奇譚

掃臭夜話	掃臭夜帖
①では	①てんぼ
②ひより下駄きせるこしにさして	②草履下駄にて来り
③熊さんか	③太兵衛さんじやないかいな
④はやく出た	④はやう出やつたの
⑤どふしなさッた	⑤見へなんたなあ
⑥ゑいのができたか	⑥よいのかてきたかへ
⑦こよふとおもッたが	⑦こふと思ふたけれど
⑧ふぐ喰に	⑧うとんくひに
⑨いひやがッたから	⑨いひ上つたよつて
⑩へゝりねへ	⑩はいりなんせんか
⑪けエりによるべエ	⑪もどりによろそ
⑫お月様がよく	⑫お月さんがよふ
⑬おめエ	⑬おまへ
⑭高くゆひなさッた	⑭高ふいゝなんした
⑮買なさッたか	⑮がいなんしたか
⑯見ろ	⑯見てくれ
⑰かッた	⑰かふた
⑱よふだ	⑱よふな
⑲そくがれんたア	⑲そくがれんしやあつた
⑳くるのだから	⑳くるのじやよつて

㉑へるぞ	㉑ほる事じやない
㉒ほれやがッた	㉒いてけつかる
㉓そうだとサ	㉓そしやげなあ
㉔義太夫うなッて	㉔上るりかたつて
㉕マット	㉕もつと
㉖いッた	㉖いた
㉗いッてくれろ	㉗いふてくれ
㉘はやくかへりなさい	㉘これどこへも道よりなんすなへ
㉙はやくこい	㉙はよ来い

⑭「高く」→「高ふ」、⑰「かッた」→「かふた」、⑳「だ」→「じや」、㉓「そうだ」→「そしやげな」、㉗「いッて」→「いふて」、㉙「はやく」→「はよ」といったものがその指摘に該当する）。そこで、指摘されていない項目の中で江戸、上方それぞれの表現の違いを表しているものを挙げると、

③「か」→「じやないかいな」
⑥「ゑい」→「よい」
⑦「こよふ」→「こふ」
⑨、⑳「から」→「よつて」
⑬「おめエ」→「おまへ」
⑭、⑮「なさッた」→「なんした」
㉕「マット」→「もつと」

㉖「いッた」→「いた」

のようになる。(このほか⑧の、江戸板で「ふぐ」とあるのが、上方板で「うとん」に変えられているものなどは、文化の違いを表しているものとして別の視点で考えると面白い問題かもしれない)。

このうち、⑨、⑳の接続助詞「から」と「よって」、⑬の音訛、非音訛(⑩の「へゝり」と「はいり」も同じ)は東西対立の事象として古くから言われているものである。⑦は、上方の方に意志の助動詞の古くからの用法が見られるということである。現代の用法の中にも東京の「しよう」(サ変＋ヨウ)に対して関西の「しょう」(せう、サ変＋ウ)という形で用法の差は残っている。㉖は促音を好まない上方の特徴が現れたと考えるべき所か。㉕は、「マット」に江戸語らしさが見られるということかとも思うが、㉖と共にさらに考察が必要な所である。③の例は東西の表現形式の差とみれば面白いかもしれない。

⑭、⑮の「なさる」と「なんす」については東西対立の例なのか不明。また、⑥の、江戸板に見られる「ゑい」だが、一般には関西方言の特徴と見られているものである。江戸語では明和から天明初期(一七八一年頃)までに見られるが、その後は「いい」に取って代わられ、見られなくなる。ここでの用例は、明和期江戸語の特徴を表しているものと思うが、「ゑい」は上方洒落本にも普通に見られるものであるから東西対立の例としては扱えないかもしれない。

以上、上方語と江戸語を比較するのに適当な「郭中奇譚」の中でまだ先学が触れられていない点を見てきた。面白い問題はまだまだあるように思われる。

3. シク活用形容詞のイ音便形について

例えば「悲しい」のようなシク活用形容詞の場合の連用形は、東京語では「悲しく」のように非音便形をとるが、上方語では「悲しゅうて」「悲しゅうなる」のようにウ音便形をとる。しかし、幕末に近くなると、上方ではウ音便形に代わって「悲しいて」のようなイ音便形が見られるようになる。

○らん わたしやみんなきいて居弁それにとぼけたよふな顔してまだ其うへにそつちからふりやのいてやろふなんぞとわたしやくやしいて〱ならぬわいナ（粋の曙、文政三・一八二〇年、26、二九八頁）

さらに幕末（元治・一八六四年頃）洒落本「穴さがし心のうちそと」では用法がすっかり定着している様子がみえる。

○師あんまりあほらしいて礼も言りやせんでヱ（『近代語研究四』四五八頁）

○ツネ……其くせ口が賤しいて（同、四七九頁）

○クラ……あんまりあほらしいて見て居られやせんがな（同、四八〇頁）

ところで、この用法は名古屋の洒落本では文化年間のものに既に用例が見られる。

○はめ…手紙でもやろかしらん 妻 何サやるはわるい はめ ほしいてやるやうでわるいてな つま またそんな事を はめ すんならやるがゐいか（駅客娼せん、文化二・一八〇五年、23、二一五頁）

つまり、この用法は上方と名古屋でほぼ同時期に見られるようになったか、むしろ名古屋の方が、出現が早いとみられるわけである。

いずれにせよこの用法は、今後の上方語研究においては名古屋方言をも念頭に置いておく必要があることを示す証左の一つになると思われる。

なお、シク活用形容詞連用形の音便形短呼形は、既に近世前期上方語に見られるものであることが、坂梨隆三によって指摘されている。

○あかりの恋がはじめでも何が恥かしござんすと　（八百やお七、上、『紀海音全集第三巻』清文堂出版、一八八頁）

ウ音便形の短呼形「恥ずかしゅ」からさらに変化した形が見られるわけである。この「恥かし」のような形は現代の名古屋で普通に見られるものであり、この用法を見ても、上方と名古屋の関係は現代に至るまで、かなり近いものがあったと思われるものである。

4.「ヘン」型の否定表現の成立について

関西方言の否定表現には単純な「行かン」「知らン」の形のほか、ヘンのつく「行かヘン」「知らヘン」という形がある。この形の成立過程については、例えば『日本国語大辞典』をみると、

○行きはせぬ（ん）↓行きゃせん↓行きゃへん↓行かへん

のように説明されており、五段動詞の場合は、それで問題ないように思われる。

下一段動詞の場合は次のような過程になるか。例えば、「やめる」の場合。

○やめはせん↓やめやせん↓やめやへん↓やめーへん↓やめへん

一方、上一段動詞の場合は次のようになる。

○落ちはせん↓落ちやせん↓落ちやへん↓落ちーへん↓落ちへん↓落ちひん

「落ちひん」は「落ちへん」から順行同化の過程を経たものだろう。

カ変とサ変の場合は京都（で多く見られる形）と大阪（で多く見られる形）で違いがある。カ変の場合、

○来《き》はせん→来《き》やせん→来《き》やへん

までは同じ過程をたどったと考えられ、この「来《き》やへん」の形の使用も見られるが、京都周辺では、「来《き》ーひん」の形も見られ、これは、

○来《き》やへん→来《き》ーへん→来《き》ーひん

という順行同化の過程を経て使われるようにやったものと思われる。

一方、大阪では「来ーへん（けーへん）」という形の使用が多く、これは、

○来《き》やへん→来ーへん（きーへん）→けーへん

という逆行同化の過程を経て使われるようになったものと思われる。

サ変の場合、京都周辺では、

○しはせん→しやせん→しやへん

という過程を経た「しやへん」が使われるほか、さらに、

○しやへん→しーへん→しーひん

という順行同化の過程を経たと思われる「しーひん」も見られる。

一方、大阪では「しやへん」は見られるが、「しーひん」はあまり見られない。

このほか、京・大阪共に、カ変では「来ーへん（こーへん）」、サ変では「せーへん」の形も見られるが、これらはそれぞれ「来ん（こん）」「せん」からの類推形か。「せーへん」の場合、

○しやへん→しーへん→せーへん

の逆行同化の過程を経て使われるようになったと考えられなくはないが。

ヘンのつく形には「行けヘン」「知れヘン」という形もある。この形は京都方言においては、不可能の意が加わった否定表現とみられるものであり、その限りにおいては、

○行けはせん→行けやせん→行けやへん→行けーへん→行けへん

の過程を経て使われるようになったとも思われるものである。しかし、大阪での「行けへん」「書けへん」は単なる否定表現であり、不可能表現としては「行かれへん」「書かれへん」の形を多く使うとも言う。「行けへん」「書けへん」が「行かへん」「書かへん」と同じ意で使われるもので、単に地域差を示すものに過ぎないとすると、先の説明は説得力を失う。「行けへん」は「行きゃへん」から逆行同化の過程を経て使用されるようになったものとの考え方をやはり取るべきか。京都で、「行けへん」が不可能を表すという使い方をされるようになったのは可能動詞「行ける」に対応するもので、「行けない」や「行けん」に対応するものとして類推が働いたことによる使い方ではないかと考えるべきか。そうであれば、大阪での不可能形「行かれへん」は可能動詞「行ける」の古形「行かれる」に対応する形を選んだものと考えられる。京都でも不可能形として「行けへん」のほかに「行かれへん」を使うというが、これは大阪からの影響であろうか。京都では「行ける」「行かれる」の新旧両可能形に対応する形があることになる。

ところで、「いけへん」の成立については名古屋の「行けせん」という否定表現の存在も考慮におくべきだろう。この言葉について芥子川律治は『名古屋方言の研究』（一九七一年、泰文堂）の中で次のように述べている。

否定表現のもう一つの形に「行けせん」「やれせん」というのがある。「行かん」「やらん」と同じ働きをもっているのであるが、単純な「行かん」「やらん」に比べて、やや否定のしかたがぼやけている。やや婉曲さがある。

現在では「おまへもあした行くか」「おれは行かん」というすげない否定よりも「いや、おれは行けせん」

という言い方の方がほとんどである。

この用法は江戸時代の後期にすでに庶民の間に広く用いられたものである。

①「だアれもそしりやせんぞへ。」（女楽巻）
②「そんなことされると、ききやせんぞゑもし。」（囲多好髷）
③「エ、座敷でも台所でもかまやせん。」（野圃の玉子）
④「ソリヤどちらも人間でありやかまやせん。」（津島土産）

のように「しりやせん」「かまやせん」の形がかなり多く用いられている。しかし、これもすこしていねいに言えば

⑤「ほんとにおまいのお心ざし、死んでも忘れハせんぞな」（駅客娼穿）
⑥「そのやふに沢山に入れはいたしません。」（津島土産）
⑦「たれぞ近所の往生人がはきちがへていきハせんかの」（同右）
⑧「インエ、こつちへハお出ハせんぞよ。」（囲多好髷）

と「……ハセン」という形になる。用例①～④までの「…リヤセン」「ヤセン」がさらに変化すれば

⑨「……たたきころいてもばちハあたれせんなんし。」（女楽巻）
⑩「おまい気は違へせんか。」（同右）
⑪「だあれもおいでせんハゑもし。」（囲多好髷）

のように「リヤセン」「シヤセン」「ヤセン」が「レセン」「エセン」の形になり、現在の「言えせん」「行けせん」「知れせん」（以上四段動詞）「見いせん」（一段動詞）「し（為）いせん」（サ変動詞）「来《こ》おせん」（カ変動詞）に引きつがれるのである。

その変化の過程は

「行きはせん」→「行キャーせん」→「行けせん」→行けへん

である。

この「せん」は大阪弁では「へん」と変化していることは周知の通りであるが、名古屋でも、さらに三河地方でも現在ではそうした変化が見られるけれども、江戸時代においてはまだその形はあらわれていない。

「せぬ→せん」は、もともとサ変動詞「する」の未然形「せ」に打消の助動詞「ん」が連接したものである。この接続について、時枝氏の「日本文法口語編」では「これは、ぬが文語的であるために、文語サ変動詞の未然形に接続する形が残されてゐるのである」と説いている。が、その「せぬ—せん」はもはや、現在では変化して「へん」にまでなっており、その接続の緊密性からするならば、もはや一つの打消助動詞とみることも可能である。

このように否定表現が「ぬ、ん」「せぬ、せん」と関西的であることは、名古屋ことばの一つの性格を示すものといってよいものである。

「行けせん」の形が「行けへん」に変わったというよりは、先に述べたように「行きゃへん」からの変化を考えたほうがよいように思うが、芥子川の見解も見過ごしてはならないものであろう。

また、山田達也は『東海の方言散策』（平成四年、中日新聞本社）の中で次のように述べている。

「行かない」のような動詞の打ち消しに、中部以西の方言には、ンとセン類の二つがあり、意味の違いも微妙である。センの味は強調だという人と、軟らかさだという人と二通りある。

むずかしい問題だが、尾張のセン～ヘンにつき私見を一つ。

行かン、行けセン

雨が降らン、降れセン
知らン、知れセン
燃えン、燃えーセン

こう並べてみると、ンよりセンのほうが、動作、事態、傾向を強めている。しかし大事な点は、この強めを通して、話し手が、そのことに対する自分の意思、不満、軽べつなどの気持ちを表していることにある。これらの見解も頭において「行けへん」などの否定表現を今後さらに考察していく必要があると思われる。

5.『洒落本大成』でみられる名古屋関係作品

近世後期名古屋方言の資料の紹介は、前記芥子川の著書や彦坂佳宣「近世尾張方言研究の資料と方法」（『岩手大学教育学部年報』三八、一九七八年）に詳しい。ここでは、資料の検討の簡便さを考え、『洒落本大成』で見られる作品の紹介を行う。（もちろん、洒落本以外の作品として『名古屋叢書』に収められている滑稽本「四編の綴足」などを参照する必要があることは言うまでもない）。では次に「名古屋関係洒落本」リストを示す。

表2

名古屋関係の洒落本	刊年	『洒落本大成』
①囲多好髷《わげ》	寛政一二・一八〇〇	18
②女楽巻	〃一二	18
③軽世界四十八手	〃一二	18
④儛《まい》意鈔	〃一三	20
⑤指南車	享和三・一八〇三	22

⑥駅客娼せん	文化元・一八〇四	23
⑦蓬駅妓談	〃二	23
⑧野圃の玉子	〃二	23
⑨うかれ烏	〃二	23
⑩浮雀遊戯嶋	〃三	23
⑪南駅夜光珠	〃四	24
⑫通妓洒見穿	〃一〇	補
⑬南楼丸一之巻	〃一一	25
⑭春遊南訶《なんか》一夢	〃一三・一八一六	補
△⑮財宝宮神戸 導《みちびきの》阿法談	文化年間	26
⑯夢中角菴戯《げ》言	文政二・一八一九	補
⑰三狂人	〃一三・一八三〇	28
△⑱艶道秘巻	文政年間	28
△⑲花霞	文久元・一八六一	29

（⑮、⑱、⑲は口語資料としては扱いにくいか）

このほか、

表3

	舞台	刊年	『洒落本大成』
○郭《さと》の池好	池鯉鮒	寛政八・一七九六	16
○巽夢語 卒爾《ゆめばなしにはか》屋《や》	岡崎	文化六	補
○傾城仙家壺	佐屋	文化一五・一八一八	26

などがあるが、今後の検討を要する。

先に見てきたように、今後の上方語研究においては名古屋方言を念頭に置いておく必要もあると思われるが、これらの作品をとっかかりに見て行けばよいのではないかと考える。

6. おわりに

近世後期上方語の問題として、洒落本「郭中奇譚」による検討や、シク活用形容詞連用形のイ音便形の問題、それに否定表現「行かへん・行けへん」等の問題などを検討したきた。「へん」型の否定表現の成立の中で、〈「こーへん」を「きーへん」から逆行同化の過程を経て使われるようになったもの〉とみたが、逆行同化の説明を別な語法の例の説明に当てはめると、例えば、「教えタハルは教えテハルから逆行同化の過程を経て出来たもの」というような説明も可能なように思われる。（もちろん、今後の検討を要するものである）。これらの問題に限らず、残された課題はいろいろとあるだろう。後期上方語研究は、江戸語研究に比べて資料の制約もあり、難しい点もあるが、工夫次第でまだまだ発展の余地もあると思われる。さらに努力を重ねて行きたいと考えている。

第四章　形容詞「えらい」「どえらい」から見る近世後期上方語と名古屋方言

1．はじめに

方言区画論による分類では、名古屋方言や岐阜方言は東日本方言と位置付けられ、近畿の方言とはある程度隔りがある、とされる。確かにアクセント等の違いは大きい。しかし、それ以外の面、例えば語彙面等では、名古屋の言葉と上方の言葉はかなり近い面もあるのではないか。

明治時代以降、共通語においても一般的に用いられている「えらい」という語は、関西方言では、共通語よりも広い用法が見られ、また多く用いられる、というように説明されることも多いものである。その「えらい」に強調の接頭辞「ど」のついた形である形容詞「どえらい」は、特に大阪方言において多用される語、と一般的には説明されることの多いものであろう。

しかし、「えらい」と「どえらい」は名古屋では、見方によっては関西以上に広く用いられているとも言えるものである。本章では、特に「どえらい」という語について近世後期上方語と名古屋方言で見ながら考察し、そこから現代における名古屋方言にも思いを広げてみたいと考えるものである。

2. 享和期以降の上方と名古屋における「ゑらい」「きつい」等の語

まず、ここに取り上げる「えらい」という形容詞だが、「程度のはなはだしさ」を表し、連用形の形で形容詞・形容動詞などを修飾可能な形容詞類の中の一つとして位置付けられるものである。近世後期においては「ゑらい」の他「きつい」「いかい」といった語が一般に用いられるものである。

これまで「ゑらい」「きつい」「いかい」といった語の、寛政期以前の使用状況や、江戸洒落本における享和期以降での使用状況などを中心に前の章では検討してきた。

「ゑらい」「きつい」「いかい」の三語のうちでは江戸では「きつい」が多用され、「ゑらい」の使用は少ないのに対し、上方では「ゑらい」が最も多く使用される。

名古屋においても、上方語に見られるのと同様に「ゑらい」の使用が多く見られる。次に挙げるのは洒落本の例である。（巻数、頁数は『洒落本大成』による。以下、洒落本作品において断りを入れていない場合は同様。用例の引用において、ルビは適宜省略した）。

○居……けふはゑろうさむいでやないか　（囲多好髷、寛政一二・一八〇〇年、18、三〇五頁）

○おかる でうでやゑらふつもるなんし　（女楽巻、寛政一二年、18、三三八頁）

○作……どふでやゑらふにぎやかすの　（軽世界四十八手、寛政一二年、18、三五二頁）

名古屋における話し言葉の資料として、近世までさかのぼった時にまとまった形で見られるものは洒落本である。その洒落本において名古屋方言らしさの出た口語資料として扱えるものが、上に挙げた寛政一二年頃からのものである。上の例でも断定の助動詞「でや」の使用など、名古屋らしさがうかがえるものであろう。そこにおいて「ゑらい」の使用は、このように広く見られるものである。なお、「ゑらい」の使用は「囲多好髷」で計六例、「女楽巻」で六例、「軽世界四十八手」で七例見られる。

では今回は、享和期以降の、上方と名古屋の洒落本での、「ゑらい」「きつい」「いかい」各語の使用状況から、まず見ていく。

初めに、上方洒落本での各語の使用状況から見ていく。『洒落本大成』を使用している。次の**表1**には、作品名、『洒落本大成』における所収巻数、出版年［または書写年］、用例数の順に示している。なお、「ゑらい」の用例数の中に（　）で示したものは「ゑら」の形で出てきたものの用例数である。

表1

	作品名	刊年	巻数	用例数 ゑらい	用例数 きつい	用例数 いかい
1	善玉先生大通論	享和元・一八〇一	20	0	3	0
2	ふしみた	同二年	22	0	2	1
3	後涼東訛言	同二年	22	3	1	0
4	嘘之川	文化元・一八〇四	23	3	2	0
5	水の行すえ	同元年	補巻	3	2	0
6	こゝろの外	同三年	23	2（2）	2	1
7	なにはの芦	同三年	補巻	4	6	1
8	一文塊	同四年	24	4（1）	0	0
9	竊潜妻	同四年	24	4（1）	2	1
10	当世廓中掃除	同四年	24	5（3）	2	2

11 誰か面影	同九年	補巻	2（2）	0	0
12 左登能花	同一一年	25	3（3）	5	6
13 洒落文台	文化年間	26	2	2	0
14 粋の曙	文政三・一八二〇	26	9（2）	4	0
15 箱まくら	同五年	27	9（2）	3	1
16 花街風流解	同七年	27	0	1	0
17 色深狭睡夢	同九年	27	6（3）	1	1
18 北川蜆殻	同九年	27	3（1）	2	0
19 粋好伝夢枕	同一二年	28	0	0	0
20 娼妓買指南処	文政年間	28	1	2	1
21 老楼志	天保三・一八三二	28	18	1	1
22 意気客初心	同七年	29	0	0	0
23 興斗月	同七年	29	5	0	0
24 思増山海の習草紙	同一〇年	29	0	0	0
25 客野穴	同一一年	29	9（1）	1	4
26 風俗三石士	弘化元・一八四四	29	6（1）	12	0
27 千歳松の色	嘉永六・一八五三	29	1	2	0
28 自通誤教	不明	29	0	0	0

20「娼妓買指南処」は、京都、大阪、江戸の三都を舞台にしたものであるが、上方の部分のみを対象とした。19「粋好伝夢枕」は神戸・湊川を舞台にしたものである。他は京都、大阪のものである。

この二八作品において「ゑらい」は計一〇二例（うち「ゑら」一二例）、「きつい」は計五八例、「いかい」は計二

○例見られた。

「ゑらい」「きつい」「いかい」の三語のうちでは「ゑらい」が最も多く見られるのであるが、意外に「きつい」も用いられていると言えようか。

なお、「ゑらい」の用例の中に「どゑらい」計五例、「きつい」の中に「どぎつい」一例が含まれている。「どぎつい」の例は次のようなもので、京都の洒落本における例である。

○昔も今も金がいはする美男子脚元見られてぐつと罵《いれ》られ苛《どぎつ》ふ心《しん》にあたりしが誹名《はいみやう》さへ負惜と付程の古気《こけ》おしみ

（当世廓中掃除、24、三一九頁）

一方、同じく享和期以降の名古屋板の洒落本を見ると、用例数は次の**表2**のようになっている。ここでも『洒落本大成』を使用している。

表2

作品名	刊年	巻数	用例数 ゑらい	きつい	いかい
1 儛意抄	享和元・一八〇一	20	25（3）	1	1
2 指南車	同三年	22	6	3	1
3 蓬駅妓談	文化二・一八〇五	23	5	4	0
4 野圃の玉子	同二年	23	1	2	0
5 駅客娼せん	同二年	23	11（5）	1	0
6 うかれ烏	同二年	23	1	1	0
7 浮雀遊戯嶋	同三年	23	1	0	0
8 南駅夜光珠	同四年	23	6	1	2

9	通妓酒見穿	同一〇年	補巻	1	2	2
10	南楼丸一之巻	同一一年	25	0	1	0
11	春遊南訶一夢	同一三年	補巻	3	0	0
12	財宝宮神戸導阿法談	文化年間	26	0	0	0
13	夢中角菴戯言	文政二・一八一九	補巻	10	1	0
14	座敷の粧ひ	同三年	26	4	9	1
15	三狂人	同一三年	28	2（1）	0	0
16	艶道秘巻	文政年間	28	0	0	0
17	花霞	文久元・一八六一	29	0	0	0

この一七作品において「ゑらい」は計七六例（うち「ゑら」九例。ただし5「駅客娼せん」での「ゑら」五例は客の名前「ゑら松」のものである）、「きつい」は計二六例、「いかい」は計七例見られた。なお、「ゑらい」の用例の中に「どゑらい」二例が含まれている。

「きつい」の使用が多い江戸語に対し、「ゑらい」という語の使用という面では名古屋方言は、江戸語よりも上方語の特徴に近いものを示すと言えよう。

3．近世後期語にみる「どえらい」をめぐって

さて、ここでは特に、近世における「どえらい」という語の使用状況について考える。

前田勇編『上方語源辞典』（一九六五年、東京堂出版）で「どえらい」の項を見ると、次のように記述されている。

［語源］ドは、意味を強めるために冠した接頭語。皇都午睡三「大坂でどえらい、京で仰山、江戸では大騒《たいそう》」「でかいをどえらい」（上は京、下は大阪）とあるように、近世には専ら大阪で用いたが、今は京阪共通。

この記述中の「近世には専ら大阪で用いた」という点はどうだろうか。確かに、「皇都午睡」の記述だけ見ると「そうかな」とは思わせる。また、「新撰大阪詞大全」（天保一二・一八四一年）にも接頭辞の「ど」についての記述がある。次のようなものである。

どといふことば、すへての發語なりたとへは　きちがいを　どきちがい　ぬす人を　どぬすひと　こじきを　どこしき　ひつこひといふを　どびつこひ　というたぐひいくらもあるへし余はおしてしるへし

（『国語学大系　方言二』）

「〈どえらい〉も〈ドがつく言葉の一つ〉である。この〈新撰大阪詞大全〉に取り上げられている言葉は大阪に特徴的に見られるものである」といったような判断も有って先の、「近世には専ら大阪で用いた」との記述につながったのであろうか。

しかし、もう少し他の用例を見てみて、「近世には専ら大阪で用いた」という記述が妥当なものかどうか、考察してみることにする。

例えば、十返舎一九の「東海道中膝栗毛」である。この作品では、文化四年に刊行されている第六編の上の部分、「伏見を経て京に入る」において「どゑらい」が二例ほど見られる。次のようなものである。

a　いんきよ「イヤもふおたがひに、どゑらいめにあふたこつちや。

（中村幸彦校注『日本古典文学全集』小学館、三六〇頁）

b　大坂もの、つれ……そんなことより、こちやどゑらいめにあふたわいの。

（同、三六七頁）

bでの「どえらい」の使用は大阪者であるが、aの「いんきょ」は大阪に向かおうとする京都者である。「どえらい」は「大阪者のみ」と考えられていたようには思われない。一九は漠然と、「どえらい」は上方者が使う言葉とだけ考えていたのではないかと思われる。(1)

別の用例を見てみよう。次に挙げるのは上方洒落本に見られる「どゑらい」の用例である。

①白髪三千丈とは強苛《どゑら》ひ李白が寓詞《てつぽう》よふ思ても見たがよい何程ながいしらがじやとて三千丈とは凡《およそ》の長さが八十町　（当世廓中掃除、㉔、三一六頁）

②おれもよつほど見性したであらふがなとはどえらひ自屓久《うぬぼれ》しいものじやが南柯の一夢　（同、三三二頁）

③半……たつた今どゑらひことを見まして。一かう気色が悪ひ　（老楼志、天保三・一八三二年、㉘、三四八頁）

④半……隣《となり》家の楼《れい》主が。どゑらひ仕業の真最中でムリ升。　（同、三四八頁）

⑤意地わるのわるさ好が襖隣の閨中の客其耳元で太鼓《たいこ》をどゑろう叩立《たゝたて》相客むかつきの余り終に喧嘩と　（客野穴、天保一一年、㉙、一九三頁）

「どゑらい」の用例は、上方洒落本で見られたのは上の五例ほどであったが、上方洒落本で「どゑらい」の用例が見られる早い例は、先の「東海道中膝栗毛」六編が刊行された、同じ文化四（一八〇七）年の作品である「当世廓中掃除」のものということになる。

このうち、用例⑤が見られる「客野穴」は大阪の作品であるが、用例①~②が見られる「当世廓中掃除」、③~④が見られる「老楼志」の二作は共に京都の作品であり、実際に京都でも「どえらい」はかなり広く用いられていたものと思われる。

また、「どえらい」が京阪のみに限られていた訳でもない。

近世後期の名古屋においても「どえらい」は、一般的に使用されていたものと思われるものである。名古屋板の洒落本での用例を、次に挙げる。

⑥喜……銭弐文ながら畳のすき間より板のあいだをくゞってゆきがたしれず也にけりコリヤどゑらいめにあはしやアがつたいましい　（南駅夜光珠、文化四年、㉔、二八九頁）

⑦八……何と竜公どゑらいめにあふた酒の外ニ捨匁油五勺か五匁　（三狂人、文政一三・一八三〇年、㉘、一八三頁）

なお、⑥の用例の話者「喜三」は、例えば次のように文の言い切りに「でや」を使うなど、名古屋者らしい話ぶりの特徴がうかがえる人物である。

○そこになにしていやるはどふでや　（㉔、二八七頁）
○よひどこアない九ツすぎでや　（同、二八七頁）
○おまへはよつほと学者でや　（同、二八八頁）

⑦の話者「八郎平」も、次のように名古屋者らしい話ぶりがうかがえる人物であるが、「江戸好きの男」という設定でもあり、多少江戸語的な面もうかがえる話ぶりである。

○おめい子供のときは角蔵といふたで。なる駒やたぬきのつよい馬だね　（㉘、一七九頁）
○大須か清寿院がい丶。けふ大須へ参詣したら　（同、一七九頁）
○羽織かみじかくなつた其替り二日が少し長ふなつたいせ丁最早大津丁たね　（同、一八〇頁）

「どゑらい」が見られる京都の洒落本「当世廓中掃除」は文化四年の作品だが、同じく「どゑらい」が見られる名古屋の洒落本「南駅夜光珠」も同じ文化四年の作品であり、「どゑらい」は上方と名古屋で同じ頃から使用が認められるものであることがわかる。

さて、『近世上方語辞典』（一九六四年、東京堂出版）には用例として「けいせい忍術池」という作品（歌舞伎台帳）のものが挙げられている。（『日本国語大辞典』も同じ例を初出例として出している）。

〇茶臼山の紅葉狩か、浮む瀬よりはどえらい〱

なお、この「けいせい忍術池」は活字本としては『日本戯曲全集第五巻　並木五瓶時代狂言集』（一九三〇年、春陽堂）でのみ出ている。前記箇所では「どえらい〱」の部分が「どえらいどえらい」（同、一七一頁）となっているほかは同じである。

それに対し、写本（国会図書館本）では同箇所は次のようになっている。表記に微妙な違いがある。

〇茶臼山の紅葉狩かうかむせよりハとゑらひ〱

さて、この「けいせい忍術池」は『近世上方語辞典』では天明六（一七八六）年の作とされている。これが確かならば「どえらい」の最も早い例が天明六年の大阪ということになる。しかし、写本（国会図書館本）には奥書等は何もない。このような歌舞伎台帳には何も記されていないのが普通なのかもしれず、私がみたところ刊年などについては何もわからなかった。なお、『国書総目録』を見ると、写本のうち「松竹大谷図書館本」のみ、書写年が記されているということがわかる。実際に「松竹大谷図書館本」を調べた所、「文政二卯三」と奥書があるもので、「文政二年四月道頓堀角の芝居上演」時のものであった。書写年のわかる写本は、初演時より三三年後のもののみということになる（「どえらい」の当該例はこの写本には見られない）。

確かに、この「けいせい忍術池」という作品の初演は、天明六年で間違いないようであるが、「どゑらい」の見られる台帳が天明六年の初演時のものであると断定出来る根拠はないように思われる。「どえらい」の初出例としてこの例を扱うには問題が残るものであろう。

なお、他の辞典類の記述として、例えば『大阪ことば事典』（牧村史陽編、一九七九年、講談社）で「どえらい」の項を見ると、これは浄瑠璃台本である「源平布引滝」の例を用例として挙げ、寛延年間のものとしている。しかし、ここで挙げられている例は「江戸時代の末期、増補書替えられた」（『日本古典文学大系52』の解説〈一〇頁〉による）「松波琵琶の段」の中に見られるものである。このように歌舞伎台帳等からの用例を見る時には慎重な態度が必要である。

歌舞伎台本の資料性等についていろいろ扱いが難しいところが多いが、今後さらに検討していきたいと考えている。

さて、右に述べてきた「けいせい忍術池」の例が天明六年のものかどうかはさておき、「どえらい」の使用は大阪が早かった可能性はある。

しかし、先の①〜④の京都の洒落本における例、それに⑥〜⑦の名古屋の洒落本の例を見ると、前田氏の「近世には専ら大阪で用いた」という記述は少し適切でないように思われる。「どえらい」は現代だけでなく近世においても、大阪だけではなく京都でも、さらには上方だけでなく名古屋ででも使用が認められるものであったのである。

4．「ど」の方言分布について

「ど」という接頭辞は、「ど真ん中」「どぎつい」といった、全国共通語の使い方と見ていいかと思われる用法の他にも現代では、関西だけでなく名古屋でも、例えば「どたわけ」「ど素人」といった、「ののしる気持ちを込めた」ような言葉の使い方など、日常よく使われるものである。

名古屋洒落本で見ても、次のような例が見られる。

○はめ…くつとゐい男のつもりでこんな事をせるはなんしどずかん料理是〳〵其どずかんといふは唐崎や一松さんの事であろふがや　（駅客娼せん、文化二年、23、一二一五頁）

ここでの「どずかん」は「好かん」に「ど」がついたもので、「大きらい」といった意味合いだが、このような「ど」のついた例が近世後期の名古屋において見られ、上方だけでなく名古屋ででも一般的に使用されるものになっていた様子がうかがわれる。この点について芥子川律治は、「江戸時代の名古屋方言語い研究」（『名古屋方言の研究』所収、一九七一年、泰文堂）の中で、

名詞・形容詞に接尾語「ど」をつけて、相手を罵ることがこの時代から特に著しくなる。「どたわけ」「どめくら」等。（同、四九一頁）

と述べている。（「接尾」は「接頭」の誤りであろう）。

現代においては、共通語的用法だけでなく方言として見ても、山口幸洋が、

ド〜の方言としての分布は、上方を中心に東は東北岩手、西は九州熊本までかなり広い「中央連続型」である。（『東海の方言散策』二六九頁、一九九二年、中日新聞本社）

と記述しているように、「ど」は日本全国で広く見られるものである。『日本方言大辞典』（一九八九年、小学館）を見ると、例えば

○岩手県気仙郡「どぐろし（毒々しく黒い）」
○福岡市「どびくい（低い）」

といったような例で日本各地のものが挙げられている。

現代では「ど真ん中」といった共通語的用法だけでなく、マイナスの意味の強調のような用法ででも「ど」は、関西だけのものではなく全国的なものになっていると思われるし、また、近世後期においても、そのような「ど」の用法を含めて「ど」は上方の範囲にとどまるものではなくなっていたことがわかるものである。

5.「ど」の意味内容と名古屋の「デラ」

さて、この「ど」の意味内容についてであるが、先に挙げた近世後期の名古屋方言の例を見ても、「マイナスの方向の強調語」と見なされている面が強いようである。現代での各地の方言でも同様の意味・用法のものとなっている傾向が強いかと思われる。

しかし、近世前期での「ど」の使われ方などを見ると、元々は「ど」の強調は中立的で、必ずしもマイナスの方向の強調とは限らなかったとの指摘が道行朋臣によりなされている。(2) 道行の指摘通り、「ど」による強調は、元々は中立的なもので、それがマイナスの意味合いの強調の方向に用法が片寄っていった、というようにまとめられるもののようである。

「どえらい」から「ど」を取った「えらい」自体、元々その意味用法は、程度の強調で中立的に用いられるもので、それが共通語としてはプラスの「大した、優れた」といった意味合いに特定化して用いられるようになったものである。一方、関西や名古屋ではプラス方向の共通語的用法のほか、マイナスの「苦しい、つらい」といった意味合いも持つようになったものである。

さて、「どえらい」という語もよく名古屋で以前からずっと使われてきたと思われるものであるが、現在ではほかに強調の程度修飾の用法として「デラ」というような形で使われるものがある。「とてもおいしい」という意味で「デラうめぁ」というように使うものだが、これは「どえらい」の変化した形と言われている。正確には「どえらい」の語幹部分「ドエラ」の変化した形が「デラ」ではないかと思われる。

現代の「ど」はマイナス方向の意味合いの強調に使われることが多いようだが、前記の名古屋の「デラ」は、

「デラウメァ」のように、強調の意味でプラス方向の意味合いにも用いられ、その用法は中立的だとまとめられるものである。この中立的ということは、「ど」の本来的な用法に近いもののようにも思われるものである。ただ、近世の「ど」と現代名古屋の「デラ」とでは年代が離れており、ストレートに結び付けるには問題があるかもしれない。今後もう少し時間をかけて検討してみたいと考えている。

この「デラ」という形の他、「デーレー」というように発音されて使われる場合もある。こちらの方は「デラ」よりは「どえらい」に近い発音だと思われ、「ドエラ」という形が変化したと思われる「デラ」とは違い、「ドエライ」の形のものが変化したものだと考えられる。

「デラ、デーレー」などといった用法は、名古屋ではひんぱんに耳にするもので、大阪人が「どえらい」を使う回数よりははるかに多いように感じられるものである。

なお、「デーレー」といった言い方は、中国地方の岡山県あたりでは使うとされるものである。近畿地方でも中国地方よりの兵庫県でも「デーレー」に近い発音の言い方がされると聞いた。ただこの場合、名古屋のように中立的に使われるのかどうかはわからない。が、語形の面に限って言えば、「デラ、デーレー」というような言い方が、名古屋の他に、岡山県、あるいは兵庫県でも、京都・大阪あたりから見て周辺部に位置するということになる所に存在する、とまとめることが出来るかもしれない。今後さらに検討してみたい。

6．おわりに――現代の名古屋にみる「えらい」とそれに関係する語について――

「えらい」という語は現代では、関西で用いられる以上に、名古屋では多用される面もあるように感じられることがある。例えば、関西でだと「ちょっと仕事がしんどい」というように「しんどい」を使いそうな場面ででも、名古屋では、まず「しんどい」は使わず、「エライ」のみが使われているように感じる。関西でも「仕事がエライ」という場合はあろうが、「しんどい」が使われる分、名古屋に比べると「えらい」が使われる頻度は少し低い、という印象を私は受けている。

また、「えらい」の用法として次のようなものもある。「えらい様」という用法であるが、各種の名古屋方言辞典等で立項されているものである。一例として山田秋衛編著『随筆名古屋言葉辞典』（一九六一年、泰文堂）を見ると、次のような例文が挙がっている。

○うちの会社のエライサマがいわっせることだで仕方がない

この「えらいさま」だが、三遊亭円丈の『雁道』（一九八七年、海越出版社）という本には、

○名古屋でいうえらいさまとは、たいして偉くなく、全く偉くないとは言えない程度しか偉くない人のコトを〝えらいさま〟と言う。

というような記述がされており、微妙なニュアンスが名古屋人以外にはなかなか捉え難い所もあるようである。もっとも、関西でも「エライサン」という言い方はあり、それに近いかもしれないが。

この言葉は、名古屋の中年以上の方だと、あまり全国共通語では用いられない言い方とは意識しないで「えらい様にしとるがや」などと日常よく使う言い方のようである。（全国共通語として普通に「エライサマ」ないし「エライサン」を使うのであれば、むしろこちらの考え違いということになるが）。

この他、先に挙げた洒落本の「駅客娼せん」という作品で、客の名前として「えら松」という言葉が出てくる。この言葉は「横着者」といった意味のようだが、現代の名古屋方言でも「エラマツ」は、「えらい様」と同様の意味で用いられるとされるものである。

以上、「えらい」は近世から現代に至るまで名古屋では非常によく使われる言葉であり、現代ではある種関西以

上によく使われるとも見られること、また、「デラ」などを「どえらい」系の言葉だと認めるとすると、「どえらい」も近世から現代まで、名古屋で大変よく使われる言葉であることを見てきた。

一方、関西と名古屋の文化と言葉の関係の近さについては、いまさら言うまでもない位のものであるが、今回取り上げた形容詞「えらい」と「どえらい」についても、改めて関西と名古屋の関係の近さを再確認することになったようにも思われるものである。

注

（1）『膝栗毛』の口語資料としての問題点については、中村幸彦氏が「近世語彙の資料について」（『国語学』八七、一九七一年一二月）で触れているが、ここでは一九が「どえらい」という語をどう捉えていたか、だけを問題にすることにする。実際の言語使用実態の検討は洒落本を中心に行う。

（2）道行朋臣「接頭辞〈ど――〉の史的考察」（『花園大学国文学論究』25、一九九七年一二月）。

第三部　明治時代語研究

——資料性の問題を中心に——

第一章　近代語資料における校訂の問題と資料性をめぐって

――坪内逍遙「一読三歎当世書生気質」を見ながら――

1. はじめに

古典語を研究する場合にはまず、信頼できる資料を得るための諸本（テキスト）の検討がしっかりと行われる。しかし、近代語研究においてはテキスト等の検討は、まだまだ不十分な点が多いようである。明治時代語研究においても、小説等の言語資料になりそうなもののテキストの検討は、まだまだ不十分と言わざるを得ない。

例えば、坪内逍遙「当世書生気質」は、明治前期の言語資料として、重要性が大変高いものとしてよく使われてきたものの一つである。しかしながら、テキストについては、明治前期資料として適切な本文かどうかなど、ほとんど検討が行われないまま、『逍遙選集』所収本文（及びそれに基づく岩波文庫本）をテキストにするか(1)、『明治文学全集』所収の本文を用いて検討がなされてきた(2)。

しかし、『逍遙選集』（一九二七年）所収の「書生気質」は、著者自身が校閲の手を加え、昭和前期の言葉の感覚に合う表現に改めているものであり、明治前期の資料として扱うためのものとしては不適当なものである。

それに対して、『明治文学全集』所収本文は初版本によっていることのみを明らかにしただけの、どういう校訂を施しているか全く明らかにしていないものである。それにも関わらず、これまでの研究では『明治文学全集』本文が無条件に信頼できるかのようなテキストとしての扱いを受けて、研究がなされてきたのである。

2. 「当世書生気質」の諸本について

「当世書生気質」には初刊本の形態のもののほか、著者自身が「誤脱、衍字、仮名ちがひ、句読の誤り等までも訂し」たとされる『逍遙選集』及びそれによるもの（『岩波文庫』所収のもの等）がある。この作品は全二〇回（初刊本では一七分冊）に及ぶ長編であるが、初刊本では第四回の部分に黒く塗りつぶした部分がある。『明治文学全集 坪内逍遙集』では七五頁下段二四行めから七六頁上段一〇行め「近きころ某がいはれし言葉に。官員は娼妓と一般。一トたび官員となりたる時にはぬくことい と〳〵難し。其故はいかにといふに。官員となれば如何程にても。金を貸すものが多かるから。自然に借財が殖行く譯なり。而して免職となる時には。四方八方の高利貸が。皆催促に来る事ゆゑ。いやでもおうでも官員をば。止める譯にはゆかぬといはれき。げに然事もありけんかし。」の部分である。

この部分は、大正一五・一九二六年刊『明治文学名著全集』所収本文において復原されたとされる部分であるが、初刊本第一主義の立場からすると、この黒塗り部分の存在は頭の痛いところである。日本近代文学館の「当世書生気質」初刊本の複製が、全編にわたるものではなく第一回までの部分にとどまったのも、あるいはこの黒塗り部分の存在が災いしたかと思われる。

一方、『逍遙選集』の方の本文は、初出本文との間にかなりの異同がある。（「当世書生気質」のほかにも、例えば、明治期前期の口語資料として重要な作品である「雪中梅」では、初出本文と講談社版『日本現代文学全集3　政治小説集』所収の「訂正増補」本文とではかなりの違いがあり、後者には「発端」部以下、ほぼ全面的に「訂正増補」が加えられている)。『逍遙選集』所収の「当世書生気質」には、かなづかいや送りがな、異体字などの漢字の書き換えや漢字の読みの変更、句読点の位置や記号の変更など、第一回までの部分にだけでも数百箇所に及ぶ変更がみられるが、それ以外の、語句まで変更したものも、第一回までの部分にだけでも二八箇所ほどみられる。(**表1**参照)(なお、[9]、[11]、[12]、[16]、[17]、[19]、[20]、[24]〜[28]の一二箇所が会話中の例)。

表1

	初刊本(昭和女子大学所蔵本)		逍遙選集	
①	小言といひまた非評《わるくち》もいはれたりき	はしがき表6行	小言をひ、また非評もいはれたりき	3頁3行
②	作者の血大《さらだい》の眼《まなこ》を開きて学生社界《しよせいしやかい》の是非《あら》を批評《さが》し	はしがき裏4	作者は血大の眼を開きて學生社界の是非を批評し	3・13
③	無爲《むだ》に半額は費へつべく。されども	一丁ウ7	無爲に半額は費えすべし。されども	10・6
④	国家《みくに》の爲にもあつたらしき。御損耗とぞ思はれける。	一ウ11	国家の爲にはあつたらしき。御損耗とぞ思はれける	10・10
⑤	おもひも。寄らない幕。	一ウ13	おもひ寄らない幕。	10・12
⑥	言語恰好《ものごしかつこう》。まづ素人の鑑定では	二オ12	言語恰好《ものごしかつかう》、素人の鑑定では	11・10
⑦	紅《べに》はげたれども	二ウ9	紅は剝げたれども	12・4
⑧	世間に通じぬ	二ウ13	世間に通ぜぬ	12・7
[9]	仲間《なかま》へ這入《はい》んな	三オ7	仲間に這入《はい》んな	13・1
⑩	妙なところに	三オ11	妙なところへ	13・4
[11]	それやア	三ウ2、七ウ4	そりゃア	13・9、18・12
[12]	喰ちらかしをする	三ウ4	喰ちらかしする	13・11
⑬	いと明《あきらか》にぞ知られける。	四オ6	いと明にぞ知られたる。	14・10
⑭	其服装《みなり》をもて考ふるに。	四ウ7	其服装をもて考ふれば、	15・9
⑮	府下のチイ官 吏《くわんり》のサン〔子息〕ならん歟《か》。	四ウ8	府下のチイ官吏の子息《サン》でもあらん歟《か》。	15・10
[16]	父上《おとつさん》の命令《おつしやりつけ》	五オ3	父上の命令《おつしや》ったこと	16・3

17	おつかけなはる	五オ10	おっかけなさる	16・10
⑱	角《つの》をこせへて見せる	五オ12	角をこさへて見せる	16・11
19	お目に懸つたからてつて	六ウ6	お目に懸つたからッて	17・4
20	しますから	六ウ8	しませうから	17・6
㉑	斯くとはしらぬ	六ウ14	斯とも知ぬ	17・11
㉒	せりたてられて	七オ2	せきたてられて	17・13
㉓	目にかよはする相互の真情	七オ3	目にかよはせる相互の眞情	17・14
24	何處《どこ》かへ無《なく》して	七オ6	何處へか無して	18・2
25	残つて居《ゐ》たのか	七オ8	残つて居《ゐ》るのか	18・4
26	ラブ〔愛〕して居《ゐ》るぞう	七オ14	愛《ラブ》して居るぞ。	18・9
27	馬鹿ア言ひたまへ	七オ14	馬鹿を言ひたまへ	18・9
28	松の木の下へ酔倒れて	七ウ3	松の木の下に酔倒れて	18・12

例えば、初刊本五丁表一〇行め、芸者の小年の会話、

○貴方があんまり烈しく。おつかけなはるもんだから

は『逍遙選集』本文では、

○貴方があんまり烈しく、おつかけなさるもんだから

と直してあり、「なはる」より、より東京者らしい感じを与える「なさる」を選ぶなど、より適切な表現を選ぼうとする作者の意図が窺われる。

しかし、『逍遙選集』は昭和二年の刊行であり、明治一八年の資料として扱えるかというと疑問が残る。やはり資料としては初刊本を第一に考えるべきであろう。

3．漢字の字体について（旧字体と新字体）

この項では（黒塗り部分のある第四回より前の）第三回までを対象にして報告、考察を行う。

『明治文学全集』所収の「当世書生気質」本文の漢字の字体には、旧字体が多く用いられている。漢字の字体の伝統を重視する立場だと、「近代作品の本文中の漢字は旧字体」という方針が校訂作業の中で示されるのも理解できなくはない。

しかし、近代語研究者の立場からすると、初刊本で、旧字体でなくいわゆる新字体が使われているならば、それはそのままの字体で示されるのがより望ましいと考える。

第三回までの範囲だと、例えば「懐、戯、旧、真、豊、来」といった字である。それぞれ「懷、戲、舊、眞、豐、來」という字体は使われていない。

1懐中時計　（一四丁裏一三行）
2春のやおぼろ戯著　（一丁表二行）
3旧幕の頃　（二四丁裏四）
4真成に　（三丁表一四）
5小娘なり。其名をお豊といふ　（一五丁表一〇）
6集ゐ来る　（一丁表一一）

このほか、「縁、清、即」なども、旧字体ではなく新字体が用いられている。また、「声」の場合も多くの場合、「聲」は使われてはいない。第一回では「声」は五例、第二回では七例用いられているが、「聲」は用いられていない。

7失敬の挨拶は。ゴッサイの掛声に和し　（一丁裏二）

（ただ、「第三回」では「声」一例のほか、「聲」が二例用いられており、「声」か「聲」かというこだわりはそれほどなかったようにも思われる）。

初刊本本文、『明治文学全集』本文共に新字体となっているものもある。たとえば「塩、効、窃、双、体、万」といった字である。（それぞれ、『逍遙選集』所収本文では「鹽、效、竊、雙、體、萬」となっている）。

8其源因の關係塩梅　（一丁裏一二行、『明治文学全集』では六〇頁上段一二行）

9自然の効用のなからずやは　（はしがき裏九、『明治文学全集　坪内逍遙集』では五九頁下四）

10盗跖が窃盗のすてきな材料にもなりし　（はしがき裏四、『明治文学全集』五九頁上一七）

11結局双方相照して　（二丁裏一一、『明治文学全集』六〇頁下二〇）

12此容体にて續かむには　（一丁裏九、『明治文学全集』六〇頁上八）

13人力車夫と學生なり。おの〳〵其數六万とは　（一丁表一二、『明治文学全集』五九頁下二〇）

このように、旧字体にこだわらず、いわゆる新字体にしているものもあるのだから「緑、懐、戯、旧、真、清、声、即、豊、来」なども初刊本本文に基づく字体で表すことが出来なかったかと惜しまれるところである。（『逍遙選集』ではそれぞれ旧字体となっており、それを重視したのなら、それはそれで納得できるが、『明治文学全集』解題には「初刊本によった」としか記されていない。）（先にも述べたように近代語研究者としての感想であって、文学研究者としての立場からは違った見方もあるであろうが。）。

さて、初刊本の表記を重視すると「旧字体よりも新字体」となるものがあることを述べてきたが、明治前期において既に、旧字体にそれほどこだわっていないという様子が見られるならば（もちろん、これは刊行に携わった者の気持ちであり、著者自身の気持ちはまた別の所にあるのかもしれないが）、新字体が社会的にすっかり定着している現代において、例えば「真」ではなく「眞」というように旧字体にこだわる理由がどれほどあるのだろうか、と人名における旧字体表記を見るたびに感じてしまうのが私の気持ちである。

4．初版本と『明治文学全集』本文との校異（不適切な校訂について）

今度は、「旧字体と新字体の違い」以外の、初刊本本文と『明治文学全集』所収本文との主な校異を示す。（表2参照）。

表2　「初版本」本文と『明治文学全集』本文（及び『逍遙選集』本文）との主な校異

・「初版本」本文において「オ」は「丁の表」「ウ」は「裏」を表す。
・㉛と同じく初版本において「也」、『明治文学全集』において「なり」となっている、他の箇所は省略した。
・初版本は日本近代文学館所蔵本を用い、昭和女子大学所蔵本も適宜参照した。

1．「はしがき」～「第一回」

	初版本		明治文学全集		逍遙選集	
①	才《さえ》	はしがきオ6行	才《さい》	59頁上6	才《さい》	3頁4
②	いがめしき	1丁オ8	いかめしき	59下15	いかめしき	9・7
③	成らずハ	1ウ8	成らずバ	60上7	成らずば	10・7
④	さらずバ	2オ7	さらずハ	60上24	さらずば	11・5
⑤	ならずば	2オ10	ならずハ	60下2	ならずば	11・8
⑥	青白《あをしろ》い	4オ13	青白《あをじろ》い	61下24	青白《あをじろ》い	15・2

	初版本		明治文学全集		逍遙選集	
⑦	苦労《ろう》性	4ウ5	苦労《らう》性	62上13	苦労《らう》性	15・7
⑧	願下《ねがひさげ》	7ウ2	願下《ねがいさげ》	63下6	願下《ねがひさげ》	18・11

2.「第二回」~「第三回」

	初版本		明治文学全集		逍遙選集	
⑨	セブン〔七《しち》〕に|	9ウ11	セブン〔七〕へ|	65上9	七《セブン》へ|	22・11
⑩	幣袍《へいぼう》	10ウ7	幣袍《へいほう》	65下13	敝袍《へいばう》	24・2
⑪	大層《たうそう》	15ウ13	大層《たいそう》	68下20	大層《たいそう》	31・8
⑫	被ふるした|	18ウ11	被ふるしだ|	70下8	被ふるした|	36・3
⑬	團子《たんご》	18ウ12	團子《だんご》	70下9	團子《だんご》	36・3
⑭	よつぽと|	23オ1	よつぽど|	73上2	よつぽど|	41・8
⑮	頂上《てんぺん》	24ウ8	頂上《てつぺん》	74下9	頂上《てつぺん》	44・7
⑯	不思義|	25オ11	不思儀|	74下11	不思議|	45・7

3.「第四回」

	初版本		明治文学全集		逍遙選集	
⑰	年の比《ころ》ハ|まだ	28オ6	年の比《ころ》い|まだ	76上26	年のころは|まだ	49・9
⑱	尋《たず》ねて	29ウ14	尋《たづ》ねて	77上1	尋《たづ》ねて	50・14
⑲	居たりけり。|	30オ1	居たりけり、|	77上3	居たりけり。|	50・15
⑳	袋守	30ウ10	守袋	77下5	守袋	52・5

㉑	ドゞの結局《つまり》	31ウ4	トゞの結局《つまり》	78上7	とゞの結局《つまり》	53・10
㉒	常磐津《ときはず》	33オ5	常磐津《ときはづ》	79上9	常磐津《ときはづ》	56・5
㉓	寫《しやう》　真	37オ10	寫真《しやしん》	81下26	寫真《しやしん》	63・7

4.「第五回」～「第六回」

	初版本		明治文学全集		逍遙選集	
㉔	大丈夫《だいじみうぶ》	38オ8	大丈夫《だいじやうぶ》	82下9	大丈夫《ビイ・シユーア》	65・1
㉕	とらかす	40ウ3	とろかす	84上15	とろかす	68・14
㉖	人だとかいつて	40ウ14	人だとかういつて	84下3	人だとか云つて	69・9
㉗	自分《みぶん》	43オ8	身分《みぶん》	85下12	身分《みぶん》	72・9
㉘	馬耳東風《ばにとうふう》	43ウ4	馬耳東風《ばじとうふう》	85下25	馬耳東風《ばにとうふう》	73・4
㉙	トウ〴〵	46オ3	トウ〳〵	87上10	とう〳〵	75・12
㉚	冤名《べんめい》	48ウ8	冤名《えんめい》	88下21	冤名《えんめい》	80・8

5.「第七回」～「第八回」

	初版本		明治文学全集		逍遙選集	
㉛	也。	53オ1	なり。	91下8	也《なり》。	87・5
㉜	隅田《すだ》	59オ7	隅田《すみだ》	95上7	隅田《すみだ》	95・8
㉝	獅子鼻《ししはな》	59ウ4	獅子鼻《ししばな》	95上20	獅子鼻《ししばな》	96・3
㉞	透一等《ら》を。	61ウ4	透一等《ら》の。	96下11	透一等《ら》を、	99・9

	初版本		明治文学全集		逍遙選集	
㉟	妄信《ぼうしん》	64ウ1	妄信《まうしん》	98下9	妄信《ぼうしん》	104・8
㊱	ですヨ	65オ1	ですよ	99上1	ですヨ	105・6
㊲	でるべし〱「此うち	68オ13	でるべし〱。此うち	100下20	出るべし出るべし。」此うち	109・10

6.「第九回」〜「第十回」

	初版本		明治文学全集		逍遙選集	
㊳	大丈夫《だいじようふ》	73ウ11	大丈夫《だいじようぶ》	103下18	大丈夫《だいぢやうぶ》	116・11
㊴	延引《えんにん》	76オ1	延引《えんいん》	105上15	延引《えんいん》	120・1
㊵	事情《じゞよう》	77オ4	事情《じゞやう》	106上3	事情《じじやう》	121・15
㊶	噪々《しやべ》り	77ウ1	喋々《しやべ》り	106上15	噪々《しやべ》り	122・9
㊷	情態《じやいたい》	79ウ1	情態《じやうたい》	108上7	情態《じやうたい》	141・7
㊸	武官《ぶくわん》制度	86オ7	文官《ぶくわん》制度	112下7	武官制度《シバリイ》	134・13
㊹	風流瀟《しやう》洒《せい》	87オ7	風流瀟《しやう》洒《しや》	113上16	風流瀟洒《せうしや》	136・7
㊺	英《まい》	87オ9	英《えい》	113上18	英《えい》	136・9
㊻	頗《すこ》活《くわつ》の	87オ11	頗《すこぶ》る活《くわつ》の	113上22	頗《すこぶ》る活《くわつ》の	136・11

7.「第十一回」

	初版本		明治文学全集		逍遙選集	
㊼	罵《のり》わめく	91オ6	罵《ののしり》 わめく	115上22	罵《のゝしり》 わめく	145・13
㊽	強かり粲爾ハ	91オ6	強かり。粲爾ハ	115上23	強かり。粲爾は	145・14

	初版本		明治文学全集		逍遙選集	
㊾	victim《ウビクチム》	91ウ14	victim《ビウクチム》	115下24	victim《ヴイクチム》	147・3
㊿	不便《ふうん》な	91ウ14	不便《ふびん》な	115下24	不便《ふびん》な	147・3
51	我ながら畏《かしこ》う	93オ8	我ながら。畏う	117上3	我ながら畏う	149・6
52	誰《たれ》	94ウ7	誰《だれ》	117上20	誰《たれ》	150・4
53	下《くだ》がす	95ウ9	下《くだ》す	118上6	下《くだ》す	151・15
54	忘想《ぼうさう》	97オ7	忘想《まうさう》	119上4	忘想《まうざう》	154・4
55	アッシスタンス	97ウ1	アッシスタント	119上17	形骸上の助力《フヒヂカル・アッシスタンス》	154・11
56	是等《われら》	97ウ4	是等《これら》	119上20	是等《これら》	154・13

8.「第十二回」〜「第十四回」

	初版本		明治文学全集		逍遙選集	
57	可《べ》ラザル	99ウ12	可《べか》ラザル	120下23	可《べか》ラザル	158・12
58	誰《だれ》が	101オ5	誰《だれ》か	121下75	誰《だれ》が	160・13
59	得《え》も忍《しの》ばす。	110オ3	得も忍ばず。	127上2	得も忍ばず、	174・1
60	いそかしい	114ウ13	いそがしい	130上17	いそがしい	182・6
61	胎毒《だいどく》	117オ8	胎毒《たいどく》	131上20	胎毒《たいどく》	184・9

9.「第十五回」〜「第十七回」

	初版本		明治文学全集		逍遙選集	
62	其比《そのごろ》	126ウ10	其比《ころ》	136下23	其比《ころ》	198・8

	初版本		明治文学全集		逍遙選集	
⑥③	中《ちう》年増《どしま》	127ウ2	中年《とし》増《ま》	137上22	中年《ど》増《しま》	199・12
⑥④	尋《たつ》ねた	138ウ1	尋《たづ》ねた	144上7	尋《たづ》ねた	216・3
⑥⑤	其《その》原稿料	138ウ8	其《そん》原稿料	144上16	其《その》原稿料	216・3
⑥⑥	necessity《ネセッシチィ》	138ウ10	necessity《ネッセシチィ》	144上18	necessity《ネセッシチィ》	216・11
⑥⑦	夕方に。ネ	138ウ13	夕方にネ	144上22	夕方に、ネ	216・14

10.「第十八回」

	初版本		明治文学全集		逍遙選集	
⑥⑧	美《くわ》麗《れい》なる	141オ8	美《び》麗《れい》なる	145上12	美《び》麗《れい》なる	219・9
⑥⑨	忌《き》避《へき》	142オ2	忌《き》避《ひ》	145下24	忌《き》避《ひ》	220・15
⑦⓪	不可なし我國の	142オ5	不可なし。我國の	146上1	不可なし。我國の	221・2
⑦①	薄化《うすけ》粧《しやう》	142ウ14	薄化《げ》粧《しやう》	146下4	薄化《げ》粧《しやう》	222・9
⑦②	承知いたいたが	145オ12	承知いたしたが	148上21	承知いたしたが	226・11
⑦③	坐敷ぎりて。	146ウ14	坐敷ぎりで。	148下15	座敷ぎりで、	227・10
⑦④	ございませうか。ト	147オ6	ございませうか、ト	148下22	ございませうか。」ト	227・15
⑦⑤	床の間なし近頃	148ウ8	床の間なし。近頃	149下24	床の間なし。近頃	230・11

11.「第十八回の下」～「第十九回」

	初版本		明治文学全集		逍遙選集	
⑦⑥	町《ちやう》所《どころ》	155オ5	町《ちやう》所《どころ》	153下8	町《ちやう》所《どころ》	240・2

⑦⑦	おはなし、て。｜少々	155オ9	おはなし、て少々	153下19	おはなしして、｜少々	240・5
⑦⑧	おつしやいますそれじやア	157オ5	おつしやいます。｜それじやア	154上26	おっしゃいます。｜それぢゃア	241・12
⑦⑨	候ハ、｜	158ウ6	候ハヾ｜	155下2	候ハヾ｜	244・9
⑧⓪	在候必竟	159ウ11	在候。｜必竟	156上17	在候。｜畢竟	246・10
⑧①	｜過敏《くわびん》	160オ1	｜鋭敏《えいびん》	156上23	｜過敏《くわびん》	246・14

12.「第二十回」

	初版本		明治文学全集		逍遥選集	
⑧②	圍繞《ゐにやう》し鐵製《くろがねせい》の	161オ2	圍繞し。｜鐵製の	156下13	圍繞し、｜鐵製の	247・14
⑧③	駁撃《｜はくげき》	162オ11	駁《｜ばく》撃	157下9	駁《｜ばく》撃	250・3
⑧④	辨駁《べんぱ｜く》	162オ12	辨駁《ば｜く》	157下9	辨駁《ば｜く》	250・3
⑧⑤	｜クヅ〳〵	162ウ8	｜グヅ〳〵	157下22	｜グズ〳〵	250・13
⑧⑥	ありう｜ち	163オ10	ありが｜ち	158上16	ありう｜ち	251・12
⑧⑦	ワイヲ｜シン州	163オ11	ワイヲミ｜ン州	158上18	ワイ｜オシン州	251・13
⑧⑧	竟《つい｜》に	163オ13	竟《つひ｜》に	158上20	竟《つひ｜》に	251・14
⑧⑨	用意《こゝろが｜まへ》	164オ4	用意《こゝろか｜まへ》	158下18	用意《こゝろが｜まへ》	253・2
⑨⓪	青樓《くつ｜わ》	166オ10	青樓《くる｜わ》	160上18	青樓《うち》	256・15
⑨①	翻然《は｜んぜん》	168ウ6	翻然《ほ｜んぜん》	161下23	翻《ほ｜ん》然	261・3
⑨②	獨斷論なり蓋《けだ》し	169オ8	獨斷論なり。｜蓋し	162下1	獨斷論なり。｜蓋し	262・3

⑬	いひけるやう先生	171ウ4	いひけるやう。先生	163上23	いひけるやう、先生	264・10
⑭	妙であらうな小僧ハ	171ウ10	妙であらうな。小僧ハ	163下5	妙であらうな。」小僧は	265・1

このうち、②の「いがめしき」、⑥の「あをしろい」[3]、⑪の「たうそう」、⑬の「たんご」、⑮の「てんぺん」はそれぞれ「いかめしき」、「あをじろい」、「たいそう」、「だんご」、「てっぺん」の誤植と考えられ、特に校訂を問題とするには当たらないだろう。また、⑦の「くろうしょう」もその直前の四丁裏一行めの用例では「くらうしょう」となっており、校訂は妥当な所かもしれない。⑭の「よっぽと」も濁点が落ちていると考え、「よっぽど」とするのが妥当な所か。

しかし、第三回までの他の九箇所の校訂には問題がある。

①の「さえ」だが、他に「はしがき」の部分に二箇所、第一回に一箇所用いられているが、その部分は初刊本・『明治文学全集』共に「さえ」となっており、①の部分でだけ『明治文学全集』で「さい」としているのはケアレスミスであろう。（『逍遙選集』では全例「さい」となっているが。）⑧の「ねがひさげ」が『明治文学全集』で「ねがいさげ」となっているのも同様のケアレスミスと考えられる。

⑩の「へいぼう」を「へいほう」としたのも、『逍遙選集』では「へいばう」とされているだけに問題がある。⑯の「ふしぎ」であるが、ここはやはり初刊本通り「不思義」として欲しかった所である。（『逍遙選集』にならい「不思議」と校訂するのも考えられないではないが）。

一方、⑨の例は次の箇所に出てくる。

⑨セブン〔七《しち》〕にポン〔典《いれる》〕した歟。セル〔賣《うる》〕したに相違ない。　（九丁裏一一）

「セブンに」を『明治文学全集』で「セブンへ」と校訂したのは、『逍遙選集』で「セブンへ」となっているだけに考えられなくはない。しかし、「セブンに」で十分文意が通じるのだから変更する必要はなかったのではないか。

次に、③〜⑤の例である。

③學もし成らずは死すともなど。いふた其口で　（一丁裏八）

④銀行の取締歟。さらずば米屋町邊か　（二丁表七）

⑤銀行の役員ならずば。山の字のつく商人なるべし。　（二丁表一〇）

明治一八・一八八五年当時、東京語では「ならずは」の形よりも「ならずば」の形が多く用いられていたと考えられるので[4]、用語の統一という意味でなら③を「成らずば」と校訂したのは納得できる。（もっとも初刊本通りの形にされていたほうが、近代語研究者にとってはありがたいようにも思われるが）。しかし、それならなおのこと④・⑤をそれぞれ「さらずは」「ならずは」の形にしたのか、理解に苦しむ所である。

⑫の例は次の箇所のものである。

⑫其羽織は親父から貰つたので。品柄はわるくないが。何にしろ被《き》ふるしたから。そんなになつたのサ　（一八丁裏一一）

ここの例も初刊本・『逍遙選集』共に「被《き》ふるした」となっているにもかかわらず、『明治文学全集』では「被《き》ふるしだ」とされている所である。濁点を加えただけだが、「た」が「だ」にされ、「動詞」が「名詞」に変わってしまい、文意もかなり変わってしまう結果となった。

また、『明治文学全集』の「被《き》ふるしだから」だと「そんなになっている」でないと文法的な対応としておかしいものであり、そのような、文法的におかしい表現に改めてしまうような校訂が見られるものである。

「第四回」以下ででも、『明治文学全集』では単純な校訂ミスと考えられるものがかなり見られる。

⑰の箇所は助詞の「は（ハ）」を「い」と読み間違えたというものだし、㉖では本文とは違う文を勝手に作ってしまっている。明治期の人の話し方に「〜とか」という話し方は似合わないという先入観でもあったのだろうか。

㉞の箇所は次のようなものである。

㉞さてこそ友定透一等を。まづ八百松へ送りしなりけれ。

助詞の「を（「越」の字）」を「の（「能」の字）」に読み誤ったものだが、文意から考えても「の」ではおかしいとわかりそうなものであるが。

(55)もおかしい。初版本（及び『逍遙選集』）で「アッシスタンス（助力）」とあるのだから誤り様がないように思えるところだが。

(58)の箇所は「誰が君なんぞを嫉むもんか」というものであり、『明治文学全集』で「誰か」としているのは単純ミスだろう。また(65)の「其（そん）」も単純ミスだろう。

一方、㊴の「延引」は明治期の読みとしては「えんにん」が適当と思われるものである。第一六回の箇所では、この語に初版本（一二九丁ウ四）『明治文学全集』（一三八頁下一七）共に「ゑんにん」のルビがある。

このほか、区読点に関わる問題で、明らかにおかしな校訂と思える部分が五箇所ほどある。

⑲女児ハうなづきつゝ。尚不審さうに浩爾とお常の。面のみ見つめて居たりけり。お常ハ頻にあはれをもよほし

この箇所の句点を読点に改めたのは単純ミスとしか思えない。

(51)摩利支天のいやちこなる。御霊徳を慕ひまつりて。欺くハ蟻集《むれくる》ぞと推測れバ。我ながら畏う覚えて。掌おのづから合さる。

句読点が原文になく、また必要もない所に『明治文学全集』では勝手に句点を打ってしまっている。

(74)（秀）これハお目覚えがございませうか。トいひつゝ、友定の前へ直せば。

この箇所も文が終止しており、読点に改める意味がわからない。

(67)や(77)の箇所も原文にある句読点を省く必要はないと思われるものである。

次は校訂者が本文の箇所を著者のミスと判断して改めたと思われるケースである。しかしながら、次の七箇所は初版本と『逍遙選集』本文とで同じになっており、あえて『明治文学全集』において改める必要はなかったと思われるものである。

(28)の「馬耳東風（ばにとうふう）」だが、例えば『漢英対照いろは辞典』でも「ばにとうふう」でのみ立項されており、明治期から昭和前期頃まで「ばにとうふう」でも使われた可能性が十分ある。今後さらに検討する必要があると思われる。なお、『日本国語大辞典』（以下『日国大』）では「ばにとうふう」が立項されず、この箇所が「ばじとうふう」の用例として挙げられているが、『明治文学全集』の不適切な校訂によるものを採ってしまったということで大いに問題があると考える。

(35)の「妄信（ぼうしん）」は『日国大』では「もうしん」のほか「ぼうしん」でも立項されている。ただ「ぼうしん」では用例が挙げられていない。一方、『日国大』ではこの箇所が「もうしん」の初出例として挙げられているが、それも明らかに問題があるだろう。

(86)の「ありうち」も『日国大』に立項されており、絶対に「ありがち」に改めないといけないというものでもない。

(81)の箇所は「神経の過敏に過る」という表現になっており、確かに重複表現ではある。しかし、これも作者の表現である。校訂者の個人的判断で勝手に直していいものか。

(43)「武官制度」、(66)「ネセツシチイ」、(87)「ワイヲシン」の箇所についても、これも作者の表現であり、校訂者が勝手に直すべきものではないと考える。

一方、次のような箇所は、初版本と『逍遙選集』とでは違っており、『明治文学全集』での校訂が『逍遙選集』のものと一致したりするような形になっているものであるが、改めなくてもよかったのではないかとも思えるものである。

㊳の「大丈夫」は「だいじょうふ・だいじょうぶ」、83の「駁撃」は「はくげき・ばくげき」それぞれ二つの読みが認められるものである。54の「妄想」は、『選集』本での「まうぞう」が明治期の読みとして一般的なものだったようだが、初版本での「ぼうそう」という読みも認められていた。『明治文学全集』の「まうそう」という読みもなかったわけではないようだが、あまり適切な校訂とは思えないように思える。

84の「弁駁」も「べんぱく・べんばく」二つの読みが認められるものである。『日国大』では「べんばく」の項に、唯一読みの確認できる例として「浮雲」からの用例（二篇第九回）が挙げられているが、そこでの読みは「べんぱく」である。（「べんぱく」での立項が必要なようにも思われるが）。

71の「薄化粧」も注（3）に記した松井氏論文での指摘にある通り、「初版本の〈うすけ|しやう〉であっても間違いとは言い切れない」ところなので、改めるべきかどうかは微妙なところである。

㊼の「罵わめく」だが、『日国大』では、「のりわめく」の用例として「当世書生気質」刊行直後の逍遙の作品「内地雑居未来之夢」（明治一九年）からのものが挙げられている。

91の「翻然」も『和英語林集成Ⅲ版』（明治一九年）では「ハンゼン」で挙げられているものである。

このほか㊿の「不便」に「ふうん」のルビを振った箇所であるが、ここはunfortunateの訳として当てた部分であり、作者の工夫した表現部分とも考えられる。68の「美麗なる」に「くわれいなる」と当てたのも、作者の工夫した表現と考える余地はないか。

次は「新字・旧字」の字体の問題以外の表記に関わるような問題である。

㉛の「也」など特にひらがなに改める必要はわからないのだが、㊱の終助詞の「ヨ」は他の箇所ではそのままカタカナであるから、ここだけうっかりひらがなにしてしまったものか。

㊶で漢字を別の字にしてしまったのは、おおげさに言えば著者の表現の侵害に当たるようにも思えるし、㊾も特に改める必要があったとは思われず、また改めてよくなったようにも思えない。

一方、(52)「誰」、(63)「中年増」、(76)「町所」、(89)「用意」といった箇所は「濁点の有無」の問題であるが、どれも初版本と『逍遙選集』のものが一致するのであるから『明治文学全集』の校訂は不適当なものだと言えるであろう。

以上、「当世書生気質」の初版本と『明治文学全集』本文との校異を見てきた。近代語資料として見る場合、「『明治文学全集』本は信頼できない」と覚悟を決めて当たった方がいいのではないだろうか。

なお、逍遙は作品の分冊刊行中、前の部分の誤りが見つかった場合、後の巻で「正誤」として挙げ、訂正するようにしている。今回はそれらの部分は取り上げていない。（『明治文学全集』では、一箇所を除いては訂正されている。「乃公」〈一二丁オ一二〉の箇所については正誤に「「だいこう」ハ「ないこう」」と記されているが、『明治文学全集』では「だいこう」のままである。『逍遙選集』でも「だいこう」となっているから「だいこう」のままにされたのだろうか）。訂正されなかった部分は誤りとは決めつけられないから、例えば(61)の「胎毒」に「だいどく」とルビが振られている以上、『日国大』で用例としてこの箇所を、「胎毒（タイドク）」のように読みを記して挙げているのは、やはり問題だろうと思われる。

5. おわりに

明治前期の言語資料として大変重要なものの一つである「当世書生気質」からは『日本国語大辞典』などでも多

くの箇所を用例として採用している。しかしその用例は『明治文学全集』から採っているために、不適切なものが多いという結果になっている。『日国大』は、語史等を考える上での基礎資料となるものであるが、「書生気質」に限らず、明治以降の用例は初版本から採っているもの以外は、全て危ないという可能性もある。(『日国大』で挙げられている明治以降の用例は、ほとんどのものが何をテキストにしているか判断しにくいという問題もある)。

「『日国大』の近世以前の用例には注意は必要」とは以前から言われていることだが、実は明治以降の用例の方がもっと注意が必要であるかもしれない。今後、語史などを考える上で手がかりを求める時に、テキストがはっきりしない辞書の用例にどう対応して行けばいいのか、また辞書の用例の出典確認などどうして行けばいいのか、これは個人一人一人の研究のレベルを超えて、学界全体で考えて行かなければいけない問題のようにも思われる。

注

(1) 新藤咲子「漢語サ変動詞の語彙からみた江戸語と東京語」(『国語学』五四、一九六三年九月)では岩波文庫本によっている。

(2) 小松寿雄「『一読三歎当世書生気質』の江戸語的特色」(『埼玉大学紀要(教養学部)』九巻、一九七四年一二月)、飛田良文『東京語成立史の研究』(一九九二年、東京堂出版)等では『明治文学全集』によっている。

(3) 松井栄一「現代語研究のために——明治期以降の著作物のテキストについて——」(『国語と国文学』一九九三年一〇月号)での指摘がある。

(4) 吉川泰雄「『善くば』『為ずば』などの濁音形について」(『近代語誌』所収、一九七七年、角川書店)、小松寿雄『江戸時代の国語　江戸語』(一九八五年、東京堂出版)等参照。

第二章　近代語資料における校訂について

――坪内逍遙「小説神髄」の場合を中心に――

1.『明治文学全集』本文における校訂について

坪内逍遙「小説神髄」（明治一八～一九・一八八五～一八八六年）は、日本での最初の近代的文学論として、文学史上、高く評価されてきたものである。直後には、その著述の理論を実践する試みとして「一読三歎当世書生気質」が発表された。しかし、「当世書生気質」の方は、文学史上では「近代小説とは言い切れない部分を持つ(1)」ものとして、あまり高くは評価されないものとなっている。

しかし、国語学研究上は、「当世書生気質」は、明治前期の口語をとらえるための貴重な資料として取り上げられてきたが、「小説神髄」の場合、文学論を文語体で記述したものであるから口語資料にはなりえず、「当世書生気質」のようには、国語学上ではあまり取り上げられてこなかった。

では、『明治文学全集』（稲垣達郎校訂・一九六九年）における、この「小説神髄」の「解題」の記述を、次に挙げる。

本巻では初刊本により、最初に世に問われた次元を、できるだけ変更しない本文であることに留意した。以下の諸篇も、ほぼおなじ方針である。分冊本第三冊の奥付にみえる正誤、二巻本の下巻に列記された正誤（あるいは修正）は、もとより吸収したほか、あきらかな誤植・誤記と判断されるものは正したけれども、著者通用と思われる用字（不思議、搆ふ、班・斑の流用そのほか）はそのままとし、また、ルビも、おりおり混乱を見かけるが（世態《せたぃ》、世態《せぃたぃ》、詩歌《しか》、詩歌《しぃか》、そのほか）必ずしも統一しなかった。変体仮名はハ、バ以外は普通体とした。　（三九三頁上段）

このように、以上の記述を見ると「漢字表記や仮名遣い、ルビに至るまで『明治文学全集』本文は初版本に忠実」であるかのように読める。「以下の諸篇もほぼ同じ方針」とあり、この記述を信頼すると、「小説神髄」の後に収められている「当世書生気質」の『明治文学全集』所収本文も、「初版本に忠実」であるかのように受け取れるものではある。

ところが、この記述の信頼性については、例えば次のようなことがある。『明治文学全集』でみると、次のような箇所である。

①滑稽洒落《こつけぃしやらく》なる三馬《さんば》一九《ぃつく》の亞流《たぐひ》あれば　（三頁上五行）

②いまひと通《とほ》り其理《そのり》を論《ろん》じて予《よ》が疑團《うたがひ》を表《へう》しつべし　（五頁上一四行）

上記の箇所は初版分冊本で、第三冊の奥付に「正誤」として挙げられているものである。①の「洒落なる」は「洒落に鳴る」の誤とあり、②の「表しつべし」も「表すべし」の誤とあるものである。これらの箇所は『明治文学全集』では訂正していないのであるから、「解題」での記述は「事実ではない」ということになる。

他にも、この「解題」の記述と校訂の実際とはずれがあるようで、問題は少なくはない。そして事は「小説神髄」の場合のみならず、「ほぼ同じ方針」とした「当世書生気質」の場合にも及ぶのである。

なお、この「小説神髄」は初版本（活字本・半紙本全九冊）の複製が「日本近代文学館」から刊行されている。本章での初版本本文の検討では、この複製本を使用している。

2. 漢字の字体（新字体と旧字体等）について

この項では、用字の問題について取り上げる。

今回の「小説神髄」について見ても、「解題」に書かれている「用字はそのまま」という記述には注意が必要であり、新字体・旧字体等については、「用字はそのままでない」ことに留意しなければならない。

それでは、初版本と『明治文学全集』所収本文とで字体が違っている漢字を、次の**表1**に示す。（原文は総ルビ。一字につき一例のみ示した。複数回使われているものも多い）。

表1

初版本	丁数	明治文学全集	頁
①神髄	（タイトル）（上巻）序1丁表1	神	3頁上1
②類	序1表4	類	3上4
③者	序1表9	者	3上10
④奇	序2裏1	奇	4上7
⑤旧慣	序2裏7	舊	4上14
⑥繪画	1丁表4	畫	4下3
⑦美術	1裏11	術	5上6
⑧音声	2表7	聲	5上17
⑨情	2裏7	情	5下8
⑩清絶		淸絕	

⑪	概	3 表3	概	5 下20
⑫	旨	5 表12	旨	7 上17
⑬	真｜正	5 表14	眞	7 上20
⑭	曽て	5 裏1	曾	7 上21
⑮	即ち	5 裏1	卽	7 上21
⑯	精｜密	6 裏3	精	8 上5
⑰	辻	13 表1	辻	12 上7
⑱	尊	13 表9	尊	12 上16
⑲	摸｜擬	15 裏1	模｜擬	13 下10
⑳	脉｜絡	18 表5	脈	15 上15
㉑	悲壮｜体	18 表6	壯	15 上16
㉒	節	20 表2	節	16 下3
㉓	強き	20 表4	强	16 下4
㉔	評判｜	24 裏6	評判｜	19 上23
㉕	党	25 表4	黨	19 下11
㉖	要	25 表8	要	19 下16
㉗	前	29 裏7	前	22 下3
㉘	冨	30 表1	富	22 下13
㉙	起｜りつ	33 裏12	起	25 上11
㉚	毎回｜	（下巻）2 裏9	毎回	30 上17
㉛	僧	6 裏14	僧	32 下19
㉜	東京｜	22 裏8	東京｜	42 下1

㉝弁別	29表7	辨	46下1
㉞来る	38表11	來	52上10
㉟点	39裏13	點	53上9
㊱兼	42表14	兼	54下13

初版本での④「竒」、⑫「旹」、⑳「脉」、㉘「冨」、㉜「亰」といった字体は、それぞれ④「奇」、⑫「旨」、⑳「脈」、㉘「富」、㉜「京」の「俗字（異体字）」とされるものである。なお⑥の「画」の字であるが、後の頁では「畵」（三丁裏二等）という俗字とされる字体も使われているが、「畫」という字体は初版本では見られない。

特に問題と思われるものは⑲の「摸擬」で、現在では『明治文学全集』の「模擬」の方が普通ではあるが、漢和辞典では「摸擬」でも載っているものである。これは、「解題」の「用字はそのまま」という記述とは明らかに反するものである。

それ以外は、初版本でいわゆる「新字体」で記されているものが、『明治文学全集』では「旧字体」に直しているものである。

しかしながら字体が「新・旧」両形ある場合、『明治文学全集』で全て「旧字体」に統一されているわけでもない。序の「緒言」の部分に限って見ても、「戯作」（三頁上二）では「戯」、「幾千万」（三頁上一三）では「万」と新字体が使われており旧字体の「戲」「萬」は使われていない。（この点『逍遙選集』では旧字体に統一されており、方針が一貫しているとは言える）。

「新字体」のままにしているものがあるのだから、中途半端に字体を改めることなどせず、「解題」の方針に沿う形での「字体はそのまま」というやり方もあったのではないかと考えられる所である。

以上、漢字の字体について見てきたが、近代語研究資料として『明治文学全集』本文を見る場合、「初版本そのまま」ではないことに十分注意する必要があるだろう。

3. 初版本と『明治文学全集』本文との、その他の校異について

初版本と『明治文学全集』本文との、その他の校異を次の**表2**に示す。（ルビは必要な箇所のみ示した）。

表2

初版本	丁数	明治文学全集	頁
①種類《しゆるい》	（上巻）3丁表3	種類《るゐ》	5頁下20
②也	7裏6	なり	8下16
③務《つとめ》	20裏2	努	16下18
④偶人《にんげやう》	20裏12	偶人《にんぎやう》	17上4
⑤配濟《さしかた》	21裏12	配劑	17下10
⑥解ぜざる	31表8	解せざる	23下2
⑦娩曲《えんきよく》	（下巻）3裏13	婉曲	31上2
⑧之と人にたとふれバ	4表1	之を	31上5
⑨文章《おんしやう》	4裏2	文章《ぶんしやう》	31上22
⑩たゝずみ。障子の	5表12	たゝずみ障子の	31下23
⑪三方《ぼう》	5表14	三方《ばう》	31下25

⑫注意《しゆゐ》	5裏13	主意	32上13
⑬すハはち	6表8	すなはち	32上23
⑭文字《もんじ》	7裏6	文字《ぶんじ》	33上16
⑮侏儒《しゆり》	7裏11	侏離	33上22
⑯ほかならバ	8裏13	ほかならず	34上4
⑰倦厭《けんあつ》	9裏9	倦厭《けんえん》	34下5
⑱稗本《よみぼん》体	12表11	稗史《よみほん》体	36上6
⑲説經。弄齊	13表10	説經弄齊	36下13
⑳住まばかい	17表9	住まばかは	39上11
㉑妥當《すいたう》	26裏12	妥《だ》當	45上5
㉒著作家《ちよさくかア》	27裏8	著作家《ちよさくか》	45下5
㉓本末《すぢつま》	31表8	本末《つぢつま》	47下14
㉔女性《によしせう》	42裏3	女性《によせう》	54下18
㉕人らしくもなれ	45表2	人らしくもなき	56上19
㉖記《しろ》し	47表12	記《しる》し	57下17
㉗くだ〳〵きを	47裏2	くだ〳〵しき	57下22
㉘道失《あやまち》	48表6	過失	58上20

ここでは『明治文学全集』で「すこぶる」（二八頁上一）となっているものが初版本で「すこふる」（三八丁表一三）となっていたり、「劣敗《れつぱい》」（八頁下一二）のルビが初版本で「れつはい」（七丁裏三）となっているような、必要な濁点が初版本で落ちていると認められる箇所（計一五箇所ほど）と、『明治文学全集』で「人物《じんぶつ》」（三四頁下七）と

なっているルビが初版本で「じぶつ」（下巻九丁裏一〇）となっているような、明らかに必要な文字が落ちていると認められるもの（計五箇所ほど）は表から除いている。また一箇所、初版本で「讀む《よむ》」（三五丁表一一）とルビが振られていて、『明治文学全集』での「讀《よ》む」というルビと違っている箇所もあるが、それも表からは省略した。

ただ、濁点の有無については「当世書生気質」に見られた「青白い」（あおしろい）のような問題(2)もあり、注意を要するところではあるだろう。この「小説神髄」に見られるものでは『明治文学全集』で「百　日蔓《ひやくにちかづら》」とルビが振られている（五七頁上九）ものが初版本で「百　日蔓《ひやくにちかつら》」（下巻四六丁表一〇）となっているようなものなどは、微妙な問題をはらんでいるようにも思われる。

一方、表2の⑥と⑱の箇所は、初版本ではそれぞれ「解ぜざる」、「よみぼん」と濁点が付いた形になっているものであるが、特に⑱の「よみぼん」とのルビは誤記としてよいものか微妙である。

さて、以上見てきたような所では、『明治文学全集』の校訂について「解題」の記述には十分注意する必要があることがわかるであろう。用字だけでなく、ルビ等に関しても「初版本そのまま」ではないのである。

あと残された問題は、「初版本そのまま」という方針以上に、「明らかに誤植・誤記と判断されるものは正す」という、その「明らかな誤植・誤記」とはどのようなものかということである。なお、私の立場としてはあくまで資料的価値を見るならば、たとえ「誤植・誤記」と見られるものであっても、「初版本本文を尊重」すべきだと考えている。

さて、表2に挙げた校異は計二八項目だが、そのうち七項目は初版本で使用した漢字とは違う字を『明治文学全集』で使っているというものである。このうち③については「あきらかな誤植・誤記」と決めてよいのか疑問も感じる。

③人情をば灼然として見えしむるを我《わが》小説家の務《つとめ》とするなり　（初版本）（『明治』では「努」）

他の、⑤「配濟（配劑）」（「造化の配濟」との表現箇所）、⑦「婉曲（婉曲）」、⑫「注意《しゆゐ》（主意）」、⑮「侏儒（侏離）」、⑱「稗本（稗史）」、㉘「道失《あやまち》（過失）」の六箇所については「誤植・誤記」と判断されてもやむを得ないところか。⑫の「儷」の字音は「レイ」のみであるので「リ」と読むには無理があるようである。しかし、校訂として「正した」ということは、「用字はそのまま」という「解題」の記述には、明らかに反することにはなる。

①と⑪は、ルビの問題だが、初版本で「現代かなづかい」と同じ表記になっているものを、『明治文学全集』で「歴史的かなづかい」による表記に変えているものであり、このような点を見ても、ルビも『明治文学全集』では「初版本そのまま」ではないことがわかる。「解題」にある「ルビを統一しなかった」との記述は、ルビを「初版本そのままにした」ということではないようである。

とは言え、「当世書生気質」と比べると、比較的校訂の問題箇所は少ないようには感じられる。④や㉔の、初版本のルビ「にんげやう」「によしせう」などは誤記と見るのが妥当な所かとは思われるものである。

それでも、はっきり問題な校訂だと思われる箇所もある。例えば⑭の「文字《もんじ》」のルビの場合、『明治文学全集』で「ぶんじ」というルビに変えているのは不適当な校訂の例だろう。

⑩の箇所は、次のようなものである。

⑩格子のもとにたゝずみ。障子のひまよりかいまみるに。

「浮世風呂」からの引用の箇所だが、元の文（『日本古典文学大系』『新日本古典文学大系』による）を見ても句読点のある箇所であり、『明治文学全集』で句読点を落としたのは不適当な校訂であろう。あるいは単なるケアレスミスか。

一方、⑲の箇所は曲亭馬琴「近世説美少年録」からの引用で、「説經弄齋椰節を」という箇所の「説經」と「弄齋」の間に、初版本では句読点を付けたというものだが、こちらは元の文（『叢書江戸文庫二二』国書刊行会による）

では句読点はなく、句読点のない形にした校訂もやむを得ないか。

表に挙げた以外にも、下巻の「文體論・(第二) 俗文体」中の、「左に為永派の人情本の抜文をあぐ」として、引用してある文の後の箇所（『明治文学全集』では三四頁末）に、初版本では「(松亭金水)」と作者名がある（下巻一〇丁裏一行）のに『明治文学全集』では作者名が落ちているといったことも挙げられ、「当世書生気質」の場合と比べると、数は少ないとは言え、問題箇所はやはりあるのである。

このような点を見ても、「解題」の記述と実際の校訂との間にはずれがあり、近代語研究資料として見た場合、『明治文学全集』本文の扱いには、十分な注意が必要であろう。

4. おわりに

明治前期作品の、近代語資料として扱う場合の、それぞれのテキストとしての問題を考えてきた。「小説神髄」や「当世書生気質」の校訂における場合だけでなく、全ての資料において校訂の手が入っている場合、基本的には校訂者を評価、信頼して資料に当たるのは、当然の態度であろう。しかし一方で、特に国語学の立場で資料に当たる場合、出来る限り校訂資料には頼らずに原本に当たらねばならないし、校訂資料の場合、その校訂の方針がどうあれ、扱いには十分注意しなければならないのである。

注

（1）　松村明他監修『国語学習総合便覧』（一九八二年、旺文社）参照。

（2）　初刊本は「〈あおしろい〉であり、〈あおじろい〉が正しい」とは決めつけられない。

第三章　「一読三歎当世書生気質」に現れる語について
――『日本国語大辞典』の用例の問題なども見ながら――

1. はじめに

国語史研究において、近代語に関する研究はまだまだ不十分な点が多いように思われる。それは明治期以降の語誌（語史）の研究においても例外ではないように思われる。研究のための資料の検討の段階からしても、不十分な点が多く残っているのではないか。

一方、『日本国語大辞典』は特に、語史研究を始めようとする場合に、用例の部分を見てその語の初出を考え、見当を付けていくなど、基礎的、基本的資料として用いられてきたものである。しかし、その用例が信頼できるテキストではないものから引かれていることも多く、特に近代語資料の場合、問題が多いと思われるものであり、そういった面の改善といったことも含めて、現在改訂作業が進められていると思われる。（改訂版である第二版は二〇〇〇年から二〇〇二年にかけて刊行された）。

さて、本章では第二版（改訂版）の検討の前に、初版の『日本国語大辞典』を見ながら、近代語の重要な資料の一つである「一読三歎当世書生気質」に現れるいくつかの語を見、語誌などの問題を考えてみようとするものである。

2. 明治前期口語資料としての「当世書生気質」

古典語を研究する場合にはまず、信頼できる資料を得るための諸本（テキスト）の検討がしっかりと行われる。しかし、近代語研究においてはテキスト等の検討は、まだまだ不十分な点が多いようである。明治時代語研究においても、小説等の言語資料になりそうなもののテキストの検討は、まだまだ不十分と言わざるを得ない。ただ、初版本（及び「日本近代文学館」刊行の初版本の複製本など）が容易に手に入るものは、その当時の言語資料として、特にテキストとしての検討を行わなくても「初版本だから大丈夫」ととりあえずは安心できる。（ここでは一応「初版本がベストの選択」と仮定しておく。もちろんいつの場合も「初版本がベスト」かというとそうとは限らないだろう。初版本の前に雑誌等に掲載された初出の形のものが、比較的簡単に見られる場合もあるし、さらには作家・作品等によっては、草稿本などが手に入る場合もある。しかしそういう場合でも、当時の言語資料として扱う場合、初版本によっても問題はないだろうし、資料の均質性という観点からは初版本にそろえることがベストという場合もあるのではないか）。

明治前期の口語資料に限定して考えてみると、まとまったものとしては意外に数が少なく、「安愚楽鍋」（明治四〜五・一八七一〜一八七二年）、「怪談牡丹灯籠」（明治一七年）、「雪中梅」（明治一九年）、「浮雲」（明治二〇〜二二年）の他、坪内逍遙「当世書生気質」（明治一八〜一九年）が挙げられるくらいである。このうち「書生気質」以外は初版本の複製本が容易に手に入るのでまずは安心であるが、問題は「書生気質」である。この作品の初版本の複製は、「日本近代文学館」から「第一回」の分が出されているのみ（全二〇回）で、全編の複製本がないのは大変残念である。

この作品のテキストについては、明治一八〜一九年の資料として適切な本文かどうかなどは、ほとんど検討が行われないまま『逍遙選集』所収本文（及びそれに基づく岩波文庫本）をテキストにして検討が行われたりし(1)、その後『明治文学全集』（稲垣達郎校訂、一九六九年）刊行後はその所収の本文を用いて検討がなされてきた(2)。『逍遙選集』（昭和二年）所収の「書生気質」は、著者自身が校閲の手を加え、昭和前期の言葉の感覚に合う表現に改めている（逍遙は、著者が増刷される度に字句の修正の手を入れているようである）ものであり、明治一八～一九年の資料として扱うにはあまり適当でないと思われるものなので、「初版本によった」としている『明治文学全集』本にテキストを切り替えたのは理解できる(3)。しかし、問題は『明治文学全集』本を初版本の複製と同等のものとし、明治一八～一九年の資料として無条件に信頼できるかのようなテキストとしての扱いで、この本のみで研究がなされてきたことである。

3.「当世書生気質」の初版本と『明治文学全集』本文との校異について

初版本（一七分冊半紙本・活字本）（本章の調査で使用したものは「日本近代文学館」所蔵本である。それに加え「昭和女子大学」所蔵本も参照した）と『明治文学全集』本との校異については既に何度か取り上げたが、作品全体では、初版本でいわゆる新字体で記されているものが、『明治文学全集』で旧字体に改められているといった表記の違いなど（その数は大変多い）を除いても、相違点は一〇〇箇所程度にも上るものである。私は近代の文献で、特に活字本においては言語資料として見るならば、後世の人間が校訂を行うことは基本的には必要ないものと考え、『明治文学全集』の校訂（の名の元に行われた変更）も、近代語資料として見るならば全て必要なかったものというように考える。『明治文学全集』所収本文は（「小説神髄」と同様の校訂方針だとするならば）、「あきらかな誤植・誤記と判断されるものは正した」が、それ以外は初版本を「できるだけ変更しない本文」ということであり、「用字、ルビは初版本そのまま」の本文だということになる。しかし実際には、それとは異なっているものである。「あきらかな誤植・誤記を正した」と思われる箇所ももちろんある。（ただし、一〇〇箇所程度の内の一五箇所程度）。しかし、明らかにそれには当てはまらない変更と思われるものの方が多いように思われるものである。「用字・ルビ」に至っては、初版本とは全く別物であり、明治一八〜一九年の資料として表記等の研究を行おうとするならば、初版本を使わずに『明治文学全集』本のみで済まそうとするのは許されないが、語彙等の研究においても初版本の参照は必須であると思われる。

4.「書生気質」に現れる語と『日本国語大辞典』の立項について

『明治文学全集』の校訂者が、初版本本文の中で「あきらかな誤植・誤記」とみなし、校訂が必要だと判断、変更したと思われる箇所（語）の中には次のようなものもある。

○「馬《ば》耳《に》東風《とうふう》」（第六回、初版本四三丁裏四行）、（『明治文学全集』〈以下『明治』と略称する〉では「ばじとうふう」）

○「妄信《ぼうしん》」（第八回、六四丁裏一）、（『明治』——「まうしん」）

○「ありうち」（第二〇回、一六三丁表一〇）、（『明治』——「ありがち」）

などである。これらの箇所は、『逍遙選集』本文においても、初版本と同じ形になっているものであり、『明治文学全集』での変更は妥当とは思われないものである。

「妄信（ぼうしん）」は現行の『日本国語大辞典』（以下『日国大』と記す）では「もうしん」のほか「ぼうしん」でも立項されているものであり、「まうしん」でなければならないというものでもないだろう。「ありうち」は、次のような箇所で使用されている。

○偶中《まぐれあたり》という事《こと》ハ随分《ずゐぶん》ありうちの事《こと》と見《み》えて。
『明治文学全集』での「ありがち」への変更は、明治時代の用語から遠ざかる結果となっているように思われる。原文で使用されている「ありうち」も『日国大』に立項されているものであり、明治期の語として認められていると思われるものである。

また、次のようなもの（変更箇所）もある。

○「延引《えんにん》」（第九回、七六丁表一）、（『明治』——「えんいん」）
○「罵《のり》わめく」（第一一回、九一丁表六）、（『明治』——「罵《ののしり》わめく」）
○「妄想《ばうさう》」（第一一回、九七丁表七）、（『明治』——「まうさう」）
○「薄化粧《うすけしやう》」（第一八回、一四二丁裏一四）、（『明治』——「うすげしやう」）
○「駁撃《はくげき》」（第二〇回、一六二丁表一一）、（『明治』——「ばくげき」）
○「弁駁《べんばく》」（第二〇回、一六二丁表一二）、（『明治』——「べんばく」）
○「翻然《はんぜん》」（第二〇回、一六八丁裏六）、（『明治』——「ほんぜん」）

「延引」は明治期の読みとしては「えんいん」としなくても「えんにん」のままでいいのではと感じたものである。（『日国大』では「えんにん」でも立項あり）。第一六回の部分では、この「延引」に初版本（一二九丁裏四）『明治文学全集』（一三八頁下一七）共に「ゑんにん」のルビがある。

次の「罵わめく」だが、『日国大』では、「のりわめく」の用例として「当世書生気質」刊行直後の逍遙の作品「内地雑居未来之夢」（明治一九年）からのものが挙げられており、『明治文学全集』の「ののしりわめく」でなければならないというものでもないだろう。

「妄想」は、『選集』本での「まうざう（もうぞう）」の他、初版本での「ぼうさう（ぼうそう）」という読みも明治期の読みとして一般的なものと認められるものであった。（『明治文学全集』の「まうさう」という読みも明治期になかったわけではないようであるが）。「浮雲」（二篇第八回）での「妄想」の読みは「ばうさう」である。（ただし『日国大』では「ぼうそう」は立項のみで用例はない。）なお「書生気質」第三回では『明治文学全集』の「妄想」のルビは「まうざう」である。（ここは初版本でも同じく「まうざう」〈二五丁裏一二行〉である）。

「翻然」も『明治文学全集』の「ホンゼン」の他、「ハンゼン」でも『日国大』で立項されているもので、『和英語林集成』Ⅲ版（明治一九年）では「ハンゼン」で挙げられているものである。

「駁撃」「弁駁」も『明治文学全集』の「ばくげき」「べんばく」だけでなく、「はくげき」「べんぱく」という読みも認められるものであった。「弁駁」は『日国大』では「べんばく」の項に、唯一読みの確認できる例として、「浮雲」（明治二〇～二二年）からの用例（二篇第九回）が挙げられているが、そこでの読みは「べんぱく」である。現行の『日国大』では「ばくげき」の項で〈「はくげき」とも〉、「べんばく」の項で〈「べんぱく」とも〉とされているだけだが、改訂版ではそれぞれ「はくげき」「べんぱく」で、別に立項されることを期待したい。

一方、「薄化粧」だが、これは『日国大』では「うすけしょう」では立項されていないものである。しかし、松井栄一氏の論文での指摘にある通り、「初版本の〈うすけしやう〉であっても間違いとは言い切れない」ものであり、これも「うすけしょう」での立項があってもいいように思われるものである。

5.『日本国語大辞典』の「書生気質」からの用例について

『日本国語大辞典』には「書生気質」からの用例として、二五〇一例にも上るものが挙げられているという。[4] これは、明治期のものとしては「西国立志編」からの三四五四例に次ぐ用例の採用数のようで、大変多い数のようである。

さて、次のような語は「書生気質」から『日国大』の用例として取られているものの一部であるが、項目としての扱いの上での問題があると思われるものである。

○「青白《あをしろ》い」（第一回、四丁表一三）、（『明治』――「青白《あをじろ》い」）

○「弊袍《へいぼう》」（第二回、一〇丁裏七）、（『明治』――「へいほう」）

右の語についてだが（「あおしろい」については松井栄一の調査がある(5)）、これらを現行の『日国大』でそれぞれ「青白（アヲジロ）い」、「弊袍（ヘイホウ）」と読みを記して用例に挙げているのは、初版本とは違う読みのものであるから問題があるのではないかと思われるものである。

また、先に挙げた語においても、例えば「駁撃（はくげき）」（第二〇回、一六二丁表一一）は『日国大』では「駁撃（バクゲキ）」と読みを記して用例に挙げているが、それはやはり問題ではないかと考えるものである。（もっとも、だからといって、改訂版で「当世書生気質」からの用例は適当でないと判断され、ただ削られるという結果に終わるとなると、それはそれで寂しいように思うが）。「駁撃」については『日国大』の用例を見ると、「バクゲキ」と読みを確定できる例は挙げられていず、それでいて「はくげき」でなく「ばくげき」のみで立項されているのは少し腑に落ちないところもある。

また、「妄信（ぼうしん）」（第八回、六四丁裏一）は、『日国大』では「ぼうしん」の項では用例が挙げられていず、「書生気質」のこの箇所が「もうしん」の初出例として挙げられているが、それも改訂版でそのままの扱いならば問題があるのではないかと考える。

さて、逍遙は作品の分冊刊行中、前の部分に誤りが見つかった場合、後の巻で「正誤」として挙げ、訂正するようにしている。このような場合、訂正したものを、初版本本文とみなしてここでは扱っている。（『明治文学全集』

では、一箇所を除いては訂正された形になっている。「乃公」〈第一五回、一二一丁表一二〉の箇所については正誤に「「だいこう」ハ「ないこう」」と記されているが、『明治文学全集』〈一三三頁下一三〉では「だいこう」のままである。『逍遙選集』で「だいこう」となっているから「だいこう」のままにされたのだろうか）。

訂正されなかった部分は誤りとは決めつけられないから、初版本で例えば、「冤名」に「べんめい」（第六回、四八丁裏八）、「胎毒」に「だいどく」（第一四回、一一七丁表八）、「忌避」に「きへき」（第一八回、一四二丁表二）とルビが振られている以上、『日国大』でそれぞれ「冤名（エンメイ）」、「胎毒（タイドク）」、「忌避（キヒ）」と読みを記して用例に挙げているのも、やはり問題であり、改訂版でそのままならば問題なしとはしないと私は考える。また、「とらかす」（第五回、四〇丁裏三）の箇所を「とろかす」として用例に挙げているのも、改訂版でそのままならば問題が残ると思われるものである。

6. 「馬耳東風」の問題

先に挙げた語のうち、「馬耳東風（ばにとうふう）」には大きな問題があるように思われる。「耳」の字を「じ」と漢音で読むか「に」と呉音で読むかの問題であるが、「馬」の字を「ば」、「東」の字を「とう」、「風」の字を「ふう」と読むのはそれぞれ漢音の読みであるから、元々「耳」は「じ」と読むのが自然のようにも思えるものではある。

さて、「書生気質」の「馬耳東風」は次のような箇所に見られる。

○チト外容主義を廃してハ。といふた所が馬《ば》耳《に》東風《とうふう》。（四三丁裏四）

『日国大』では「当世書生気質」のこの箇所が「ばじとうふう」の用例として挙げられている。が「ばじとうふう」は『明治文学全集』本での読みである。また「ばにとうふう」が立項されていないのも問題だろう。

さらに問題は、『日国大』では「ばじとうふう」の用例としてこの「書生気質」の他、漢籍・蘇軾「和何長官六言詩」、人情本「珍説豹之巻」（文政一〇・一八二七年。これが『日国大』では「ばじとうふう」という読みの初出例ということになる）の計三例が挙げられているが、「珍説豹之巻」の例も版本（天理図書館本による）では次のようになっている。

○馬《ば》耳《に》東風《とうふう》の糠《ぬか》に釘《くぎ》利《きか》ぬ舎弟《むすこ》のふ了簡《りやうけん》　（前編下、一三丁表七行）

このように原本では読みは「ばにとうふう」である。なお、『日国大』がよったとみられる活字本の『人情本刊行会叢書』本（大正六年刊）では次のようになっている。

○馬《ば》耳《じ》東風《とうふう》の糠《ぬか》に釘《くぎ》、利《きか》ぬ息子《むすこ》の不了間《ふれうけん》。　（第二二巻、三五五頁九行）

前田勇氏の『江戸語大辞典』でも「ばじとうふう」はなく「ばにとうふう」のみの立項である。用例は「古今百馬鹿」（文化一一・一八一四年）のものである。

○ハテ御親類がたの俗物などが、折檻など馬《ば》耳《に》東風《とうふう》　（棚橋正博校訂『叢書江戸文庫二〇　式亭三馬集』、三一二頁八行）

今の所これが国内での初出例ということになるが、これ以降明治期の後半にいたるまで「馬耳東風」は「ばにとうふう」のようである。明治期の辞書でも、例えば『漢英対照いろは辞典』（明治二一年）でも「ばにとうふう」でのみ立項されている。江戸期から明治前半頃までは「馬耳東風」は今の所「ばにとうふう」でしか確認できていず、「ばじとうふう」はなく「ばにとうふう」のみであった可能性が強いように思う。

「ばじとうふう」[6]の例は、次の「妾の半生涯」（福田英子、明治三七年）に見られるものが、今の所確認できる最も早いものである。

○早く立憲の政體を立て、人民をして政に參せしめざる時は、憂國の餘情溢れて、如何なる擧動なきにしも非ず
と、種々當路者に向つて忠告するも、馬耳東風《ばじとうふう》たるのみならず
（「第二上京」。東京堂出版、一八頁。原文総ルビ）

多分、この頃から「ばにとうふう」に代わって「ばじとうふう」という読みが次第に広がったものと思われるが、今後さらに調査していきたいと考えている。

7.『江戸語大辞典』と「馬耳風」について

「馬耳東風」に関連する語であるが、「馬耳風」も今の所「ばにふう」でしか確認できていない。その他、「馬耳説法」という語もあるが、『江戸語大辞典』で見ると「ばじせっぽう」ではなく、「ばにせっぽう」と「に」の形でのみの立項である。（用例は次の通り）。

○馬耳《に》説法に異ならで
（曲亭馬琴、糸桜春蝶奇縁、文化九年）

「馬耳風」の場合、『日国大』で「ばじふう」の例として挙げられている仮名草子「可笑記」（寛永一三・一六三六年）の例は『假名草子集成』では「ばにふう」である（『日国大』がよった『近代日本文学大系』本は「原本とはかなり離れた本文」ということである）し、この項に関しては『江戸語大事典』の「ばじふう」の例（「総角物語」文化五年）も駄目で、版本（国会図書館本）では次のように、

○たま〳〵諫《いさめ》をいる〳〵者《もの》あれども。馬耳風《ばにふう》のたとへのごとく。無益《あやなし》ごととなりゆきて。
（前編上、二二丁裏一行）

「ばじふう」ではなく、「ばにふう」なのである。

改訂版においては「ばにとうふう」が立項され、「ばじとうふう」「ばじふう」も適当な例を見つけて挙げられていることを期待したい。またそれ以外の項目でも、改訂版では、近代語資料では『明治文学全集』などの全集本などからではなく、できれば初版本からの用例に統一されていることなどを期待したいと考えている。

8．おわりに

近代語研究においては、文字表記に関する研究などは、まだまだこれからの段階であると言い切っても良いと思われるが、語彙レベルでの研究もまだまだこれからの部分が多いと思われる。資料の性格といった面での研究と合わせ、今後さらに研究を重ね、検討を深めて行ければと考えている。

注

(1) 進藤咲子「漢語サ変動詞の語彙からみた江戸語と東京語」(『国語学』五四、一九六三年九月)では岩波文庫本によっている。

(2) 小松寿雄「『一読三歎当世書生気質』の江戸語的特色」(『埼玉大学紀要(教養学部)』九巻、一九七四年三月)、飛田良文『東京語成立史の研究』(一九九二年、東京堂出版)等では『明治文学全集』によっている。

(3) 昭和二年の資料としての『逍遙選集』版「書生気質」の価値を否定するものではない。

(4) 第一五四回(一九九八年春季)近代語研究会での松井栄一の講演「国語辞典を内側から見る」の中で示されたものによる。

(5) 「近代文学作品のルビをめぐって」(『日本近代語研究1』所収、一九九一年、ひつじ書房)参照。明治期では清音が一般的だったようである。

(6) 一九九八年春季国語学会での増井の発表時における、松井栄一の指摘による。

第四章　『明治文学全集』における校訂の問題について

――山田美妙「武蔵野」を中心に――

1．はじめに

近代語研究におけるテキストの検討の重要性について、筆者はこれまで坪内逍遥を中心に、何度か取り上げてきた。

『明治文学全集』は、近代の文学作品を扱ったいくつかの選集、全集本の中でも特に、明治期の諸文学作品を概観するのに便利なものとして認められてきたものである。

本章は、明治期の資料をこの全集で見る場合の注意点などを中心に、もう一度検討を行い、まとめようとするものである。

合わせて、山田美妙の作品の、近代語研究における資料的意味なども考えてみることにする。

2．『明治文学全集』の校訂方針について

『明治文学全集』は、それぞれ巻によって、検討解題者が違っており、それぞれの巻の解題を見ると、校訂に対

しての姿勢に微妙な違いがあるように思われる。例えば第一〇巻『三遊亭圓朝集』（興津要校訂、一九六五年）の解題には、

全般的にいえば、假名遣いは、おおむね原本のまま生かした。たとえば「死なふ」「あるまひ」「我《をれ》」など、誤りであっても、再三使用されているものは、習慣的誤用とみて訂正しなかった。また「恐入ます」「仕舞ました」「聞て」など、送り假名のないものは、ルビを活用することによって原型をとどめた。（四一一頁）

というように記され、かなり原本の資料的価値を損なわないように努めていることがうかがわれる。興津要は本集第一巻及び二巻『明治開化期文学集（一）（二）』（一九六六、六七年）でも校訂をされているが、ここでも同様に資料的価値を損なわないようにと考えた態度がうかがわれる。興津は江戸期戯作の校訂などでも定評のある人であり、校訂の態度にはかなり信頼がおけるように思われる。

一方、例えば第一七巻『二葉亭四迷・嵯峨の屋おむろ集』（中村光夫校訂、一九七一年）では、

明らかな誤植は訂正したが、できるだけ原文の體裁を残し、作者の筆癖及び當時の慣用的な用字、假名遣いは原文のままとした。たとえば、お影、汚土《えど》、薫《くすぶ》るなども原文のままである。（四二九頁）

というように記されているが、これは中村の執筆ではなく、編集部の執筆だということである。校訂の際に、校訂者の考えがどの程度反映されているのかは、よくわかりかねる所がある。

なお、「明らかな誤植」云々という点には、注意を要する所であり、例えば、第一六巻『坪内逍遙集』（稲垣達郎校訂、一九六九年）における校訂の場合、「漢字表記や仮名遣い、ルビに至るまで『明治文学全集』所収本文は底本に忠実」であるかのように校訂方針を示しながら、実際には「明らかな誤植の訂正」の名の下に、本文の改竄に近いことまで行っていたりもする、というようなこともある。

第五巻及び第六巻の『明治政治小説集』（一九六六、六七年）にも、編者の執筆する「解題」部分には校訂方針と

いうものは記されず、第六巻の解題の末尾に「編集部注」として記されているだけである。

『明治政治小説集』二巻においては、編者柳田泉氏のほか、（一）（第五巻）については越智治雄・大曾根章介氏、（二）（第六巻）については越智治雄・浅井清・畑有三氏の御校訂を仰ぎました。原則としてテキストの再現を旨としましたが、テキストを改めたところについて左に略記します。（五〇七頁）

とあり、例えば末廣鐵腸・小宮山天香の作品については次のようにある。

『雪中梅』句讀點を打ち、テキストの總ルビを一部省略しました。

『花間鶯』句讀點を打ちました。ルビその他はテキスト通りです。

『南洋の大波瀾』『聯島大王』句讀點を打ち、テキストの總ルビを一部省略しました。（五〇七頁）

これではやはり、編者の校訂に対する姿勢の本当のところはよくわからないと言わざるを得ない。ただ、『坪内逍遙集』の校訂の場合のように、かなり詳しい校訂方針を示しながら、実際にはかなり資料的価値を損なっているという場合もあるし、逆に校訂方針を編者が示さないからといって、かなり厳密な校訂を行っている場合もないとは言えないであろうから、結局、本文がどの程度信頼できるかは自分で初版本等と突き合わせてみるほかないということになる。

なお、興津要校訂の前記『三遊亭圓朝集』でも、ルビは総ルビをパラルビに、句読点は打ち直ししてあり、この二点については、校訂者一人一人の判断ではなく、全集全体の編集方針によったかと思われる。ルビと句読点の二点については、どの校訂者の巻においても検討から外した方が無難であろう。

それ以外でも、例えば用字等についても、全集全体の編集方針があるかも知れず、かなり慎重に見ていく必要があると思われる。

3．言文一致運動と山田美妙

さて、本章では、山田美妙の作品を取り上げる。

山田美妙といえば、国語学の研究上においては、まず第一に『日本大辞書』（明治二四・一八九一年）の著者として名前が出てくるかもしれない。

しかし、美妙はそれだけでなく、言文一致運動の中で二葉亭四迷と並んで評価される人物である。

言文一致運動について普通語られる場合、まず二葉亭四迷が「浮雲」（明治二〇～二二年）以下の作品で文末に「だ」を用いた「だ」調の試み、次に美妙が「蝴蝶」（明治二二年）以下の作品で文末に「です」を用いた「です」調の試みというものが挙げられ、さらに挙げる場合には嵯峨の屋御室が「流轉」（明治二二年）以下の作品で文末に「であります」を用いた「であります」調の試みが挙げられるというようなことになっている。

しかし、本論文で取り上げる山田美妙「武蔵野」は、上記のようにまとめて語られる言文一致の流れの中での、美妙の「です」調の試みの前に位置する作品である。

4．山田美妙「武蔵野」について

「武蔵野」は明治二〇年に「讀賣新聞」に連載され、翌明治二一年に短編集『夏木立』に収録されて発表されたものである。この作品を含む美妙の諸作品について、例えば和久井生一は次のように記している。

美妙は、「です」調を使った。明治二〇年の『武蔵野』、明治二一年の『夏木立』、明治二二年の『蝴蝶』は、

「です」で書かれ、当時多くの人達に影響を与えた。（『現代日本語要説』四三頁、一九八九年、朝倉書店）

まず、明らかな記述の誤りと思われる点について。『夏木立』は作品「武蔵野」を含む短編集のタイトルであるが、この作品集の中には「夏木立」という作品はなく、また、山田美妙の年譜をみても他に「夏木立」という作品は見当たらない。

次に「です」調についてだが、この「です」調は「蝴蝶」（明治二二年）においては使用が認められるが、それまでの、「武蔵野」を初めとする『夏木立』に収められた諸編では、美妙が用いている文体は「だ」調とでも言うべきものであり、明らかに「蝴蝶」の「です」調文体とは違うものである。二葉亭四迷の「浮雲」などとは文体は違う感じがするが、その原因の一つとして、『浮雲』は、実際には文末を「だ」で結んでいる例が少ないのに対して、「武蔵野」を初めとする美妙の作品の方が、文末を「だ」で結んでいる例が多いように感じられる、ということもあるのではないかと考える。

一方、『明治文学全集』（『第二三巻　山田美妙・石橋忍月・高瀬文淵集』一九七一年）における「蝴蝶」の解題には、

美妙はこの作品には、「武蔵野」に用いた「である」體から代わって「です」體を用いた。（四〇一頁）

とある。

「蝴蝶」から「です」体を用いたという「です」体についての記述はそれで良いとして、「である」体についてはやはり、簡単にはやり過ごせないように感じる。

では次に、少しだけ「武蔵野」からの文を挙げてみる。頁・行は『夏木立』初版本によるものである。なお、本稿の検討においては、「日本近代文学館」刊行の初版本の複製本を使用している。（旧字体は新字体に改めた）。

・大層急足で西の方から歩行《あるい》て来るのはわづか二人の武者で、いずれも旅行の体だ。（九七頁七～八行）

・手甲ハ見馴れぬ手甲だが、実は濃菊《じょうぎく》が剝がれて居るのだ。（九八頁六～七行）

・若いの八年を取ッたのよりまだ軍《いくさ》にもなれないので血腥《ちなまぐさ》気が薄いやうだ。（一〇二頁一一行～一〇三頁二行）

先にも述べたが、文末の調子としてはこの「武蔵野」こそ「だ」体の作品というにふさわしいように感じる。一方、「である」という文末は、作品を通して見当たらない（「であった」という形はいくつか見られるが）のである。それであるのに「である」体というのはどうかと考える。

「である」体というものは、文末が基本的に「である」の形で結ばれものが、そう呼ばれるべきものだと考える。また、尾崎紅葉の「多情多恨」（明治二九年）という作品において、初めてまとまった形を見たもので、この尾崎の作品から夏目漱石「吾輩は猫である」（明治三八～三九年）に至る、現代口語体の成立・完成の流れの中のものとして捉えなければならないものでもあると考える。

さて、山田美妙の作品「武蔵野」についてまとめると、この作品は、言文一致の先駆的作品の一つであるが、美妙について通常言われる「です」体の作品ではなく、「だ」体の作品であり、その上で位置付けを考えるべき作品であるということになる。

5. 初版本と『明治文学全集』本文との校異

二節で見てきたように、『明治文学全集』における校訂は、巻によって微妙に性格が違うが、本章で取り上げる「山田美妙集」の場合には、『明治文学全集二三巻』の解題を見ると、校訂の方針は次のように記述されているのみである。

　本書の底本は『夏木立』に據ったが、總ルビを一部省略した。（三九九頁）

結局、どの程度底本に忠実であるかは、実際に検討してみないとわからないということになる。なお、「ルビ及び読み」の問題については、ここでも扱うのには問題がある。

ということで、「武蔵野」について実際に検討してみた結果だが、以下にこの作品の、「初版本」本文と『明治文学全集』本文との主な校異を示す。（表）

ここでは同一字の校異は、二度目の使用の場合以降は、表から省略している。

さて、表に挙げた一八箇所について見ていく。

まず、この中で一二箇所は漢字の字体の問題である。

このうちの六箇所、初版本での③「箭」、④「腰」、⑤「回」、⑨「柹」、⑮「毎」、⑯「兼」、の部分はいわゆる新字体と旧字体（または正字体）の字体の違いの問題である。④、⑤、⑮、⑯の四箇所は初版本でいわゆる新字体になっているものが、『明治文学全集』では旧字体になっているものである。

一方、③「箭」、⑨「柹」の二箇所は逆に初版本でいわゆる旧字体になっているものが、『明治文学全集』では新字体になっているものである。

⑪の場合、初版本の「亘」は俗字体であり、『明治文学全集』の「亙」の方が正字体である。

②の場合は初版本で「概」と旧字体を使っているが、『明治文学全集』では「槪」という異体字になっている。

①、⑥、⑩、⑫の四箇所は『明治文学全集』ではそれぞれ①「鹽」、⑥「粮」、⑩「狼」、⑫「實」、となっているものが、初版本では①「壚」、⑥「粮」、⑩「狼」、⑫「實」という異体字になっているものである。

このように、漢字の字体に関しては、全集という文献上の性格もあり、初版本の字体そのままというような訳にはいかないことも多いようである。

⑦と⑧の二箇所は「かぎかっこ」の問題である。

⑦の箇所は次のようなものである。

表

初版本	頁	明治文学全集	頁
①塩梅	九七頁一二行	鹽梅	四頁上五行
②大概	九八・一〇	大概	四・上一二
③簡單	九九・三	簡單	四・上一七
④腰	九九・四	腰	四・上一八
⑤見回す	一〇〇・六	見囘す	四・下一
⑥兵粮	一〇〇・六	兵粮	四・下一
⑦「是で	一〇二・八	「是で	四・下二四
⑧打取れと	一〇四・五	打取れ』と	五・上二六
⑨柹	一〇八・三	柿	六・上一二
⑩狼	一〇八・五	狼	六・上一三
⑪行亘ッて	一〇九・九	行亙ッて	六・上二七
⑫實よ	一一一・五	實よ	六・下一八
⑬習ふたのに	一一三・四	習ふたのよ	七・上一一
⑭鬱《ふさぎた》出す	一一六・三	鬱《ふさぎだ》出す	七・下一三
⑮毎度	一一六・一二	毎度	七・下二一
⑯持兼ねて	一一八・一	持兼ねて	八・上四
⑰殺《そ》いた	一二〇・一	殺《そ》いだ	八・上二五
⑱口を漱《そゝ》いて	一二二・一〇	口を漱《すゝ》いで	八・下二四

「嬉しいぞや。早う高氏づらの首を斬りかけて世を元弘の昔に復《かへ》したや」。

「それは言ハんでもの事。如何バかりぞ其時の嬉しさハ」。

「是でわかッたこの二人の新田方だと。　（一〇二頁）

会話文の後、他の文に切り替わる所で、思わず、不要な「かぎかっこ」を残してしまったもののようである。

⑧の箇所は次のようなものである。

「あの傍ぢゃ、己が、誰やらん逞しき、敵の大将の手に衝入ッて騎馬を三人打取ッたのハ。その大将め、はるか對方《むかふ》に栗毛の逸物に騎《の》ッて扣《ひか》へてあッたが、己の働を心にくゝ思ひつらう、『あの武士、打取れ』と金切聲立てゝをッた」。　（一〇四頁）

こちらは、必要な「二重かぎ」を落としてしまったもののようである。この⑦と⑧の二箇所は、誤りを正したのも当然であるということのようには思う。

⑭「出《た》す」と「出《だ》す」、⑰「殺《そ》いた」と「殺《そ》いだ」、⑱「漱いて」と「漱いで」の三箇所は、初版本で濁点が落ちているものを、『明治文学全集』で補っているもので、これも「明らかな誤植」を正したものととらえてもよいだろう。

一方、⑱の、「口を漱いて」だが、「口を漱《そそ》いて」と「そそ」とルビがあるのを、『明治文学全集』で「すすいで」と直したのには微妙な問題が残るようにも思われる。

「そそぐ」という語を『日本国語大辞典』で見ると、語義として次のように挙げられている。

①水をかけてよごれを洗い落とす。洗い清める。また、けがれた心や世の中などを清める。すすぐ。

②身にこうむった汚名や受けた恥を手柄や仕返しによって消し、名誉を回復する。すすぐ。

これに、「補注」として「すすぐ（濯）から派生したものか。」というコメントが付けられている。

ここで問題となるのは①の方である。用例として次の二例が挙げられている。

・三国伝記一四・三「泊瀬河玉の御垣清き流に心を洗（ソソク）大法師」

・邪宗門〈北原白秋〉天草御歌「われらまた祖先（みおや）らが血によりて洗礼（ソソ）がれし仮名文の御経にぞ」

「三国伝記」は十五世紀前半の説話集ということであり、中世の頃から「すすぐ」と同様の意で「そそぐ」が使われていた可能性は残る。

最も、例えば『日本大辞書』を見ても「そそぐ」の項に「口を漱ぐ」という説明などないから、この⑱の箇所の「口を漱《そそ》ぐ」はやはり「口を漱《すす》ぐ」の誤植の可能性が高いかもしれない。しかし、それでも初版本に「そそ」とルビがあるのをあえて「すす」に直してルビを付けたのには、資料的価値という点から見ると、ひっかかる点ではある。作品全体で総ルビをパラルビにしているのであるから、むしろルビは付けなかった方が良かったようにも思うが。

さて、残った⑬の箇所は次のようなものである。

和女《おこと》とて一亘《ひとわたり》ハ武藝をも習ふたのに、近くハ伊《い》賀局《がのつぼね》なんどを龜鑑《かゞみ》となされよ。　（一一三頁）

初版本で「習ふたのに」と「に」とある所を、『明治文学全集』では「習ふたのよ」と「よ」に変えている。解釈上、わかりにくい点も残るが、本文の資料的価値という見地からすると、この箇所を意図して改めたのであれば、この一点だけは大きな問題となるところである。ひょっとして「に」の字体（「尓」の草体仮名）を「よ」と見間違えたケアレスミスの可能性もなくはないかもしれないが、そうだとすれば、校訂に完璧を期すことの難しさを示すものということになろうか。

以上見てきた点のうち、⑬と⑱の二点については、引っ掛かる点が残る。しかし、全体としては、第一章〜第三章でこれまで見てきた第一六巻『坪内逍遙集』の場合の校訂等と比べてみても、この「武蔵野」という作品の分量が多くないことを考慮に入れても、校訂の問題点は少ないと言えるのではないかと考える。しかし、少ないとは言え、校訂の問題点はやはりあるのだから、資料として扱う場合は、やはり、初版本の参照は欠かせないということにはなる。

6．おわりに

近代語研究で資料を見る場合、全集本、選集本などで作品を見るのではなく、初版本を見るべきであることははっきりした。しかし、言語研究ではある程度、まとまった量のデータを処理しなければ結果を出せないことも多い。そのまとまった量のデータを集めようとする場合、またそのために作品をデータベース化しようとする場合など、一作品ごとに図書館などで初版本に当たり、丹念に作品を読むということでは処理できないことも出てくるだろう。そのような場合、例えばここに取り上げた『明治文学全集』を研究の補助資料として扱う場合、どの程度の注意深さで資料を見るか、研究者の態度が問われることも出てくるかと思われる。

第五章　明治期口語研究の新展開に向けて
――標準語と保科孝一、尾崎紅葉、そして「トル・ヨル」――

1．はじめに

本章において、述べたいことは、主に次の二点である。

1「言文一致体と現代口語体」が違うこと。

2「明治期における標準語とトル及びヨル」、またその認識。

「1」においては、「言文一致体」の作品でも、会話部分と地の部分では文体に差があり、口語研究としては分けて扱わねばならないこと、また、「会話」と「地」の部分を分けるということでは、「雅俗折衷体」の作品でも、「会話が口語」であれば言文一致のものと同じ扱いになる、ということを述べていく。

「2」に関しては、「標準語」を念頭に置いているが、標準語と共通語の違いについて考えを記しておくと、例えば現代の方言学では、「方言と共通語」などと言うような場合、「方言と標準語」とは言わない方が普通になっていると思われる。それは方言学では特に「話し言葉」としての面を中心に考えるからで、その場合「標準語」だと、ただの話し言葉という面だけではない面が入ってくるからであろう。

標準語と共通語を比べて言った場合、「共通語」は、話し言葉としての面や、全国に通じるという機能的な面を重視する言い方である。それに対して、「標準語」は規範としての面や、一種の書き言葉との意味合いも含まれるという面に注目した言い方ともなる。

なお、「標準語・共通語」とだと「江戸語・東京語」との関係も見ておかねばならない。また、東京語については、山の手言葉と下町言葉の違い、といった問題も押さえておかねばならない。しかし、本章では、こういった点については十分に述べることが出来なかった。今後の機会に考えをまとめ、発表したいと思っている。

なお『国語論究』第Ⅸ集は「現代の位相研究」をテーマとして編集されるということである。「位相」の研究ということは次のようなことだろうか。

　ことばは同じ話し手でも、相手や場面に応じて違った話し方をすることがある。たとえば、口語・文語・雅語・俗語・歌語などである。また、話し手が属する地域、性別・年齢・職業・身分などによって、ことばが異なることがある。すなわち、方言・男性語・女性語・児童語・老人語、それに、武士語・町人語・遊女語・泥棒語・学者語などがある。（佐藤喜代治編『国語学要説』一〇六頁、一九七三年、朝倉書店）

今回の論において、口語・文語、方言差などについては扱うが、標準語と共通語の問題、話し言葉と書き言葉の問題なども「位相」の問題に含めるとしておいてよいのかどうか、迷う点がある。そういった点を含め、今回の論稿は正面から「位相」の問題を扱ったものとはならなかったことをお断りしておく。

2. 保科孝一の業績について

明治時代の後半になってから特徴的に見られる「標準語推進」運動は、「上田万年」の存在を抜きにしては語れないものだろう。

その上田と言えば、明治二八年の講演「標準語に就きて」が第一に挙げられる。この講演において上田は「標準語」という概念を広く世に知らしめたのであった。

さて本章では、上田の弟子である、上田の仕事を言語政策と言語教育の面で全面的に引き継いだとされる保科孝一について取り上げるのであるが、保科については最近では、国語学上においてはあまり顧みられなくなっていたと思われる。

イ・ヨンスクの著書『「国語」という思想』（一九九六年、岩波書店）では、「忘れられた国語学者保科孝一」という章で「いまではほとんど忘れ去られた存在」と述べ、続いて次のような記述をしている。

もし、今なお保科孝一が記憶されているとするなら、戦後の「現代かなづかい」や「当用漢字表」に見られる「国語改革」をいちはやく提案し、制度的な面においても戦前からその実現に努力した者として、その仕事がふりかえられるにすぎない。（同、一六四頁）

その著作は理論性にとぼしく、学問的緻密さも、人の心に訴えかける精気にも欠け、文体も思想もじつに平凡きわまりない。（同、一七一～一七二頁）

確かに、保科の記述は、冗長かつ平板に見え、内容にも目立ったところはないかのように見える。しかし、その大部の叙述の中に、先見性のある、秀れた記述がいくつも見えるのである。

3．近代文学作品の校訂、漢字の字体などの問題について

研究においては、可能な限り初出本文に当たるべきであることは言うまでもないが、便宜上、全集本を使って研究を進めることもよくある。その全集本本文については、資料として十分に信頼がおけるものかどうか、これまで

あまり検討されてこなかった。

筆者は、坪内逍遙の「当世書生気質」「小説神髄」といった作品及び評論、山田美妙「武蔵野」といった作品において、初版本本文と全集本本文とによる違いなどについて検討を加えてきた。

本章において取り上げる、尾崎紅葉「多情多恨」（明治二九・一八九六年）では便宜上、博文館『紅葉全集』（初版明治三七年）本を用いたが、さらに検討を要するとは考えている。「金色夜叉」（明治三〇〜三五年）では、初版本の複製本である『名著複刻全集近代文学館』本を用いた。

校訂に際し、漢字の字体、例えば、「新字体と旧字体」等の扱いの問題についても難しい点がある。その他、校訂についての様々な問題も今後まだまだ考えていきたいと思っている。

なお、今回、引用の文における、漢字の字体は、一部旧字体のものを新字体に変えたものがある。

4．言文一致体と現代口語体の成立について

言文一致体について論じる際に、二葉亭四迷の「浮雲」などに見られる文末表現を「だ調（だ体）」、山田美妙「蝴蝶」などに見られる文末表現を「です調（です体）」などと呼び、語られることが多い。またこの、「だ調」、「です調」に、尾崎紅葉の作品「多情多恨」などに見られる文末表現を「である調（である体）」として論じられることも多い。

松村明『江戸語東京語の研究』（一九五七年、東京堂出版）には次のような記述が見られる。

言文一致体の文章には、いろいろの調のものが試みられたが、特に紅葉は『青葡萄』（明治二八年）『多情多恨』（同二九年）の二作において、「である」調の言文一致体の文章を完成し、以後の小説家らで「である」調

の言文一致を試みる者が多く出るようになった。

（同、九七〜九八頁）

また、同書には、次のような記述もある[1]。

> 保科孝一氏『国語学精義』（明治四三年）にも、「紅葉の金色夜叉多情多恨等において精錬修琢を加へた立派な東京語を見ることが出来る。」（同書、三〇一頁）とある。したがって、言文一致体の文章の普及につれて、これが東京語の共通語化を促進することになったのであり、またその反面に、それらの表現が逆に東京語を規定していく結果をも時に生ずることがあるようになった。こうして、言文一致体の文章すなわち口語文は、東京語の一つの規範と考えられるようになり、この方面から東京語がさらに洗練されることにもなった。
>
> （同、九九頁）

この記述では「多情多恨」に見られる文章については理解できても、「金色夜叉」に見られる文章については理解が難しいように思われる。

保科が言文一致体の（ただし地の文も「言（話し言葉）」であるものを「言文一致体とするならば正確には「言文一致体」ではないことになる）作品とされる「多情多恨」と並べて、雅俗折衷体の代表作といわれる「金色夜叉」を挙げていることの意味をよく考えなければならない。

また、言文一致体の確立によって、近代の日本語が形成された、と言い切ってしまっていいのか、という点についてもさらに検討が必要である。

この論点については、例えば、明治三四年の「国語調査委員会」の決議「文章ハ言文一致体ヲ採用スルコト、シ是ニ関スル調査ヲ為スコト」といったものの存在が、大きな影響を与えているのか、などと考えるのだがどうだろうか。

ここで、保科孝一の著書『国語学精義』（明治四三年、同文館）を見ると、言文一致體はたとひ言文の懸隔を取り去るのが、主要なる目的であるとしても、単に話す場合のものと、筆に書きあらはす場合のものとは、其間に多少の差異を許さなければ、文学の発達を期待することが出来ない。それゆゑ、言文は何處までも、唯談話する通りに書きあらはしたものといふのは、俗説である。（第四編「国語学の将来」第三章「国語に関する実際的研究」第二節「国語問題に関するもの」第三款「標準文體の改善」、四九〇頁）

というように書かれ、また次のようにも記述される。

「デアル」という形式は、散文か韻文にのみ用ゐられるもので、談話には決してあらはれないのである。談話の際には古語や漢語はあまり用ゐられないが散文や韻文においては、その文飾を加へ、文勢を附する必要上、古語も漢語も澤山用ゐられる。　（第四編第三章第二節第三款、四九〇頁）

「多情多恨」の場合は、文末が「である」体で書かれていることで、言文一致体の完成を見た作品と語られることが多い。

しかし、この「多情多恨」であるが、確かに文末は「である体」であるが、その地の文には、古語的なものもかなり見られる。例えば、次のものは、副詞の「いとど」が使われている例である（ルビは一部省略。原文は「漢数字」以外総ルビ。頁数は博文館『紅葉全集第五巻』のもの。以下同じ）。

・お寂しいとは御尤《ごもツとも》だ、と老《おい》の泪《なみだ》はいとど脆《もろ》かつたが、　（八頁）
・日暮に薄《せま》る空模様は雨の為にいとゞ晦《くら》くなつて、製造場の汽笛が曇つた聲で泣くやうに聞える　（一二頁）

「いとど」の例は他に五例、全部で七例ほど見られる。

地の文での別の語の例を見てみる。

・猶《なほ》其火は他《た》に向《むか》つて費《つひ》やさるる所が無かつたので、竟《つひ》には自己《おのれ》の心を焼れて、彼は如何《いか》ばかり苦《くるし》まされたであらう？　日《ひ》毎夜《ごとよ》毎《ごと》の彼の涙も此胸苦き燄《ほのほ》をば得鎮めぬのであつた。　（四五三頁）

「費やさるる」などと、古語的な活用形のものが見られる。また、「下に否定の表現を伴って不可能の意味を表す」「得《え》」なども古語的な表現と言えよう。この「得」という表現は、他にも何箇所かに見られる。「得持つまい」（二四三頁）、「得堪へぬ」（四八六頁）といった例である。

その他、次のような例もある。

・旅先は案じられるし、家内《うち》は寂《さび》し、、何方《どっち》を向いても心細い　（四三五頁）

形容詞の「シシ型語尾」は、「誤れる回帰」の例としてよく取り上げられるものだが、これが見られるということは、かなり文語体を意識しているものだと考えられるのである。

このように、「多情多恨」における地の文には、かなり文語的な要素も見られるのである。

尾崎紅葉の文章の場合、たとえ、言文一致体の文章とされるものであっても、地の文と会話文とでは口語研究の材料としての性格は違い、当然扱いも変える必要があると考えるべきであろう。

こうして見ると、先の松村の『江戸語東京語の研究』での記述では不十分な点があり、保科の見解が十分伝わっていないうらみもあると感じられるように思う。

さて、小森陽一の著作『日本語の近代』（二〇〇〇年、岩波書店）を見ると、「言文一致体」の研究を行う場合、「だ体」「です・ます体」などといって、文末表現を見るだけでいいのか、という問題提起をし、さらに次のように述べている。

> 「言文一致体」確立をめぐる基本的な歴史認識は、紅葉の『多情多恨』と二葉亭の『片恋』における「である体」の確立によって、完成した、というものである。けれども、「言文一致体」の文体的特質を、文末語に集約する議論が隠蔽してしまうのは、なぜ、当の紅葉が、『金色夜叉』において、いまいちど「文語調」に戻るのか、あるいは『帝国文学』や『太陽』の記者たちが、なぜ「言文一致体」を「野卑冗漫」だとして「雅俗折

衷体」に「軍記をあげた」のか、という事情とその理由である。

（同、一九二頁）

この小森の問いかけへの答えを考えるのに、やはり大きな問題の一つとなるのは、近代日本語研究において、「雅俗折衷体」の作品とされる「金色夜叉」をどう捉えるかということであるが、この点については次節でもう一度見ることとする。

次に、現代日本語口語体とは何か、もう少し考えることとするが、例えば、小池清治『日本語はいかにつくられたか』（一九八九年、筑摩書房）を見ると、現代日本語口語文体の確立に果たした夏目漱石の役割の大きさといった点を次のように述べている。

・夏目漱石は後世に残る秀れた文学を創造しただけではない。同時に現代日本語の創造という困難な事業を成し遂げようとしたのである。

勿論、日本語の現代化は夏目漱石一人の手によって成し遂げられたものではない。例えば、二葉亭四迷はこの分野での先駆者である。『浮雲』は、現代日本語の散文が目指す方向を指し示したものであった。しかし、『浮雲』は散文の覇者たりえなかった。この言文一致の名作が発表された明治二十年以後にも、雅文体の傑作『たけくらべ』（明治二八年）や『金色夜叉』（明治三〇年〜三五年）などの古い文体の作品が発表され続けたからである。しかるに、漱石の作品群が発表された後は、これらの古い文体は完全に姿を消す。人は理論で動くこともあるが、世を動かすのは理論ではなく実践、実例なのである。

（「近代文体の創造」、一四七頁）

・二葉亭四迷の言文一致は端的に言えば、「文」を「言」の側へ近づけることであった。これに対して夏目漱石のとった方法は「言」と「文」との双方を折衷して新しい口語散文のスタイルを作ることであった。

（同、一七二頁）

ここで書かれているように、漱石が現代口語体の確立に果たした役割の大きさは、強調してもし過ぎということはない、重要なポイントだと思われる。そして、その口語体は「話し言葉そのまま」ではない、ということに留意しなければならない。

繰り返しになるが、何よりも大事なことは、「現代口語体は話し言葉そのままではない」ということを忘れないようにすることだと思われる。

5. 尾崎紅葉の文章・用語などの研究課題について

前節で、松村の記述でも少し見たが、保科の『国語学精義』において次のような記述がある。

口語法を編述せんとするものは先づ東京の中流社会における言語とは、如何なるものであるかを、精細に研究することが必要である。従てその研究の方法としては、実際日常見聞するところに従て材料を蒐集するのは勿論であるが、其他然るべきものの講談筆記の如きも、有力なる材料であるし、現代小説家の作物も貴重な材料である。尾崎紅葉の『金色夜叉』『多情多恨』等においては、精煉修琢を加へた立派な東京語を見ることが出来る。

（第四編第二章「国語に関する科学的研究」第三節「口語の研究」、三〇〇～三〇一頁）

明治三十年代における日本語の話し言葉として尾崎紅葉の作品における会話文を捉えるのは意味のあるところであろう。先の松村の記述を、紅葉作品の会話文に見られるような東京語が、地方にも大きな影響を与えていったとの指摘だと読むと、それはその通りと認められる、妥当な記述ということになろう。

一方、保科の記述において留意しなければならない点は、口語文の研究においては、雅俗折衷体の作品であろうが、言文一致体の作品であろうが、地の文と会話文に分けて考えた上で、特に会話文に注目しなければならないことを述べていることだと思われる。

その上で、尾崎紅葉の作品における会話文と、その表現を再検討しなければならないであろう。

「金色夜叉」での会話文を、次にいくつか例として抜き出してみる。（『日本近代文学館』本の頁数による。ルビは一部省略）。

・「まあ、那《あ》の指環《ゆびわ》は！　一寸《ちよいと》、金剛石《ダイアモンド》？」
「然《さ》うよ。」

「大きいのねえ。」

「三百圓だつて。」（前編、一六頁）
・「まあ！　好《い》いのねえ。」（以下同じ、一六頁）
・「あら、貴女《あなた》如何《どう》したのよ。」（一七頁）
・「可《よ》くつてよ、可《よ》くつてよ、以来《これから》もう可《よ》くつてよ。」（一七頁）
・「金剛石《ダイアモンド》！」
「うむ、金剛石《ダイアモンド》だ。」

「金剛石《ダイアモンド》？」

「成程《なるほど》金剛石《ダイアモンド》！」

「まあ、金剛石《ダイアモンド》よ。」

「那《あれ》が金剛石《ダイアモンド》？」

「見給へ、金剛石《ダイアモンド》。」

「あら、まあ金剛石《ダイアモンド》？」

「可感《すばらし》い金剛石《ダイアモンド》。」

「可恐《おそろし》い光《ひか》るのね、金剛石《ダイアモンド》。」（一八〜一九頁）

「三百圓の金剛石《ダイアモンド》。」（二三頁）

・「どう遊ばしました。お、、お手から血が出て居《を》ります。」

・「あ、、酷い目に遭《あ》つた。どうも那様《あゝ》乱暴ぢや為様《しやう》が無い。火事装束で、も出掛けなくつちや迚《とて》も立切れないよ。馬鹿にしてゐる　頭を二つばかり撲《ぶた》れた。」（二四頁）

「雅俗折衷文体」という文体のイメージは「古めかしい」というものではないだろうか。しかし、右のような会話に見られる通り、「金色夜叉」での会話文は、大変新しい感覚のものなのである。このような会話体が、標準語の普及に大きな影響を及ぼしたということなのである。

さて、紅葉の文体についての、既に見てきたような「多情多恨」などに見られる言文一致体と「金色夜叉」などに見られる雅俗折衷文体は違うもの、という捉え方は研究上絶対のものとなる考え方なのだろうか。

木坂基「雅俗折衷文体の語彙」（『講座日本語の語彙　近代の語彙』所収、一九八二年、明治書院）では、「金色夜叉」とともに「風流仏」「たけくらべ」が取り上げられている。しかし、「会話も文語を主体とする」（木坂論文一八一頁）「風流仏」を「会話は口語を主体とする」他の二作品と比較するに当たって、「たけくらべ」「金色夜叉」では、地の部分のみを扱うという方法を取っている。

しかし、今後の研究の方向としては、会話部分が口語体のものは、その会話部分のみを、地の部分と分けて、口語資料として扱っていくという方法も有効なのではないだろうか。

例えば、「たけくらべ」にみる会話部分である。

次に「たけくらべ」の文章を少し挙げてみる。（『眞筆版』による。『名著複刻全集近代文学館』本を使用。頁数はその本による。ルビは一部省略）。

己《お》れの為《す》る事は乱暴だと人がいふ、乱暴かも知れないが口惜《くや》しいことは口惜しいや、なあ聞いとくれ信《のぶ》さん、去年も己が所の末弟《すゑ》の奴と正太郎組の短小《ちび》野郎と万燈《まんどう》のたゝき合ひから始まつて、夫れといふと奴の中間《なかま》がばらばらと飛出しやあがつて、どうだらう小さな者の万燈を打《ぶち》こわしちまつて、胴揚《どうあげ》にしやがつて、見やがれ横町のざまをと一人がいふと、間抜に背のたかい大人のやうな面をして居《ゐ》る団子やの頓馬が、頭《かしら》もあるものか尻尾《しつぽ》だ尻尾だ、豚の尻尾だなんて悪口《あくこう》を言つたとさ、　（一三〜一四頁）

このように、「たけくらべ」の場合、口語研究において、たとえば「浮雲」などと同質の口語資料として扱い、研究すべきだと思われる。

その他の研究の課題としては、例えば、紅葉作品の和語の漢字表記語、その独特な表記についてなども、検討が必要となるものだと考える。例えば、次のような、

「可感《すばらし》い」、「可恐《おそろし》い」

といった、形容詞における「可」の字を用いた表記などが目を引くものであるが、こういった問題も注目すべき課題として残されていると考える。

なお、「えらい」という語について「偉い」と「偉」の字を当てる表記も紅葉の表現の一つとして捉えるべきであろう。この表記は、「多情多恨」において見られるもの（三七四頁）が早いものであり、紅葉の感覚の新しさが窺えるものの一つだと考えている。

6. 「多情多恨」の会話文と「〜トル」

明治期の口語研究の材料としての「多情多恨」の重要性は、いまさら強調する必要もないほどに認識されている

とは思われる。しかし、先に見たように、口語資料としては、会話文と地の文に分けて検討することも必要なものである。

この節では特に会話文について検討していくこととする。

この「多情多恨」についてだが、『近代文学研究叢書第七巻（昭和女子大学近代文学研究室）』（一九五七年）の「尾崎紅葉」の部（指導・人見圓吉、執筆山口豊子他）には次のようにある。

主人公柳之助と友人葉山の性格は対照的に描き分けられ、お種、お島、その母親、老婢等の女性の性格描写にも秀れ、髪形や服装も彼独自の克明さで描かれている。全篇を通じて会話はあか抜けして功妙である。

（五九～六〇頁、一九五七年）

さて、実際の会話例を見てみると、次のような例もある。

・何も好き好むで那麼《あんな》小父さん見たやうな所へ……　（三七七頁）

この「～みたような」は、その後変化して、現代の共通語で一般に用いられる「～みたいに」になったとされるものであるが、いかにも当時の口語らしさを伝えるもののように思う。

さて、「多情多恨」の主人公「鷲見柳之助」についてだが、作中、特に生い立ちなどについての描写はないが、東京者と考えておいてよい人物だと思われる。

次のような話しぶりを見ていただきたい。

・餘《あま》り懐《なつか》しかつたから、僕は引還《ひつかへ》して其尾《そのあと》に追いて行つたさ。浅草の方へ行くのだらう、停車場《ステエシヨン》の側《わき》を通つて、鉄道馬車の線路の通りを何處までも眞直に行つたよ。あ、気の毒な、あの人も今に死ぬだらう。彼《あの》荷物は何日《いつ》までも遺《のこ》つて、其主は直に在《ゐ》なくなつて了《しま》ふのだ。考へて見ると、人の命と云ふものは、実に儚《はかな》い。昨日まで話をして、笑つたり、慍《おこ》つたりしてゐたものが、今日は忽《たちま》ち在《ゐ》なくなる。儚いね、吁《あゝ》、儚い！　（七四頁）

しかし、「〜オル」や「〜トル」という言葉が多くみられる話ぶりは目を引く。このような表現に触れると、「西日本的な話ぶり」との印象を受けるものだが、ここでは「西日本方言」と位置付けることはできない、と判断するものである。

謙譲語としての「オル」は近代の東京語であり、また標準語として認めていいものであろう。

次に挙げる例は、主人公の友人葉山の妻、お種の発話に見られるものである。

・もう始終冗談ばかり言つて居《を》つて困ります。（二八七頁）
・今日の昼間は珍しく元気でゐらしつたから、結構だと思つて居《を》りましたのに、（四一五頁）
・拙夫《うちの》も実は其事を御心配申して居《を》るのでございます。（四四七頁）

しかし、柳之助の発話における「オル」の場合、謙譲語と一言では片付けられないものがある。次に例を挙げる。

・実際僕は生きとる楽が無いのだ。生きて居《を》らうとは思はんよ。（二四頁）
・それだから、僕は此頃は内に居《を》るのが否だよ。内が否になつて了つた。（七九頁）
・今まで類さんと暮して居《を》つたやうに面白さうに一所に居《を》つたら、類さんの心地《こころもち》は甚麼《どんな》だらう！（二五三頁）

また、次のような例は明らかに謙譲語ではないものである。

・少しも僕を可哀《あはれ》だと思つてくれんのだ。君は平気でをるのだ。（三五頁）
・葉山君は善《い》いです、貴方が居《を》つて。貴方も善いです、葉山君が居《を》るから。（四一四頁）

一方、「多情多恨」においては、「オル」の使用以上に、「〜トル」の使用が目立つ。その使用例は「柳之助」の例のみではあるが、用例数は全部で一一八例にも及ぶ。

主人公柳之助の談話においては次のように「テイル」形も見られなくはない。

・僕の考へてゐる所は或は僻《へき》してをるだらう、君の社会的の目から見たら宛然《まるで》子供だらう。（三七頁）

しかし、数としては「トル」の用法が大変目立つものである。

この「〜トル」の意味・用法について、「進行態」の用法と「結果態」の用法、この二つがある、というように説明されることがある。西日本方言で「トル・ヨル」二形が使われる方言のような場合、「トル」に「結果態」の用法という視点を設定して考えることも有効かとは思われる。

しかし、「トル」の意味・用法については、例えば、次の丹羽一彌の記述のようなまとめ方の方がより適切なように思われる。

　トルの意義は、動詞の語彙的意味の実現している「状態の継続」ということになる。

（「トル・ヨル考」、『東海学園国語国文』11、一九七七年三月）

なお、『日本国語大辞典』にも、次のように記述されている。

　とる《連語》その状態にあるという意を添える。ている。

「トル」の意味・用法については、「進行態」というよりは、「動作が現在その状態にある」という、「状態の継続」の意味・用法と表現する方がより適切であろうし、「結果態」と言うよりは、「動作が既に終わった状態」という「状態の継続」の意味・用法と表現する方がより適切であろう。どちらも現代共通語の「テイル」に相当するものとして良いものだと思われる。

「多情多恨」に見られる「トル」について見てみると、「結果状態の継続」の意味・用法のものと見られるものは少なく、「動作状態の継続」の意味・用法と見られるものが多い。

次に例をいくつか示す。

①實に、君、夢だね、赤土の土饅頭《どまんぢゆう》に一本の墓標が立つとるばかりで、雨が寂しく降つとるのだ。（三二一頁）

②垣の隅を見ると、此花が唯一朶《たツたひとつ》咲いとるのだね、君、其木に唯一朶《たツたひとつ》なのだよ。（三二二頁）

③君、此花だよ、あゝ、君の方を向いとるよ。（三五頁）

④「可《い》かんとも、もう然《さ》う極《きま》つとるのだもの。」
「誰が極《き》めたのだ！」と澄した顔を柳之助は打目《うち》戍《まも》つて、
「そりや窮《こま》る、僕は窮る。」（三一〇頁、四〜六行）

⑤思切ることは十分に思切《おもひき》つとるです。（四一四頁、二行）

④や⑤の例が、しいて「結果状態の継続」のものと言えば言えるか、といったような例ということになる。しかし、ことさら「結果状態」と断る必要は特に認められないとも思われる。

柳之助の用法は、アスペクト体系として言われるところの「テイル一形」に対するところの「トル一形」アスペクトの用法、とまとめられるかもしれない。

保科の『国語学精義』には、次のような記述もある。

関西地方では進行現在の形式として、食ヒ居ル、見居ル（実際の発音においては食イヨル、見ヨル）といふのを、食ツトル、見トルといふ、現在の形式から区別して用ゐて居るところが多いが、関東地方には、この区別が殆ど存在しない。例へば、猫ガ死ニヨル、火ガ消エヨルと、猫ガ死ンドル、火ガ消エトルの区別は、関西地方には存在するが、関東地方にはないのである。（第四編第二章第三節、二八八頁）

明治期において、このトルとヨルの違いについての記述が見られることだけでも、注目すべきことだと私には思われる。なお、この書で保科は「西国方言」の意で「関西方言」と使っており、「関西地方」とは「西日本地方」の意味であって、現在の「関西＝近畿」の意味とは少し違うということを注記しておく。

さて、特にここで問題として指摘したいことは、保科が「標準語」を考える時に、「トル」の用法の存在があった、ということである。

保科の明治四四年の著書である『日本口語法』（同文館）には、次のような記述が見られる。

テイル、デイル、テオル、デオルわ、実際発音する際に、食ツテル、死ンデル、枯レトル、遊ンドル、という様に、融合することがある。　（三〇四頁）

この記述のあとに、次のような記述が見られる。

僕ワ、花ワ、コレワ、ソレワ、酒ワ等の形式が、実際の発音において、ボクア、ハナー、コリヤ、ソリヤ、サケーという様に融合することがある。然しこれわ鄙俗の語であるから標準語としてわ取ることが出来ない。食ツテシマツタ、取ツテシマツタ、行ツテシマツタ等の形式が、実際の発音において、クツチヤツタ、トツチヤツタ、イツチヤツタという様に融合することがある。これも鄙俗の語であるから取ることが出来ない。（略）固より中にわ標準的のものと認められないものがある。例えば、ボクア、ハナー、サケー、クツチヤツタ、行ツチヤツタと云う様なものわ、標準語としてわ捨てなければならん。けれども、その他のものわ、すでに標準的のものになつて居るから、之を捨てることが出来ないのである。　（同、三〇五～三〇六頁）

ここでわかることは、「～テル」と同様に「～トル」も「すでに標準的のもの」になっていて、「捨てることが出来ない」、つまり、標準語として扱わねばならないものとする、としているということである。

さて、近世の江戸の資料においても「トル」は用例として見られるものである。次のものは「浮世風呂」の例である。

・ばんとう「わたしも、きのふのけんかは對人《あひて》を知居《しつと》りますが、作さんが話出したから據《よんどころ》なく、まじめて受居《うけて》ました　（『日本古典文学大系』二四九頁）

この「番頭」は越後の者である。江戸語として「～トル」が認められていたかどうかは微妙だが、少なくとも、江戸時代、「～トル」が西日本方言とは限らなかったということだけはわかるだろう。

ただし、「〜トル」は、大正時代以降も広く東京語において使われていたとは、やはり言えないようである。

次に挙げるのは有島武郎「或る女」（明治四四〜大正八年）に見られる例である。

事務長の倉地という登場人物のもので、この人物は「何所とも判らぬ一種の調子」、とされる。

・「私が事務長をしとります。御用があつたら何んでもどうか」（『名著複刻全集近代文学館』本、一〇七頁）

・「ボーイに掃除するやうに云ひつけておきましたんです。ど、綺麗になつとるか知らん」（同、一〇七頁）

「トル」についてまとめるとすると、「大正期以降、東日本では勢力的には〈〜テル〉に押され、衰退の方向に進んだ。あるいは、使用はされつつも、ある種の軽卑語のように扱われるようになった。」というような記述になるだろうか。ただし西日本についても、衰退が見られる地域もあり、簡単にはまとめきれない所も残る。

なお、「〜オル」「〜トル」については、話者の社会階層の問題などや、軽卑語的な面を持つ場合、それをどう考えるかといった問題などもあり、さらに検討が必要かと考えている。

7.「〜ヨル」をめぐって

完了態および進行態を表す表現として、「〜トル」とならべて「〜ヨル」について、方言アスペクトの問題として、近年取り上げられることが多い。

さて、『日本国語大辞典』で「ヨル」についての記述を見ると、

動詞の連用形に付いて、動作主を軽く卑しめる意を表し、また、その動作が進行中であることを表す。

とある。

このうち、「ヨル」は、『日本国語大辞典』の用例でみても、「近松」や「浪花聞書」、あるいは「上司小剣」など、

上方・関西の例に限られる。

・去ながら先済みよつたが、一部始終を聞てたも（曾根崎心中）

・しよる　しをる也。来をるをきよるといふ（浪花聞書）

・作らんちう訳にもいかんわいな、小前のもんが弱りよるよつて（上司小剣、太政官）

この「ヨル」については、保科の『国語学精義』には、次のような記述もなされている。

現在の東京語には、進行現在と現在との区別がないが、関西方言には、この区別が厳然として存在するので、此習慣は将来の標準語に採用する必要がないか伺うか、やはり問題であろう。例へば関西地方では、猫ガ死ニヨルシ、猫ガ死ンドル、火ガ消エヨルと、火ガ消エトルの区別が厳然として存在するけれども、東京語には猫ガ死ニヨル、火ガ消エヨルに相当する言ひあらはし方がない。猫ガ死ニカケテ居ル、火ガ消エカケテ居ルと云ふ言ひあらはし方があるけれども、固より同一に見ることが出来ない。それゆえ、この進行現在の形式は、将来の標準語に採用する必要がないか伺うか、研究を要する問題である。

（第四編第三章第二節第二款「標準語の制定」、四七八頁）

この「～ヨル」に関する記述などは、標準語の制定、その性格付けなどを考える上で、一つの興味深い問題を提起することにもなるのではないか、と思われるものである。(2)

なお、丹羽一彌は「ヨル」について、次のようにまとめている。

ヨル自体は、動作が始まり、或いはまさに始まろうとし、現実の動作が連続的に完了に向かって進行している様子、動詞の語彙的意味の「動作の進行」を表現している。

（「トル・ヨル考」）

この記述は、岐阜県土岐市方言の場合に基づくものであるが、西日本方言に広く見られるヨルと連続的につながるものとして考えるべきであろう。

さて、「ヨル」についてまとめるとすると、「西日本（東海地方の愛知岐阜を含む）のうち、近畿東海では意味・用法の一部に衰退が見られ、それは軽卑語化とされる。また、使用自体に衰退が見られる地域もある。」というような記述となる。しかし、そのようなまとめ方でいいのかどうか、さらに検討が必要だと考えている。

8. おわりに

本章では、研究の一つの出発点、方向を示すに留まった。たくさん残った課題に少しずつでも考えをまとめて行きたいと考える。

保科の研究の評価自体、まだまだ自分の中で定められない部分も残っている状態であり、少しずつでもまとめていきたい。

トル・ヨルをめぐっては、まだまだ方言アスペクトとしての面等を含めて勉強しなければならないと思っている。例えば、工藤真由美『アスペクト・テンス体系とテクスト』（一九九五年、ひつじ書房）での「愛媛県宇和島方言のアスペクト体系」における、次のような記述に関する点である。(3)

シトル形式は、標準語のシテイル形式では、明示的に表現しにくい「猫が障子を破っとる」のような〈客体の結果継続性〉や、「歩いとる、たたいとる」のような〈形跡の残存性〉の意味を、特別な条件なしにごく普通に表すこと。

（同、二六五頁）

このようなトルの意味についても、さらに検討したい。

その他、沖裕子「生き残る気づかれにくい方言」（『言語』二〇〇一年一月号）という論考で挙げられている「気づかない方言」としての面も、今後さらに検討していくつもりである。

なお私自身の課題、問題点も多く残っている。少しずつ前に進みたいと考えているところである。

注

（1）保科の記述の引用部分において、若干の相違がある。「精錬」は原文では「精煉」となっていることなど。
（2）保科の『日本口語法』では、「将来の標準語に採用する必要がないか伺うか、研究を要する」というような記述は見られない。
（3）工藤については挙げるべき文献がたくさんあるが、ここではこの著書以外には「西日本諸方言のアスペクト体系の記述をめぐって」（『日本語研究』18、一九九八年、東京都立大学国語学研究室）を挙げるだけにとどめ、他の文献を挙げることは省略する。

参考文献・参考にしたもののうち、一部のみを挙げる。

井上文子『日本語方言アスペクトの動態――存在型表現形式に焦点をあてて――』（一九九八年、秋山書店）
岡　保生『明治文壇の雄尾崎紅葉』（一九八四年、新典社）
長志珠絵『近代日本と国語ナショナリズム』（一九九八年、吉川弘文館）
柄谷行人『日本近代文学の起源』（一九八〇年、講談社）
木谷喜美枝『尾崎紅葉の研究』（一九九五年、双文社出版）
金水　敏「文法化と意味――〈～おる（よる）〉論のために――」（『国文学　解釈と教材の研究』二〇〇一月二月号）
小松寿雄「『一読三歎当世書生気質』の江戸語的特色」（『埼玉大学紀要（教養学部）』九巻、一九七四年三月）
迫野虔徳「日本語の方言差と〈テイル〉」（『言語学林』所収、一九九六年、三省堂）
田中章夫『東京語――その成立と展開――』（一九八三年、明治書院）
田中章夫『日本語の位相と位相差』（一九九九年、明治書院）
玉村文郎「尾崎紅葉・幸田露伴の漢字――『多情多恨』と『五重塔』――」（『漢字講座9　近代文学と漢字』所収、一九

八八年、明治書院）
飛田良文『東京語成立史の研究』（一九九二年、東京堂出版）
安田敏朗『〈国語〉と〈方言〉のあいだ』（一九九九年、人文書院）

第六章　尾崎紅葉における形容語での「可」の用字について

一、「金色夜叉」「多情多恨」の場合

1. はじめに

東京人である尾崎紅葉の、近代日本語での研究上における重要性はここで改めていうまでもないであろう。この尾崎紅葉の形容詞・形容動詞での漢字表記には、独創性のあるものがある。例えば、「ゑらい」という語に「偉」の字を当てた表記については前の章でも取り上げたが、紅葉の作品に見られるものが早いものである。

本章では特に、漢字「可」を用いた形容詞、形容動詞の語の表記にポイントを絞って考えて見たい。例えば、「すばらしい」を「可感い」、「おそろしい」を「可恐い」などといった類の表記のものである。

まず先に「金色夜叉」（明治三〇～三五・一八九七～一九〇二年）に見られるものを検討し、続けて「多情多恨」（明治二九年）に見られるものの検討を加えていく。

尾崎紅葉の代表作といえば、通俗的などという意見はあるだろうが、まず「金色夜叉」を挙げるべきものと考え

る。紅葉の用字法の集大成が見られる作品でもある。ただ、言文一致の文脈では「多情多恨」が評価されるものであるし、この作品において紅葉の用字法の典型が見られるとも考えてよいではあろう。

一方、東京語の研究資料としては両作品が重要なものとして挙げられるべきだということについては、前の章でも述べたことでもあり、ここでは繰り返さない。

2. 全集本と初版本との校訂の違いなどについて

「金色夜叉」においては、明治三一年から三六年にかけて春陽堂から刊行された単行本の複製である、日本近代文学館の複製本本文を使用した。

「多情多恨」においては、日本近代文学館所蔵の、明治三〇年に春陽堂から刊行された単行本の本文を使用した。

「金色夜叉」は『明治文学全集　第一八巻』に収められているが、その本文（福田清人校訂）には数は少ないもののやはり問題が残る。今回問題にした「可」を用いた形容語では、初版（複製）本とは次のような違いが見られた。

表1

初版（複製）本	明治文学全集
①可厭《いや》らしい（後編一〇〇頁）	可厭《いやらし》い（二二八頁）
②不好《いや》な（続々編六三頁）	不可《いや》な（三〇四頁）

「多情多恨」においては博文館『紅葉全集第五巻』（初版明治三七年）に収められている本文を参照したが、明治三〇年の初刊本とは、やはりいくらかの違いがある。今回問題にした「可」を用いた形容語に関しては、次のよう

なものが問題となる。

表2

初刊本		紅葉全集	
①可恨《うらめし》さう	（一三頁）	恨《うら》めしさう	（一四頁）
②可怨《うらめ》しさう	（二一頁）	怨《うら》めしさう	（二三頁）
③可睦《むつまじ》く	（七〇頁）	睦《むつま》しく	（七四頁）
④可疎《うとまし》さう	（九七頁）	疎《うとま》しさう	（一〇四頁）
⑤何故《なぜ》に	（三五六頁）	可故《なぜ》に	（三八六頁）

このほか例えば、次のような校異も見られた。

表3

初刊本		紅葉全集	
⑥残刻	（二四頁）	残酷	（二六頁）
⑦富んどる	（三五頁）	富むどる	（三七頁）

初刊本では⑥の「残刻」、全集本では⑤の「可故」などというように、初刊本・全集本共に「誤り」と思えるものがあるわけだが、日本語の研究においてはやはり、可能な限り初版本（初刊本）に当たるべきものであろうと思われる。

3.「金色夜叉」における形容語での「可」の用字

さて、今回問題とする形容詞・形容動詞における「可」を用いた表記であるが、まず、「金色夜叉」において使われていたものを**表4表5**に示す。

カッコ内に示したものは、使用された例が見られるもののうち、最初のありかを示すページである。日本近代文学館の複製本本文におけるページ数で、（中八二）とは「中編の八二頁」のことである。

「可愛（かはいい・かはゆい）（後二〇・前一五七）」としている場合、「かはいい」と読ませる例が「後編の二〇頁」に、「かはゆい」と読ませる例が「前編の一五七頁」に現れることを示す。

「可（よい・いい、ええ）」では「よい」の例が「前編一七頁」「いい」の例が「前編一一頁」、「ええ」の例が「後編二一頁」に現れることを示す。

計三九種もの用字例が見られる。なお、「可憎」は「にツくき」の形でのもののみ見られる。「可笑」では「をかしな（可笑な）」（後編七三頁）という用法の例も見られる。

ここまでの例のうち、「可愛い」のほか、「可い（よい・いい）」、「可笑しい」という用字などは、他の作家でも見られるものであり、現在でも用いられるものであろう。

形容動詞では、「可哀（かあい）さう」も、一般的に見られるものだと思われる。

「可憐」を「かれん」とは読ませず、「いとしい」あるいは「しをらしい」と読ませる場合だが、これもそれほど珍しいほど用法とは思われない。

表4　「金色夜叉」での「可」使用の形容詞

ア行
可傷（いたはしい）　（中八二）
可痛（いたはしい）　（続八）
可傷（いたましい）　（続一一）
可憐（いとしい）　（前八六）
可伶（いとしい）　（続一三四）
可忌（いまはしい）　（前五六）
可訝（いぶかしい）　（続一四〇）
可疑（うたがはしい）　（続一一四）
可疎（うとましい）　（中五三）
可忌（うとましい）　（後七九）
可恨（うらめしい）　（前一六六）
可羨（うらやましい）　（前五三）
可愁（うれはしい）　（後一六三）
可恐（おそろしい・おツそろしい）（前一九・続々一一四）
可懼（おそろしい）　（前一三六）
カ行
可輝（かがやかしい）　（後九八）
可悲（かなしい）　（前一三六）
可愛（かはいい・かはゆい）（後二〇・前一五七）
可好（このましい）　（中一三七）
サ行
可憐（しをらしい）　（続一二〇）
可感（すばらしい）　（前一九）
空可恐（そらおそろしい）（後二）
タ行
可頼（たのもしい）　（前九八）
可慎（つつましい）　（中二六）
ナ行
可懐（なつかしい）　（前八三）
可悩（なやましい）　（前一四七）
可艱（なやましい）　（後七五）
可憎（にくい〈にツくき〉）（続一一八）
ハ行
可羞（はぢがましい）　（前六八）
可羞（はづかしい）　（前四三）
可愧（はづかしい）　（前九八）
可耻（はづかしい）　（中四一）
可恥（はづかしい）　（中一一七）
可慚（はづかしい）　（後九）
マ行
可難（むつかしい）　（後一二二）
物可恐（ものおそろしい）（後一四三）
ヤ行
可（よい・いい、ええ）（前一七・前一一、後二一）
ワ行
可煩（わづらはしい）（中四一）
可笑（をかしい）　（前三六）

表5　「金色夜叉」での「可」使用の形容動詞

可能	（あはれ）	（後三）
可憐	（あはれ）	（続一一一）
可哀	（あはれなる）	（続一三七）
可厭	（いやな）	（前一三）
可哀	（かあいさう）	（前一五六）
可楽	（たのしみな）	（前六五）

しかし、「可恐（おそろしい）い」など、現在では「可」のない表記形が普通であるものが圧倒的に多い。このような表記形のものが、特に紅葉の特徴であるといえるものではないか。

さて、この「可」を用いた形容語の表記は近代中国語の表記への近接だという。『大漢和辞典』を見ると、「可憐」「可笑」などといったもののほかに、「可疑」「可恨」「可憎」「可楽」といったものが立項されており、それぞれ「疑わしい」「うらめしい」「憎い」「たのしむべし」というような説明がなされている。他に、「可惱」というものも立項されているが、これについては「腹立たしい」と説明されており、「悩ましい」といったような意味とは少し違うようである。

その他、「可憐」も『大漢和』に立項されてはいる。ただし、記述は「明、戴瑾の字」とあるのみで、この、人名としてのもの以外、用法として認められるものがあったとは窺えないものである。

紅葉の、この「可」に関する用字例で『大漢和』に見られるものは、割合としては案外少なく、「近代中国語への接近」ということだけで片付けていいものかどうか、さらに検討が必要なものだと思われる。

4.「多情多恨」における形容語での「可」の用字

それでは次に、「多情多恨」におけるものを表で示す。**表6**には「形容詞」の場合、**表7**には「形容動詞」の場合のものである。

示した頁数は、最初に用例の見られた箇所のもので、明治三〇年の初刊単行本でのものである。

「可愛（かはいい・かはゆい）」（三六頁・一頁）」としている場合、「かはいい」と読ませるものが「三六頁」に、「かはゆい」の例が「一頁」に見られたことを示す。

用字例は計二四種である。

以上のうち、「不可」の字で「だめ」と読ませるほかに「わるい」と読ませるものは、当て字として他にもあるものかもしれないと思われる。

一方、「可也」は『大漢和』に立項されているものであるが、「かなりな」という語に当て字として用いるのは、かなり珍しい用法のようにも思われる。

その他、「可《ゆる》された」（二四九頁）などという動詞の場合の表記も一例見られ、さらには「可止さ《よしッこ》」（七二頁）などという表記も一例見られるが、これらは紅葉の用字法の中でもかなり珍しいものだと思われる。試行錯誤するうちに現れた例かとも思われるものである。

最後に、次の**表8**に「金色夜叉」と「多情多恨」で共通して見られる「可」を使った用字を示す。

〈形容詞〉は計一五種、〈形容動詞〉は計四種の用字が見られるわけである。なお、「はづかしい」という語の場合には、それぞれに「可」を用いた表記がみられるのであるが、両作品に共通するものは見られないものである。

表6　「多情多恨」での「可」使用の形容詞

ア行
可憐（いとしい）（二二九頁）
可忌（いまはしい）（四四五頁）
可疑（うたがはしい）（四五三頁）
可疎（うとましい）（九七頁）
可恨（うらめしい）（一三頁）
可怨（うらめしい）（二一頁）
可羨（うらやましい）（二四八頁）
可重（えらい）（二七八頁）
可恐（おそろしい）（一八八頁）

カ行
可愛（かはいい・かはゆい）（三六頁・一頁）
可恐（こはい、こはらしい）（一一頁、二二三頁）

サ行
可憐（しをらしい）（九頁）
空可恐（そらおそろしい）（四五一頁）

タ行
可頼（たのもしい）（二四八頁）

ナ行
可慨（なげかはしい）（五三頁）
可懐（なつかしい）（一五五頁）
可悩（なやましい）（四八五頁）

ハ行
可慙（はづかしい）（三八一頁）

マ行
可睦（むつまじい）（七〇頁）
可悶（もどかしい）（三〇八頁）

ヤ行
可（よい・いい）（二九頁・五頁）
可喜（よろこばしい）（四〇八頁）

ワ行
不可（わるい）（一一六頁）
可笑（をかしい）（四五頁）

表7　「多情多恨」での「可」使用の形容動詞

可哀（あはれ）　（三四頁）
可憐（あはれ）　（二四九頁）
可厭（いやな）　（一六頁）
可恐可驚（おつかなびつくり）（二五四頁）
可哀（かあいさう）　（三三頁）
可也（かなりな）　（三四八頁）
不可（だめだ）　（二〇五頁）

表8　両作品に共通する、形容詞・形容動詞での「可」を使った用字

〈形容詞〉
可憐（いとしい）
可忌（いまはしい）
可疑（うたがはしい）
可疎（うとましい）
可恨（うらめしい）
可羨（うらやましい）
可恐（おそろしい）
可愛（かはいい・かはゆい）
可憐（しをらしい）
空可恐（そらおそろしい）
可頼（たのもしい）
可懐（なつかしい）
可悩（なやましい）
可（よい・いい）
可笑（をかしい）

〈形容動詞〉
可哀（あはれ）
可憐（あはれ）
可厭（いや）
可哀（かあいさう）

二、初期作品を中心に

1. 博文館版『紅葉全集』と岩波書店版『紅葉全集』等との校訂の違いについて

最初に、全集等に収められている本文の校異を挙げておく。

Ⅰ「わかれ蚊帳」の場合

初出は『江戸紫』第一号及び七号である。「博文館」版、「岩波」版共に第一巻にこの作品を収めている。「可」を用いた形容語に関するものでは、次のような校異が見られる。

表9

初出	博文館版	岩波版
◎恐《おそ》ろしき（第一号九五頁）	可恐《おそろ》しき（第一巻五六〇頁）	恐《おそ》ろしき（第一巻二八九頁）

Ⅱ「二人女房」（明治二四～二五年）の場合

初出は『都の花』第六四号から第九七号までである。「博文館」版は第一巻に、「岩波」版では第三巻に収録されている。「可」を用いた形容語の場合、次のような違いがある。

表10

初出	博文館版	岩波版
①いけません（六五号一八頁）	不可《いけま》せん（六五一頁）	いけません（二三七頁）
②恐《こは》い（七〇号四九頁）	可恐《こは》い（六九二頁）	恐《こは》い（二六一頁）
③愧《はづ》かしく（七〇号五二頁）	可慙《はづか》しく（六九六頁）	愧《はづ》かしく（二六三頁）
④しほらしい（八四号二頁）	可憐《しほら》しい（七九五頁）	しほらしい（三二六頁）
⑤捂《もど》かしがつて（八四号一〇頁）	可悶《もどかし》がつて（八〇六頁）	捂《もど》かしがつて（三三二頁）

なお、『新日本古典文学大系』の「尾崎紅葉集」に収められている本文は明治三〇年刊の雑誌『太陽』に収録された「再掲」本文によるもので、①から⑤の箇所は全て博文館版に見られるものと同じである。

その他、岩波『全集』版の「解題」にも、『新日本古典文学大系』版の「脚注」にも指摘がないが、初出に「結《よめ》婚《いり》」（『都の花』七〇号、四九頁）とあるのが、『新古典大系』本文・博文館版本文では、「嫁入」となっているような違いも見られる。

また、博文館『紅葉全集』（初版明治三七年）に収められている本文と岩波『全集』版とでは次のような校異も見られる。「新色懺悔」（初出明治二三年、初版二四年）（初出は「読売新聞」）に見られるものである。

表11

博文館版	岩波版
可怖《おそろ》しくて（第一巻四八七頁）	怖《おそ》ろしくて（第一巻二四八頁）

残念ながら、この「新色懺悔」については初版本では確かめられていないが、明治二四年刊の再版本で見ると岩波全集版と同じ表記である。

日本語の研究においては、可能な限り初版本に当たるべきものであろうと思われるが、作品によってはそれが大変困難なものもある。尾崎紅葉においては岩波書店版『紅葉全集』が、初版本（単行本化されなかったものは初出）を底本にし、また忠実な校訂がなされていると認められ、この本文によっての研究を進めていってもよいものと考えるに至ったところである。

もちろん、博文館版の本文では、紅葉初期の表記ではない、紅葉晩年の表記の特徴（校訂に紅葉自身も関わっているとされる）がうかがえるわけで、それはそれで研究上意味のある資料と考える事は出来るであろう。

2.「金色夜叉」「多情多恨」における形容語での「可」の用字と「わかれ蚊帳」「伽羅枕」等初期作品の場合との比較

まず先に、今回問題とする形容詞、形容動詞における「可」を用いた表記について、「金色夜叉」「多情多恨」において用いられていたものを**表12表13**に示す。（用例のありかは前節に示したので省略する）。

「金色夜叉」においては、明治三一年から三六年にかけて春陽堂から刊行された単行本の複製である、日本近代文学館の複製本本文を使用した。
「多情多恨」においては、日本近代文学館所蔵の、明治三〇年に春陽堂から刊行された単行本の本文を使用し、岩波書店版『紅葉全集第六巻』所収の本文を参照した。

表において「◎」を付けたものは、「金色夜叉」「多情多恨」両作品で用例が見られるものである。（金）は「金色夜叉」のみで、（多）は「多情多恨」のみでみられる例であることを示す。

「可愛（かはいい・かはゆい）」としている場合、「かはいい」と読ませる例と「かはゆい」と読ませる例があることを示す。

「可」については、「よい」と「いい」の例は両作品に見られるものだが、このほか、「ええ」と読ませる例が「金色夜叉」に見られることを示す。

表12　「金色夜叉」「多情多恨」での「可」使用の形容詞

ア行

可傷（いたはしい）（金）
可痛（いたはしい）（金）
可傷（いたましい）（金）
◎可憐（いとしい）
可伶（いとしい）（金）
◎可忌（いまはしい）
可訝（いぶかしい）（金）
◎可疑（うたがはしい）
◎可疎（うとましい）
可忌（うとましい）（金）
◎可恨（うらめしい）
可怨（うらめしい）（多）
◎可羨（うらやましい）
可愁（うれはしい）（金）
可重（えらい）（多）
◎可恐（おそろしい）
〈可恐（おツそろしい）（金）〉
可懼（おそろしい）（金）

カ行
可輝（かがやかしい）（金）
可悲（かなしい）（金）
◎可愛（かはいい・かはゆい）
可好（このましい）（金）
可恐（こはい・こはらしい）（多）
サ行
◎可憐（しをらしい）
可感（すばらしい）（金）
◎空可恐（そらおそろしい）
タ行
◎可頼（たのもしい）
可慎（つつましい）（金）
ナ行
可慨（なげかはしい）（多）
◎可懐（なつかしい）
◎可惱（なやましい）
可艱（なやましい）（金）
可憎（にくい〈にツくき〉）（金）
ハ行
可羞（はぢがましい）（金）
可羞（はづかしい）（金）
可愧（はづかしい）（金）
可耻（はづかしい）（金）
可恥（はづかしい）（金）
可慚（はづかしい）（金）
可慙（はづかしい）（多）
マ行
可難（むつかしい）（金）
可睦（むつまじい）（多）
可悶（もどかしい）（多）
物可恐（ものおそろしい）（金）
ヤ行
◎可（よい・いい）
〈可（ええ）（金）〉
可喜（よろこばしい）（多）
ワ行
可煩（わづらはしい）（金）
不可（わるい）（多）
◎可笑（をかしい）

計四八種の用字例が見られるものである。なお、「可憎」は「にツくき」の形でのもののみ見られる。「可笑」では「をかしな（可笑な）」（『金色夜叉』後編、七三頁）という用法の例も見られる。

表13　「金色夜叉」「多情多恨」での「可」使用の形容動詞

可憫（あはれ）	（金）
◎可憐（あはれ）	
◎可哀（あはれ）	
◎可厭（いや）	
可恐可驚（おっかなびっくり）	（多）
◎可哀（かあいさう）	
可也（かなりな）	（多）
可楽（たのしみな）	（金）
不可（だめだ）	（多）

それでは次に、「わかれ蚊帳」「伽羅枕」における「可」を用いた形容詞、形容動詞を見る。

まず、「わかれ蚊帳」の場合である。

頁数は初出の雑誌『江戸紫』第一号（明治二三年六月）に見られるもので、「可愁」（つらい）のみ『江戸紫』第七号（明治二三年九月）に見られるものである。

表14　「わかれ蚊帳」での「可」使用の形容詞

可喜（うれしい）	（九一頁）
可哀（かあいい）	（九三頁）

可悲（かなしい）	（九一頁）
可愁（つらい）	（一〇二頁）
可憎（にくい）	（九一頁）
可笑（をかしい）	（九一頁）

表15 「伽羅枕」での「可」使用の形容詞、形容動詞

〈形容詞〉		〈形容動詞〉	
可怪（あやしい）	（一〇八頁）	可愁（つらい）	（二六頁）
可傷（いたはしい）	（四二頁）	可憎（にくい）	（一〇六頁）
可忌（いまはしい）	（六五頁）	可笑（をかしい）	（二〇頁）
可憂（うい）	（四四頁）	〈形容動詞〉	
可愛（かあいい・かわゆい）	（六頁・二三頁）	可哀（あはれ）	（一七頁）
可憐（かはゆい）	（九頁）	可憐（あはれ）	（四七頁）
可恐（こはい・こはらしい）	（一五頁・五四頁）	可厭（いや）	（五頁）
可怖（こはい・こはらしい）	（一一六頁・一〇四頁）	可哀（かあい）	（四七頁）

なお、この作品においては「可」使用の形容動詞と見られるものは見あたらない。

さて、「わかれ蚊帳」は全集本だとほんの数頁しかない短編だが、様々な用字のものが既に見られることがわかる。ただ、右の六語のうち、「うれしい」に「可喜」と用字したものは「金色夜叉」「多情多恨」にはなく、「多情多恨」では「よろこばしい」に「可喜」と用いているし、「つらい」に「可愁」とは「金色夜叉」「多情多恨」では用いず、「金色夜叉」では、「うれはしい」に「可愁」と用いている。このように、紅葉が表記において、いろいろと試行と模索を行っていたかとも思わせるものがある。

「可愛」であるが、ここでは「かあい」とルビを振っているが、「金色夜叉」「多情多恨」では「かはい」とルビを振っているものである。

次に「伽羅枕」のものを示す。頁数は、最初に用例の見られた箇所のもので、岩波書店版の『紅葉全集第一巻』での頁数である。

「可愛（かあいい・かわゆい）（六頁・一二三頁）」としている場合、「かあいい」と読ませるものが「六頁」に、「かわゆい」の例が「一二三頁」に見られたことを示す。

かなり豊富な用字例が既に初期作品が見られることがわかる。

このうち「可怪」「可憂」「可怖」の例は「金色夜叉」「多情多恨」には見られないものである。「かはゆい」に「可憐」を用いた例も「金色夜叉」「多情多恨」にはなく、「あはれ」または「しをらしい」に「可憐」を用いている。

その他、「新色懺悔」では「可憐（しほらしい）」（『岩波全集第一巻』二五一頁）、「可厭（いや）」（同、二五三頁）といった例、「二人女房」では「可恐（こはい）」（『都の花』六五号、一三頁）といった例が見られる。

ところで、紅葉の出世作である「二人比丘尼色懺悔」（明治二二年）には次のような例が見られる。（頁数は「日本近代文学館」の初版複製本によるものである）。

表16

可愛（かあい）らしい		（七五頁）
可哀（かあい）		（九一頁）
可憫（ふびん）		（九一頁）

既にこの段階から紅葉は表記の試行と模索を始めていたかとも思わせる。「金色夜叉」では「あはれ」の表記の一つに「可憫」という表記を用いている例があるが、「ふびん」に「可憫」と用いる例はないのである。

3. おわりに

本章でも、調査結果の報告とまとめに留まり、ほとんど考察らしきものは出来ないままに終わってしまっているが、今後さらに調査検討を加え、考察を進めていきたいと思っている。

課題として、この「可」を用いた形容詞、形容動詞の用法は、いったいいつ頃から見られるものなのか、紅葉以前に多く用いるような作家がいなかったのか、という点の調査確認が残っている。少しずつでも調べてゆき、検討していきたいと考えている。

また、「可懐（なつか）しい」という表記は明治期において広く行われていたものだという。これが、現代においては使わない表記となっているのだが、いつ頃まで使われた表記か、いつ頃から使われなくなっていくのか、等の考察も課題として残っている。今後さらに検討を続けたいと考えている所である。

第七章　近代語資料としての「真景累ヶ淵」「緑林門松竹」

1. はじめに

近代語の研究を日本語史研究の一環と考え、記述を進めていくには、近世から明治への口語の流れを、無理なく記述できるようにしていく必要があると考えてきたが、現実には明治初期の、特に口語資料が数量の点で十分にあるとは言えず、その時期の記述には難しい点がある。また、明治期の資料の扱いや分析の手法などで、研究について不十分な点もまだまだ残っているように思われる。今回は三遊亭圓朝の落語速記本を取り上げ、問題の一端に触れる。

2.『日本国語大辞典』にみる「真景累ヶ淵」の扱い

近代語資料としての落語速記本であるが、三遊亭圓朝の「怪談牡丹燈籠」についてのみは、資料性の研究と認識がかなりなされているが、他の作品についてはよく知られていない点もあるのではないかと思われる。

特に気になるのは、「真景累ヶ淵」という作品の扱いである。

落語速記本の刊行は明治一七（一八八四）年七月の「怪談牡丹燈籠」が初めてである。逆に言うと、「明治一七年以前の資料として扱えるものはない」ということになる。

ところで、『日本国語大辞典』の記述をみると、「初版」（一九七二年一二月）での「主要出典一覧」では「真景累ヶ淵」は、

一八六九年初演

としている。（一八六九年＝明治二年）。

この年、それまでの「道具噺」から「素噺」に切り替えてこの作品を演じ始めたといわれており、その記述自体は間違いではないかもしれないが（ただし、この作品は一八五九年の作ということであり、口演自体はなされているのであるから初演というのはどうか）、一八六九年の言語資料として残っているわけではなく、その年の資料として扱えるということでは、全然ない。

一方、『日本国語大辞典』第二版での『第一巻　別冊』（二〇〇〇年一二月）の「主要出典一覧」及び『別巻』（二〇〇二年一二月）の「出典一覧」では、「成立年・刊行年」を、

一八六九頃

としている。こう記述してしまうと、資料の説明としては、はなはだしく不適切なものとなる。

さて、この「真景累ヶ淵」の初版本（明治二一年五月）（国立国会図書館蔵本）には、

三遊亭圓朝口述

小相英太郎筆記

と記されている。しかし、『日本国語大辞典』にはその記述はない。『日本国語大辞典』がよっている『明治文学全集』にも「據小相英太郎速記」と明記してある（三三五頁）のであるが。（「怪談牡丹燈籠」及び「鹽原多助一代記」に

ついては、『日本国語大辞典』は第二版では、『別冊』の「主要出典一覧」には「円朝の口演を若林玵蔵が筆記」と記載している)。

ところで『明治文学全集』(一九六五年)での「真景累ヶ淵」の解題(興津要執筆)を見ると、

『やまと新聞』に連載になったと云うが、東京大学の明治新聞雑誌文庫において調査した限りでは、ついに発見できなかった。また単行本も発見できなかった。したがって、本書においても、この作品だけは、『圓朝全集』(春陽堂版)によらざるをえなかった。

とある。この「真景累ヶ淵」が収められている『圓朝全集巻一』は大正一五(一九二六)年九月刊であり、その「真景累ヶ淵」は明治二五年刊の単行本によっている。(『明治文学全集』に収められた他の作品、「怪談牡丹燈籠」「鹽原多助一代記」〈明治一八年一月〉及び「英國孝子之傳」〈明治一八年七月〉は初版本、「名人長二」は『中央新聞』掲載〈明治二八年四〜六月〉分によっている)。

「やまと新聞」は明治一九年一〇月七日に創刊されたもので明治二五年頃まで速記による圓朝落語を掲載した。ただし、「明治二〇年八月一日より二一年四月三〇日まで欠号」となっている(東京大学蔵『明治新聞雑誌文庫』。国立国会図書館蔵本でも同様)。この欠号部分のみ、掲載された作品が確認できないことになっている。

「予告」から判断するに、「真景累ヶ淵」が明治二〇年の九月より「やまと新聞」に掲載されたことは確かであろう。しかし、現物が見られない以上、明治二〇年の資料としては扱いにくく、初版本が刊行された二一年の資料として扱うべきか。

なお、この当時の落語速記は寄席で記録したものをほとんど間を置かず、新聞などに掲載するのが普通であったと言われている。実際の所、「真景累ヶ淵」には次のようなくだりもある。(引用は『日本国語大辞典』がよっている『明治文学全集』による)。

ちと模様違ひの怪談話を筆記致しまする事になりまして、怪談話には取わけ小相さんがよかろうと云ふのでございますが、傍聴筆記でも、怪談のお話は早く致しますと大きに不都合でもあり、又怪談はネンバリ〳〵と、静かにお話をすると、却って怖いものでございますが、話を早く致しますと、怖みを消すと云ふ事を仰しやる方がございます。（二一）

小相は若林の門下であり、明治一九年からの「やまと新聞」掲載作品での速記で評価されるようになった人物である。

3.「みたいだ」の用例について

『日本国語大辞典』の第一版にはなく、第二版で「みたいだ」の例として新たに加えられたのが「真景累ヶ淵」（一八六九頃）と用例の箇所にも記されている）での例である。

お前のやうに子供みたいにあどけなくつちやア困るね。（一九、『明治文学全集』一三六頁上段）

これを「みたいだ」の初出例としているのだが、同作品の初版本では次のようになっている。

お前の様に子供みたいにあどけなくチヤア困るね、（初版本、六一頁）

促音の添加も気になるところである。

なお、「みたいだ」の例として原口裕は、「『みたようだ』から『みたいだ』へ」（『静岡女子大学国文研究』七、一九七四年三月）で、巌谷小波「五月鯉」（明治二一年）の例、

オホ、、、、姉さんいやだ、オバアさん見たいに（第一〇）

を挙げている。（この例は『日本国語大辞典』では取り上げていない）。

また、「みたいだ」が明治二〇年頃からのものだということは、原口の他、宮地幸一、田島優、田中牧郎等複数の研究者が論じているところである。

4.「緑林門松竹」と「やまと新聞」

三遊亭圓朝の作品である「緑林門松竹」は、「真景累ヶ淵」同様、

三遊亭圓朝口述

小相英太郎筆記

となっている作品である。

さて、ここで「やまと新聞」の創刊時（明治一九年一〇月）から明治二〇年七月までに掲載された作品を確認しておく。

「松の操美人の生理」（明治一九年一〇月七日〜一九年一二月二日）
「蝦夷錦古郷の家土産」（同一九年一二月三日〜二〇年一月一九日）
「鶴殺疾刃庖刀」（同二〇年一月二〇日〜二〇年三月一一日）
「月に謡荻江の一節」（同二〇年三月一二日〜二〇年六月二五日）
「敵討札所の霊験」
（「やまと新聞」には明治二〇年六月二六日号から掲載。完結日は不明だが、明治二〇年の八月か九月かと思われる）

以上の作品は、小相英太郎筆記のものである。

さて、「緑林門松竹」の初版本（日本近代文学館蔵本）の末尾広告には次のようにある。

やまと新聞にて大喝采を得ました俠賊の傳記にして同氏ハ其前道具話しで致しました忍ヶ岡義賊の隠家と申したお話しを緑林門乃松竹と外題を改め咄しの條へも餘程改良を加へまして御聞に（ではない）御覧に入升から何卒御買求を願升

この記述からみても、「やまと新聞」に「小相英太郎筆記」として掲載されたことは間違いないところであろう。この「緑林門松竹」は初版本の刊行が明治二一年五月であり、「やまと新聞」には、東京大学の明治新聞雑誌文庫などで欠号となっている期間に、「真景累ヶ淵」に続いて明治二一年の一月頃から四月頃に掲載された、とみるのが一番可能性があると考える。

次に、欠号となっている部分に続く作品を確認するが、まずは「操競女学校」という作品で、「やまと新聞」には明治二一年四月二五日号から六月二二日号まで掲載されている（酒井昇造の筆記による）。

その次には、「粟田口霑笛竹」（明治二一年六月二三日〜二一年一一月八日掲載）という作品が、やはり酒井昇造筆記によって掲載されている。この「粟田口霑笛竹」は、「やまと新聞」掲載後、間を置かず明治二一年一二月に初版本が刊行されている。

その他、次のような作品が、「やまと新聞」掲載後に間を置かずに単行本として刊行されている（いずれも酒井昇造の筆記による）。

「文七元結」（明治二二年四月三〇日〜二二年五月九日掲載。明治二二年六月刊）

「福禄寿」（同二二年五月一〇日〜二二年五月一八日掲載。明治二二年六月刊）

このように、「やまと新聞」に掲載後、間を置かずにすぐに単行本として刊行されるのは普通にあったことであり、「緑林門松竹」も「やまと新聞」掲載後すぐに単行本として刊行されたとみてよいものであろう。

	初版本	圓朝全集
①	圓朝	私（二カ所）
②	いんこふ	いんこう
③	御招き	お招き
④	御断《ことは》り	お断《ことわ》り
⑤	申上《あ》けて	申《まう》し上《あ》げて
⑥	位ゐ	くらゐ
⑦	ひツき	ひつき
⑧	據《よんどこ》ろなく	據《よんどころ》なく
⑨	ゑんせう	ゑんしやう
⑩	御咄《はな》し	お話《はなし》
⑪	協《かな》ひ	かなひ
⑫	未だ	まだ
⑬	其	其《そ》の
⑭	お咄《はな》し	お話《はな》
⑮	初《はつ》々敷《しく》	初々しく
⑯	更《あらた》め	改め
⑰	條《すぢ》	筋《すじ》
⑱	御聞《おきゝ》	お聞《きゝ》
⑲	入升	入れます

5.『圓朝全集』の資料性について

「緑林門松竹」は、冒頭（いわゆる「枕」として）、次のように語り出される。

圓朝《わたくし》は昨年《さくねん》の暮《くれ》は咽喉加答爾《いんこふかたる》の病《やま》ひに罹《かゝ》りまして受持《うけもち》の寄席《よせ》は勿論御《もちろんご》贔屓《ひいき》で御招《おまね》きを蒙《かうむ》る御座敷《ざしき》をさへ御断《ことは》りを申上《あ》けて療養《れうやう》を致《いた》す位ゐゆゑ當新聞の筆記《ひツき》も據《よんどこ》ろなく門弟《もんてい》の圓生《ゑんせう》に以前圓朝《わたくし》が辨《べん》じました辨天といふ御咄《はな》しを代講致《だいかういた》させました處殊《こと》の外《ほか》御機嫌《きげん》に協《かな》ひ有難い仕合にござりました、未だ全快《ぜんくわい》には至りませんが大に快《こゝろ》よい方《はう》から其以前道具話《だうぐばな》しで致しました忍《しのぶ》が岡義賊《をかぎぞく》の隠家《かくれが》と申すお咄《はな》しを初《はつ》々敷緑《しくみどり》の林門の松竹《はやしかどのまつたけ》と外題《げだい》を更《あらた》め咄しの條《すぢ》にも餘程改良《よほどかいりやう》を加へまして御聞《おきゝ》に入升

以上の部分の、初版本と『圓朝全集』との主な校異（句読点の有無等を除く）を上に示す。

わずか数行の部分に、ざっとこんな校異が認められる。

角川書店から出ている『三遊亭円朝全集』（一九七五年）の場合などは、「現代かなづかい」に「漢字は新字体」としているので、一目で明治時代語資料としては扱えないことがわかるが、『圓朝全集』の場合も、明治時代語資料としてしか扱えない、と考えた方がよいと思われる。『圓朝全集』が刊行された大正末頃の資料としては、活用価値があるかもしれないとは思われるが。

なお、「咽喉カタル」については「真景累ヶ淵」（八二）にも、

久しく休み居りました累ヶ淵のお話は、私も昨冬より咽喉加答兒《かたる》でさつぱり音聲が出ませんから、寄席《せき》を休む様な譯で、（『明治文学全集』三一八頁）

などとあるところであり、この点からも、この「緑林門松竹」という作品が「真景累ヶ淵」に続く作品であることがうかがえると思われる。

6. おわりに

先にも触れたが、明治初めから一〇年代頃までは、なかなか十分な口語資料が見られない時期である。日本語学において、圓朝の速記本の、口演との乖離を問題にされたりすることがあるが、それは、なんとか、年代的に資料の手薄な明治初めから一〇年代頃の資料として圓朝速記本を扱いたい、という気持ちの表れかもしれないとも感じているところである。

しかし、速記本は速記本であり、圓朝速記本も、初出あるいは初版本の刊行時の資料で速記者の手が入ったもの、として扱うほかないものと考える。その点では、「口演との乖離云々」は考慮の必要がないものと私は考えている。

主な参考文献

越智治雄『円朝追跡』（『国語と国文学』一九六八年四月号）
清水康行「速記と言文一致」（『国語論究第一一集』二〇〇四年、明治書院）
進藤咲子「漢語サ変動詞の語彙からみた江戸語と東京語」（『国語学』五四、一九六三年九月）

進藤咲子「三遊亭円朝の語彙」（『講座日本語の語彙六』一九八二年、明治書院）
田島　優「漱石作品における語の習熟――〈みたようだ〉から〈みたいだ〉への変遷――」（田島毓堂編『語彙研究の課題』所収、二〇〇四年、和泉書院）
田中牧郎「雑誌『太陽』」（『日本語学』臨時増刊号、二〇〇四年九月、明治書院）
永井啓夫『三遊亭圓朝』（一九六二年、青蛙房）
福岡　隆『活字にならなかった話』（一九八〇年、筑摩書房）
松井栄一『出逢った日本語・五〇万語』（二〇〇二年、小学館）
宮地幸一「〈…みたやうだ〉から〈…みたいだ〉への漸移相」（『学芸国語国文学』三、一九六八年七月）
宮島達夫「『日本国語大辞典』（第二版）における初出文献の改訂」（『近代語研究一一』二〇〇二年、武蔵野書院）
山本正秀『近代文体発生の史的研究』（一九六五年、岩波書店）
『文学　増刊　圓朝の世界』（二〇〇〇年九月、岩波書店）

第四部　近世後期上方語から近代関西方言へ

第一章　近世後期上方語における〝ちやつた〟について

キーワード：近世後期上方語、ちやつた、京都板洒落本、興斗月、京都府方言

要　旨
近世後期上方語及び京都府方言に見られる「ちやつた」という表現は、京都市外の方言である。京都板洒落本の一つであるが著者不明の作品である「興斗月」にはこの「ちやつた」が見られるが、この作品の著者も京都市外の人物と思われる。京都市外の方言を京都市内の方言と勘違いし、登場人物に使わせてしまったものと思われる。ただし、その証明は文献上の壁があり、なかなか難しいところがある。

1．はじめに

近代語の研究を日本語史研究の一環と考え、記述を進めていくには、近世から明治への口語の流れを無理なく記述できるようにしていく必要があると考えてきたが、現実には、近世語についての研究と、明治時代の、特に口語についての研究とでは、資料の扱いや分析の手法などで、考え方の違いがかなりあるようにも思われる。

本章では、近世後期上方語資料に現れる「ちやつた」の問題について検討し、資料の扱いでの問題について考えてみたい。

2. 上方語での「ちやつた」について

2―1　問題のありか

近世語の資料の扱いについては、校訂の確かさなどから判断すると、一部の明治期口語資料の扱いなどよりは、よほどしっかりしているように思われるものである。

ただ、近世の口語を記述する場合、資料としては、洒落本、滑稽本などの戯作が挙げられるが、その資料の作者が誰かを重視するのではなく（極端に言うと作者が不明であっても問題にしない）、「どこで出版され、登場人物としてどんな人間が描かれているか」を重視してきた、ということが言える。（「式亭三馬の江戸語」などといわれる場合があるが、それは、三馬の作品が江戸語資料としてすぐれており、「三馬単体で江戸語を代表するものとしてよい」との暗黙の了解があるからである。三馬の言葉の独自性を云々するものではない）。

しかしながら、作者不明であることを問題にせざるを得ない場合がある。京都板洒落本に見られる「ちやつた」に関してである。その問題点であるが、一言でいうと、「近世後期上方語、特に京都語（京都市内に限定される）として〈ちゃった〉を認めていいものかどうか」ということである。

それではまず、辻加代子「京都板洒落本にみる待遇表現形式の消長と運用――女性話者の発話とナサル・ナハル・ヤハルに注目して――」（国語学会二〇〇二年度秋季大会予稿集）での記述を見てみる。(1)

辻はこの学会での発表時において、近世後期の京都語において「ちゃった」が用いられている、ということを検証なしに認めた上で説明を行った（と増井は受け止めた）。予稿集の発表要旨には次のような記述が見られる。

(I)「表1　京都板洒落本に出現した述部の待遇表現形式」に「テ指定」という項目があり、欄外の説明として、

「テ指定：「読んでじゃ」「読んじゃった」「いふてちゃった」「読んでか」の類。」

とある。

(Ⅱ)「表5　『興斗の月』における敬語の使い分け」の「テ指定」という項目の、欄外の説明に、

「テ指定＊おりてなら」「引ひて、ゐ」「おきて、か」「(あいに) やつちやつた」「(おまえとだれと) いちやつた」のようなものを示す」

とある。

(Ⅲ)「◇『興斗の月』のナハルとヤハルに見られる記述で、

「「チヤツタ」の形式は目上でも客には使用されない。」

とある。

以上のような記述と同様の記述は、辻の「京都市方言・女性話者の談話における「ハル敬語」の通時的考察——第三者待遇表現に注目して——」(『社会言語科学』第五巻第一号、二〇〇二年九月) でも見られる。(なお、後でも触れるが作品名としては「興斗の月」でなく「興斗月」であり、「きょとつき」と読むのが正しいとされる)。

このように、辻の発表は、京都語に「ちゃった」が認められるという前提でなされたと増井は受け止めたわけである。しかし、京都語に「ちゃった」が認められるとの記述は、これまでどこの資料にも存在しない (と断言できる)。

辻は、資料の京都板洒落本として、

「風流裸人形」(安永八・一七七九年か。[8])

「風俗三石士」(安永〈一七七二〜一七八一〉後半期か天明〈一七八一〜一七八九〉か。[29])

「うかれ草紙」(寛政九・一七九七年、[17])

「當世嘘之川」（享和四・一八〇四年、㉓）
「竊潜妻《ていけのはな》」（文化四・一八〇七年、㉔）
「河東方言箱枕」（文政五・一八二二年、㉗）
「興斗月」（天保七・一八三六年、㉙）
「千歳松の色」（嘉永六・一八五三年、㉙）

の計八作品を挙げているが、このうち特に、「興斗月」という作品（のみ）が問題となる。(2) この作品にのみ「ちやつた」が現れる（「ちやつた」以外の語は全て京都語のものと認めることは可能(3)）のである。

この作品の「解題」を見ると、

自序に「河東を好めども云々」とあるように、京都鴨川の東、祇園新地の遊びを描いた天保七年の稿本である。祇園末吉町の色茶屋千定に来た客のうち、赤はなじみの芸子里かと逢うて口説し、七は他に呼ばれているという梅尾に待ちぼうけをくわされて、やけ酒を呑んで帰るという筋である。

書名の「興斗月」は、自序の末尾にも見え、本文中にも使われているように、本来、きょときょとと心落ちつかずあたりを見廻す、転じてかれこれと心を移す意に用いられる「きょとつく」という語によったもので、知らない世界にきょとつきながら、先人の作にならって試みた京都の洒落本の意をこめたものであろうか。

著者武木右衛門は何人か不明。前代未聞の肩書とともに、不器用な素人作者の初作と名のったのであろう。

（㉙。水野稔執筆）

のように記述されている。

それでは、京都府方言の「ちゃった」についての記述をみてみるが、例えば『近畿方言の総合的研究』（楳垣実編、一九六二年、三省堂）では、加佐郡由良川以東から、舞鶴南部、さらに天田郡・何鹿郡・福知山・綾部地方に至る一帯は、書イテヤ・書イチャッタという敬語が盛んに用いられる。その活用は、指定辞ヤとほぼ同様である。未然形、書イテヤラへン、連用形書イチャッタ、終止連体形書イテヤ。なお、命令形は欠けているため、命令表現には、書イテあるいは書イテヤ（終止形の場合は、書イテヤのテにアクセント核があり、この命令法の場合は無核型となる）の形を代用する。

これは、徳川期上方の洒落本等にみられる書イテジャ形の血すじをひくもので、連用形プラス接続助詞テの形を指定辞ヤが包括する）という間接的表現形式が、敬意を生むのである。（略）

この書イテヤ形は、上述口丹後・奥丹波地方の他、船井・南桑田・亀岡の口丹波でも、かなり使用されるが、この口丹波には、れっきとした敬語書カハル形が存しており、書イテヤ形は、むしろ、親愛語となっている。つまり先生が書カハッタ〜兄チャンが書イチャッタ、という様な使い分けが存するのである。口丹波でも、北桑田郡のみは、京都山城地方と同様、書イテヤ形を全く使用しない。今では、山陰線等の影響で、京都〜南桑田船井の関係が密接であるが、古くは、京都〜北桑田の関係の方が緊密だったのであろう。

（奥村三雄執筆「京都府方言」、二八一〜二八二頁）

のように記述されている。

また、『京都府方言辞典』（中井幸比古編、二〇〇二年、和泉書院）では、

チャッタ〔連〕敬語。…されました。…された。「行ッ〜、来〜」。動詞語幹末母音によりジャッタ。「死ンジャッタ」。テヤ敬語のタ形はテヤッタは少なく、チャッタになるところが多い。

のような記述がみられる。

この二つの記述からみると、「ちゃった」は「丹波及び丹後地域の一部で使用される敬語」用法だとまとめられ

るように思われる。

なお、テヤ敬語については『京都府方言辞典』には次のようにある。

テヤ〔助動〕丹波中西部と舞鶴・加佐郡あたりに広く分布する尊敬語。地域によって（京に近いところほど）親愛語的。「見〜（見られます）」、「読んデヤ（読まれます）」。タ形はチャッタ・タッタが多い。基本形もチャとなる地点あり。

ただ、『京都府方言辞典』には次のような記述も見られる。

チャル〔助動〕軽い尊敬。主にチャッタで使う。シチャッタ（された）、キッチャッタ（来られた）、イッチャッタ（行かれた）・ヨンデッチャーワ（読んでおられるわ）、コーテチャッタ（飼っておられた）。

使用域は、精華町、木津町、山城町、田辺市などの京都府南端地域ということである。

また、『近畿方言の総合的研究』の「奈良県方言」（西宮一民執筆）には、奈良県北部でチャルを使用する、という記述が見られ（三四八頁）、

行テヤル→行チャル

と変化したと説明される。

なお、ヤル・テヤルについてであるが、中井幸比古『京都府方言辞典』には、

ヤル〔助動〕敬語辞。五段以外の動詞につく。「見〜、見やった」「見て〜（見ておられた）」「い（行）てやった（行っておられた）。五段にはルがつく。

という記述が見られ、「京都市左京区静原で使用」とある。しかし、この場所は旧愛宕郡であり、元々は京都市ではなかった所である。

また『京都府方言辞典』には、

テヤル〔助動〕「ていやる」の約。若い女性の専用語。テイルの親愛表現。第三者の動作に言う。

という記述も見られるが、旧京都市内（以前からの京都市内）では使わないものとされている。

以上、「ちゃった」は京都の中心部（京都市）では使用されない（されてこなかった）が、その北の地域や南の地域ではかなり広く使用されている（されていた）言葉、とまとめられるようであり、そこをよく踏まえて考えねばならないと思われる。

2―2　上方洒落本での「ちやつた」

では問題となる、「興斗月」での「ちやつた」の例（全八例）をみる。（頁数は『洒落本大成』二九巻のものである）。

①お松「どこぞゐいてちやつたか　（一三二頁下八）

②花車「さいぜんお松のせがんだのはまつとはの子かいナア来ちやつたら川にしておき　（一三三頁下五）

③花車「梅尾はんあいにやつちやつたか　お松「今やりました　（一三三頁下六）

④お松「おまへとだれといちやつた　（一三三頁下一四）

⑤浅「けふはそふじや町のおふれまいにいかんならんたらゆふべ一しよにいたらいふてちやつた　（一三五頁上一〇）

⑥赤「……大かた大坂ゐ逢《あい》にいちやつたのじやあろ　（一三六頁下三）

⑦赤「そんなら大坂ゐなんでだまつていちやつた　（一三六頁下九）

⑧お松「銀蔵どんゆふべ一朱におふちやつたな　（一三八頁上八）

（なお、『洒落本大成』は「東京大学総合図書館蔵本（霞亭文庫）」によっている。この霞亭文庫による本文は電子版で公開されている）。

さて、これら「ちやつた」の用例については、二つの解釈が考えられるかと思われる。

(a)「ぢやった」とみる。

(b)作者は丹波・丹後あたり、あるいは京都南端あたりの人間であり、そこの方言がまぎれこんだ、とみる。

(a)は濁点の脱落として考えるものである。上方語として「ぢゃ」「ぢゃった」はごくごく普通の語である。

辻が挙げている他の作品では、

○中ゐ　あす志幸さんが芝居《しばい》へおいでる　（風流裸人形、8、一七六頁上一七）

○仲　ハイけふは芝《しば》ゐ行　（うかれ草紙、17、五八頁下一七）

○はま　旦那先日は御摺ものを有がたい仕合　団介　コレハ〳〵有かたい　（同、五九頁上一六）

のように、明らかに濁点が落ちたものと思われる例が散見する。

しかし、本作品の濁点の付されている状況をみると、「ちゃった」と解釈する方向で考えるべきであろうか。①から⑧の用例を見ても、濁点が付くべき所にはきちっと付いているように思われる。そこで、先の例は「ちゃった」であると認めると、その場合、(b)の解釈で考える、ということになる。

⑧の例は「ぢゃった」とも解せるか。「おふ」は「負ふ」か。「ちゃった」と捉える場合、「動詞連用形に接続」と考える所だろうが、この「おふ」は「ウ音便形」ということになるか。「ちゃった」と捉えるにはなお問題が残るようにも思われる。

「動詞連用形＋ちやつた」の場合（②④の例）、及び「テ＋ちやつた」の場合（①⑤の例）も、「ちやつた」は「ぢゃった」と解釈可能ではあるが、「ちゃった」と解した方が良いだろうか。

一方、③⑥⑦の例は「ぢゃった」とは解釈しにくいものである。「ちゃった」と解すべき例であろう。ただ、⑥⑦は「ちゃった」とするのにも問題が残るようには思われる。③を「ちゃった」と認めて考えたとして、⑥⑦も、

「いっちゃった」となっていれば、より「ちゃった」と認めやすいように思われるのであるが。

ところで、先に触れたテヤ敬語のうち、終止形のテヤは上方語資料には見られないのであるが、「テヤル」の例は見られる。（ただし幕末の例である）。

この「テヤル」について『近世上方語辞典』（前田勇編、一九六四年、東京堂出版）を見ると、「てやる」という項目はないが「やる」の記述として、

①助詞連用形につき、同輩・目下の動作を丁寧にいう。その連用形が二音節以上の時はその語尾と融合し、拗音となる。

②意味・接続とも①に同じいが、二音節の連用形についても拗音化せず、かつ助詞「か」助動詞「ぢゃ」を伴う時撥音化する。

というものが見られ、続いて、

③「ぢゃる」の訛。助詞「て」につく。

という記述が見られる。そしてこの③の用例として、元治（一八六四〜一八六五）前後の滑稽本である「穴さがし心の内そと」という作品の、

姫　ハア姉はんがお客に買うてもろてやつたのハ五匁二分でヱ（初ノ三、『近代語研究四』四三九頁九行、一九七四年、武蔵野書院）

という例が挙げられている。

このように、「テヤル」の早い用例でも幕末の大坂のものしか見当たらないのであり、「興斗月」の「チャッタ」は「テヤッタ」から変化したとも考えられないように思われる。

ただし、「興斗月」には「チャ」の例もある。

⑨赤「だれにゆふてちや　（一三四頁上二）
⑩くろは「とちにいちやないと　（一三四頁下七）

『京都府方言辞典』には、

　チャ〔助動〕テヤ敬語の訛。「居（オ）っ～（居られる）」。天田郡全域と亀岡市西端に分布。過去形のチャッタより分布域が狭い。

などとあるが、「チャ」という語形を認め、その「チャ」から「チャッタ」へと変化（活用）したということであれば、少しは考えやすいようには思われる。（ただし、「チャッタ」同様「チャ」も、他の上方語作品には見られないのであるが）。

　ともあれ、「興斗月」の「チヤツタ」については、作者が京都市外の人物であり、結果として登場人物も京都市外の方言を使うことになった、と考えるしかないところかと思われる。

3. おわりに（疑問例の出てくる作品の扱いについて）

　これまで、京都中心部（旧京都市内）で「ちゃった」が使われたと認められることはなく、今もない。そんな中、この「ちゃった」のような、一作品のみで見られる事象をどう扱うべきか。また、作者不明の作品だと扱いも変える必要があるということも、考えねばならないのだろうか。

　ともあれ、ここに見られる「ちゃった」は、文献上も例外的なもので、なかなか論証が難しい例かと思われる。この「ちゃった」は、国語史で言われることがある「孤例」に準ずる扱いとすべき例かとも考えたのだが、さてどんなものであろうか。

注

（1）辻の研究論考全体及び研究態度については、近世後期上方語の全体像を捉える上で、大変貴重なものだと筆者は高く評価している。その上で、辻の研究の本筋からはずれる部分である所の、たった一語「ちゃった」のみが「京都語」としてはひっかかりを覚える、ということである。また、本章は辻の資料の扱いを論ずるものではなく（辻の資料の扱い自体は、本来問題になるものではなかったのだが、京都語に不明な面〈知識不足〉があり、結果としてひっかかりを残すことになった、というだけのことである）、近世後期上方語全体を論ずるものである。その近世後期上方語（京都語）で唯一「ちやつた」のみが問題となるのだが、この「ちやつた」について言及したのが、これまでの研究史上、辻以外誰も存在せず、必然的に辻の論考のみを取り上げる結果となったものである。

（2）「京都を舞台にした京都板洒落本」であれば、「一〇〇パーセント信頼できる近世後期京都語資料」として捉えるという「共通理解」が、これまで近世後期（上方）語研究において存在してきたし、筆者もそれに異を唱えるつもりはなく、最大限その「共通理解」を尊重した上で論を展開しようとしているものである。「興斗月」という作品も出来得る限り例外とはせず、信頼性の高い京都語資料と認める立場は維持すべきと考えている。

（3）ただ、個人的には「ちやつた」の他にもう一語、「よる」（三例ほど見られる。「ゐよる」一三五頁上一五、「ぽんつきよる」同一六、「きよる」一三六頁上八）という語のみ、少し気になるものとして目に留まっている。「よる」は現在の京都では男性は一般的に用いるが、女性は一般には用いないものとされる。しかし、この作品では女性（義太夫芸子浅吉）のみが使用しており、この点今後の検討課題となるものかと考えている。

付記

本章は、第二八回名古屋言語研究会（二〇〇五年一〇月一五日）にて発表したものに手を加えたものである。

最後に、高知大学の久野眞氏に、大変勉強になるコメントを頂いたことへの謝辞を述べ、筆を擱きたい。

第二章　近世後期上方語における〝ちやつた〟の扱いについて

キーワード：多数決の原理、京都語、チャッタ

1．問題のありか

増井は前章「近世後期上方語における〝ちやつた〟について」（初出は『国語学研究』四五、二〇〇六年三月）において次のような主張を行った。

○近世後期上方語及び京都府方言に見られる「ちやつた」という表現は、京都市外の方言である。京都板洒落本の一つであるが著者不明の作品である「興斗月」にはこの「ちやつた」が見られるが、この作品の著者も京都市外の人物と思われる。京都市外の方言を京都市内の方言と勘違いし、登場人物に使わせてしまったものと思われる。ただし、その証明は文献上の壁があり、なかなか難しいところがある。

この主張には少し微妙なところも残るのであるが、主張の要となるのは「チャッタは京都市外の方言」だということである。

一方、辻加代子「近世京都語資料に現れた待遇表現形式チャッタに関する覚書」（『日本語の研究』三―八、二〇〇七年一月）でもチャッタを取り上げている。辻論文には増井論文にはない指摘があり、特にテチャッタ形について

「〈テ指定〉表現の過去形にアスペクト形式が付加されたもの」という指摘は高く評価できる点である。

しかし、辻論文ではチャッタを「天保期頃の京都語の中に認める」という位置づけをしているが、その位置づけを行うには次のような問題点がある。

①チャッタは（京都語としては）「多数決の原理」からはずれること。

②テジャッタからチャッタへの変化は音声上疑問であること。

③テヤッタは京都語としては文献上確認できないこと。

以下、順に触れていくが、位置づけの結論としては、「チャッタは上方語としては認められても、京都語（京都市内に限定される）としては認めがたい」ということになる。

2.①戯作の資料性と「多数決の原理」

かつて、戯作研究の第一人者中村幸彦は「近世語彙の資料について」（『国語学』八七、一九七一年一二月）において、

○戯作文学の写実なるものは、出来るだけ真実を写す近代的な写実とは相違して、言語を初め、万事に本当らしくさへあれば、能事了る種類のものなのである。

などと述べ、戯作作品中の用例は、本当らしく見えても本当に事実かどうかはわからず、その当時の言語資料とするには、万全の注意が必要だと指摘した。具体的には、

○三馬の作品を文化文政の江戸語の資料とすることには、かなりの危険がともなふ。

などと言い、「三馬が、江戸者の会話として用いた中で見られる用例であっても、当時の江戸語とは出来ない例が

あり、十分な検証が必要」だと言う趣旨の指摘をしている。

それに対して矢野準は「近世後期京坂語に関する一考察——洒落本用語の写実性——」(『国語学』一〇七、一九七六年一二月)において、「多数決の原理」を提唱し、戯作資料の扱い方の基本となるものを提示した。

矢野のいう「多数決の原理」とは、「多種の洒落本にわたって一般的に認められ多数の用例を持つ現象の方が、特殊な場面に認められる少数の用例を持つ現象よりは、口頭語を反映している可能性が大きい」などとする考え方である。

そこから、近世語研究においては、当該の現象がこの「多数決の原理」に耐えうるものでなければ、当該の現象はその時代の口頭語とは認められない、という「共通認識」が形成され、これまで研究が積み上げられてきた、と私は理解している。(1)

さて、チャッタは作者不明の「興斗月」という一作品にのみ見られる語で、京都語にチャッタが認められるとの記述は、これまでどこの文献にも存在せず、「多数決の原理」に耐えうるものではない(「興斗月」の写実のみが不的確な可能性がある)。よって、近世語研究の立場からは、(現時点では)チャッタは京都語とは異質のものとして扱わざるを得ない、ということになると考える。なお、辻論文には「特異なチャッタの形」(一頁一〇行)、「希有な資料」(一頁二五行)などといった記述があるが、この「特異」や「希有」といったものこそ「多数決の原理」に耐えられない、危ういものだと注意せねばならないものだと私は考えている。

3．②テジャッタ→チャッタは音声上疑問

辻論文での主張の要と思われる「テジャッタからチャッタへの音変化」は飛躍があり、そのままは認めがたい。

辻は「片言」の「こんなこつちや」という例を挙げ、テジャからチャへの変化の可能性を主張している（一二頁五～九行）が、コトジャからコッチャへの変化とテジャからチャへの変化とは大きな隔たりがある。

一方で、辻は「興斗月」に見られる「わけしつてちや」という例を挙げ、ここでのチャはテハからの縮約だとするのだが、テハからチャへの変化は、テヤからチャへの変化とは関連付けられるが、テジャからチャへの変化の論拠とはならないものであろう。

結局、音声上はチャッタはテヤッタから変化したとする他ないものと私は考える。

4．③テヤッタは京都市外の上方語、関西方言

辻論文には「テヤ形、テヤッタ形、ヤッタ形のいずれも資料に現れていない」（一二頁一〇～一一行）とある。となるとテジャからテヤへの変化も用例上は認められないことになる。

ところが、同じ頁に次のような記述がある。「幕末～明治期に京都市で使用されたことが確認されているテヤ・テヤッタ形」（三〇～三一行）。しかし、未だかつて京都語としてテヤッタ形は文献上報告されていない（テヤは明治期の例が報告されているが）。辻がデータとして持っているなら論文として用例を示すべきであるし、少なくとも論文においては記述を統一する必要があろう。

では次に上方語資料に見られる「テヤツタ」の例を示す。ただし、幕末の大坂の例である。元治（一八六四～一八六五）前後の滑稽本である「穴さがし心の内そと」の、

○姫　ハア姉はんがお客に買うてもろてやつたのハ五匁二分でヱ
（初ノ三、『近代語研究四』四三九頁九行、一九七四年、武蔵野書院）

というものである。

このように、テヤッタは早い用例でも幕末の大坂のものしか見当たらないものである。

なお、ヤル・テヤルについてであるが、『京都府方言辞典』（中井幸比古編、二〇〇二年、和泉書院）には、

○ヤル〔助動〕敬語辞。五段以外の動詞につく。「見〜、見やった」「見て〜（見ておられた）」「い（行）てやった（行っておられた）」。五段にはルがつく。

という記述が見られ、「京都市左京区静原で使用」とある。しかし、この場所は旧愛宕郡であり、元々は京都市ではなかった所である。

また『京都府方言辞典』には、

○テヤル〔助動〕「ていやる」の約。若い女性の専用語。テイルの親愛表現。第三者の動作に言う。

という記述も見られるが、旧京都市内（以前からの京都市内）では使わないものとされている。結局、「これまで、京都中心部（旧京都市内）でテヤッタが使われたと認められる記述はどこにもない」というようにまとめられるであろう。

5．上方語及び京都府方言としてのチャッタ、京都語としてのハル

さて、京都府方言のチャッタについての記述を確認するが、例えば『近畿方言の総合的研究』（楳垣実編、一九六二年、三省堂）には、

○加佐郡由良川以東から、舞鶴南部、さらに天田郡・何鹿郡・福知山・綾部地方に至る一帯は、書イテヤ・書イチャッタという敬語が盛んに用いられる。

（奥村三雄執筆「京都府方言」、二八一頁）

などとあり、『京都府方言辞典』には、

○チャル〔助動〕軽い尊敬。主にチャッタで使う。シチャッタ（された）、キッチャッタ（来られた）、イッチャッタ（行かれた）：ヨンデッチャーワ（読んでおられるわ）、コーテチャッタ（飼っておられた）。

などとあるものである。後者の使用域は、精華町、木津町、山城町、田辺市などの京都府南端地域ということである。

このように、京都市の周辺にはチャッタが広く分布していることが認められるし、これまで見てきたように、テヤ・テヤッタ形が京都市以外の上方語・関西方言にはあることから、筆者は、テヤッタ及びチャッタは上方語としては認めてよいと考える。しかし、論証上「多数決の原理」に耐えられない現状では、京都語（京都市方言）としては認めがたいものと考える。

また、京都語としてチャッタが認めがたい以上、辻論文にある「京都語から伝播した」（一四頁一〇～一一行）という推定も、「可能性を一〇〇パーセント否定は出来ない（が周圏論的推定の妥当性は認めがたい）」(2)程度の扱いに留めるしかないものだと考える。

結局、「興斗月」の「チヤツタ」については、作者が京都市外の人物であり、結果として登場人物にも京都市外の方言を使わせてしまった、などと考えて、京都語としては疑問例として扱うしかないところかと考えている（よそ者の方言が作中に現れるのは、洒落本・滑稽本などではよくあることであり、注意しておくべきであろう）。

なお、疑問例の出てくる作品の扱いは、資料として「参考程度の扱いに留める」という方が学問的態度としては厳密であるかも知れず、「興斗月」も現時点では疑問例の出てくる作品として、京都語資料としては（資料に出てくる用例全て）参考程度の扱いに留めた方が、学問的態度としては無難かとも思われる。

全体として、京都語史を考える場合、京都での「テ指定」過去形はテジャッタで終わり、その後京都での待遇表現はハル全盛となっていった、という方向で捉えていくのが無理のない研究の進め方ではないかと筆者は考えている。

最後に、辻には「京都市方言・女性話者の談話における「ハル敬語」の通時的考察――第三者待遇表現に注目して――」〈『社会言語科学』第五巻第一号、二〇〇二年九月〉を始め、ハルについての優れた業績がいくつもあることを付言しておきたい。

注

（1）たとえ扱う資料での「音訛」や「動詞形容詞の活用」等を調べ、他の「使用語彙」等を確かめたとしても、当該の現象が「多数決の原理」に耐えうるものでなければ、そこでの口頭語とは認めがたい、ということである。

（2）辻論文の注6には「増井論文では現在の方言分布を約一七〇年前の言語事象に直接対応させ、丹波・丹後あたりから京都市への伝播を想定している」（一四頁一一～一二行）という文言があるが、この記述の意味は筆者には理解できない。増井は「チャッタは京都市方言としては、文献史上も現在も使用は認められるものではない」ということを一貫して主張しているのだが、「京都市への伝播を想定」とは一体何を指しているのであろうか。

第三章　近代語に見られる「トル」と「ヨル」について

1．はじめに

筆者は、国語学会二〇〇一年度秋季大会（一〇月二一日於福井大学）において「保科孝一の〈言文一致〉観と〈トル・ヨル〉観をめぐって」と題して発表を行ったが、当発表では、先学の研究を顕彰しつつ、国語学の研究がきちんと先学の研究の上に積み上げられているか、検証の必要があるのではないか、と問題提起したいという気持ちで行った面があった。（その発表の内容は、増井典夫〈二〇〇二〉「明治期口語研究の新展開に向けて――標準語と保科孝一、尾崎紅葉、そして「トル・ヨル」――」〈本書の第三部第五章〉の中で記述している[1]）。

国語学・日本語学に限らず、全ての学問は先学の研究をきちんと踏まえた上で行わなければ意味がないものだ、と言い切れるものだと思うが、筆者は、今後も研究の現状について、必要があれば問題提起を行っていきたい、と考えている。

さて本章では、先の発表で取り上げた内の「トル」と「ヨル」について、近代語研究という面から今一度問題点の考察を行いたい。特に、ヨルに力点を置いて自分自身の研究の基礎となる点を整理しておきたいと考えている。

2. 近世・明治期の「トル」

まず、近世[2]・明治期のトルの使用について再確認を行っていく。まずは前田勇の辞典での記述を見てみる。

とる《助動ラ五》動詞連用形につく。……ている。……ておる。「そんなとこで何しトンね」「ようわかっトリます」

（『上方語源辞典』一九六五年、東京堂出版）

次に『日本国語大辞典』での記述を挙げる。

◇とる【連語】　その状態にあるという意を添える。……ている。
補注 東京語の「てる」にあたる。同じく「ておる」から「ちょる（じょる）」となった地方もある。また、地方によっては、「書いとる」と「書きよる」とを区別し、後者を動作・作用が進行中の状態にいうのに対して、前者を結果の残存する状態に用いる。

（『日本国語大辞典』第二版。初版の記述も同様）

さて、保科孝一はトルを口語の標準的な音韻変化としている。

テイル、デイル、テオル、デオルわ、実際発音する際に、食ツテル、死ンデル、枯レトル、遊ンドルという様に、融合することがある。

（『日本口語法』三〇四頁、明治四四・一九一一年、同文館、〈勉誠出版より復刻〉）

この記述のあとに、次のような記述がある。

僕ワ、花ワ、コレワ、ソレワ、酒ワ等の形式が、実際の発音において、ボクア、ハナー、コリヤ、ソリヤ、サケーという様に融合することがある。然しこれわ鄙俗の語であるから標準語としてわ取ることが出来ない。

食ツテシマツタ、取ツテシマツタ、行ツテシマツタ等の形式が、実際の発音において、クツチヤツタ、トツチヤツタ、イツチヤツタという様に融合することがある。これも鄙俗の語であるから取ることが出来ない。

（略）

固より中にわ標準的のものと認められないものがある。例えば、ボクア、ハナー、サケー、クッチヤッタ、行ツチヤツタという様なものわ、標準語としてわ捨てなければならん。けれども、その他のものわ、すでに標準的のものになつて居るから、之を捨てることが出来ないのである。

（同、三〇五〜三〇六頁）

このように保科はトルを標準語とみなしているわけである。

では、近世以降のトルの例である。二例ほど挙げてみる。

◎ばんとう「わたしも、きのうのけんかは對人《あひて》を知居《しつと》りますが

（浮世風呂、文化六〜十・一八〇九〜一八一三年、『日本古典文学大系』二四九頁）

◎ボーイに掃除するやうに云ひつけておきましたんです。ど、綺麗になつとるか知らん

（有島武郎、或る女、明治四四〜大正八・一九一一〜一九一九年、初版一〇七頁）

また、尾崎紅葉「多情多恨」（明治二九・一八九六年）においては、トルは計一一八例見られるが、主人公の柳之助のみの使用である。（一方、友人の葉山はテイル・テルのみの使用である）。

◎「それだから、何とか方はあるまいかと聞くのに、君はお島に惚れとるもんだから……。」（柳之助）

「おい〳〵大概にしてくれ給へ、惚れてるとは余りだよ。」（葉山）

（『紅葉全集第六巻』一一六頁、岩波書店）

◎「未だ解らないのかい、是は怪しからん！　君は酔つてゐるからだ、……。」（葉山）

「酔つとるより腹が減つとる。」（柳之助）

（同、一二三二頁）

このように、トルは東日本でも用いられていたわけである。

ところで、トルは、明治期には「標準語」と認められたりもしていたわけだが、右に挙げた、「多情多恨」での

用例に見られるようなトルは、いわゆる「役割語」という観点でも捉えられるようなものとも思われる。（「書生言葉」の特徴の一つとしてよいものであろうか）。なお、「役割語」とは金水敏による用語で、例えば金水（二〇〇三）『ヴァーチャル日本語役割語の謎』（岩波書店）では、その例として、「博士語」（「じゃ」、「ん」「ぬ」、「とる」「おる」等を挙げている。代表例としては手塚治虫『鉄腕アトム』の登場人物「お茶の水博士」の言葉づかいなどが挙げられている。

お茶の水博士「親じゃと？　わしはアトムの親がわりになっとるわい！　（『鉄腕アトム①』九二頁）

まとめると、トルは明治期には「標準語」と認められるようなものでもあったが、現代の全国共通語では、「役割語」のような用法のみになっているとも考えられる。そして、その用法の変化につながるきざしが、既に明治期の用例から見られた、とも捉えられるということである。ただ、今後さらに検討を続ける必要がある、とは考えている。

3．近世上方語と近畿・東海方言での「ヨル」

一方、ヨルについてである。まず前田勇の辞典での記述を見てみる。

よる《助動ラ四》「をる」の訛。動詞連用形につき、軽い罵りの気持を表わす。元禄期にすでに現れ、時と共に盛んになるが、完全に「をる」に取って代わるのは現代に入ってからである。
（『近世上方語辞典』一九六四年、東京堂出版）

よる《助動ラ五》第三者の動作を狎《な》れ、またはまたは軽く侮っていう。男性専用語。〔語源〕「をる」の訛。近世上方語（元禄期以来）は、対者・他者の動作にいう。
（『上方語源辞典』）

てよる「ていよる」の約。男性の専用語で、「ている」「ておる」のぞんざいな言い方。ただし第三者の動作にいう。「嫁はんに逃げられて、やもめ暮ししテヨル」（同）

では、ヨルの近世での用例を次に挙げる。

①さりながら大方まづ済みよつたが、一部始終を聞いてたも
（曾根崎心中、元禄一六・一七〇三年、『近松全集四巻』一三頁、岩波書店）

②きたこちらへきていろ〳〵の事をいふてきよる
（北華通情、寛政六・一七九四年、16、二〇四頁上三）

③しよる　しをる也。来をるをきよるといふ
（浪花聞書、文政二・一八一九年頃、『日本古典全集』）

④露何をいふぞへ角がいつちりくつがよい芝翫といふやつはゑらいやつじや給金とらずにはたらきよる李還がかなうものか
（粋の曙、文政三・一八二〇年、26、二九七頁上一二）

⑤母わたしも其だめヲをしたら。新らしいもあたらしい此うへなし。それでもこはけりや。どく味にさんじませうかと笑ふてゐよつた
（箱まくら、文政五年、27、一四三頁上一五）

⑥わしけふ嶋原の井筒屋へいたらゑろあやまつてゐよるなあ初手のよふにぽんつきよるとよこづらはつてやろとおもたにゑろ〳〵へイ〳〵いふたよつてかんにんしてやつた
（興斗月、天保七・一八三六年、29、一三五頁上一五～一六）

⑦梅尾のべらぼう早ふきよるとよいにあした一ばんりくついわんならん
（同、一三六頁上八）

①～④は大坂の例、⑤～⑦は京都の例である。

いずれも待遇表現的で「軽卑語」とまとめてもよいもののように思われる。（先に挙げた『日本国語大辞典』の「とる」の項目の補注に、「よる」について、「地方によっては動作・作用が進行中の状態にいう」とあったが、ここでは特にそのように解釈する必要はないだろう）。近世期以降の上方・京阪では、ヨルは基本的には軽卑語として用いられ

てきた、とまとめてもよいのではないか（トルはアスペクト表現だと見てよいであろうが）。

ところで、上方の女性はヨルを使ってきたのか、という点も気になる問題であるが、①（話者・徳兵衛）②（喜多市）③（露雪）は男性の使用例であるが、⑤「箱まくら」の母親の例及び⑥⑦の「興斗月」の例（話者は義太夫芸子浅吉）は女性の使用例であり、当時は上方の女性もヨルを使用したと見てよいように思われる。

さて、日本語史の中でヨルの記述を行う場合、手順として、先の近世上方語の記述から考察は進めて行かねばならない。そうすると、ヨルを、アスペクトというよりもむしろ、モダリティ的意味として捉えるところから始める必要が出てくるであろう。

ところで、丹羽（二〇〇五）には次のような記述がなされている。（資料は「岐阜県土岐市・愛知県犬山市及び江南市のものである）。

　ユキガフットル（雪が降っている）

　ユキガフリョール（雪が降りつつある）

意味の相違が完了と進行であれば、フットルは既に積もっている場合であり、フリョールは今降っている最中である。しかしフットルは降っている最中にも使える。この場合にトルが使えるのは動詞の意味によるのであり、「死ぬ」などの瞬間動詞ではこのようなことはない。この点に着目して標準語のテイルが動詞分類の基準になることもある。しかしその前に「降る＋トル」や「降る＋テイル」が両方を表し得る理由を整理し、ヨルとの相違を明らかにしなければならない。（丹羽一彌『日本語動詞述語の構造』九四～九五頁、笠間書院）

ヨルは現場での目撃情報である。（同、九六頁）

近畿中央部のヨルは待遇表現に使われるが、待遇というのは現場での人間関係に関わることであるから、目撃とまでは限定できないにしても、話し手の主観や状況判断の顕れである。（同、九七頁）

（なお、ここでの「近畿中央部」とは京都大阪を中心とする地域を指すものと考えるべきもののようで、例えば神戸方言などはここからはずれるようである。[3] また、「完了と進行両方を表し得るトル」について工藤（二〇〇六）は「標準語型」と言っている[4]）。

丹羽前掲書には次のような記述もある。

従来の説の話が難しくなるのは、ヨルの持つ意味全部がトルと対立するものと考え、全てをアスペクトという所与の意味範疇の中だけで説明しようとするからである。ある理論で説明できない食い違いがあれば、理論より事実を優先すべきであろう。それぞれの言語事実を詳細に観察し、それに適した枠組みを帰納的に設定して処理すれば、もう少し話は分かりやすくなるのではないか。近畿以東の方言のヨルの意味や職能は、アスペクトという分野から離して考えれば整然と説明できることが多い。一般化とか他の言語と比べるというのはその後のことである。

トルとヨルはアスペクトという文法範疇の中で対立している形式ではない。トルは実現状態の継続という客観的なアスペクトを表し、［命題］を構成する形式である。ヨルの方は現場での目撃・経験という個人的な主観であり、［判断］を構成する形式である。両者は職能の異なる別の種類の形式である。

（同、一〇〇〜一〇一頁）

現代でトルとヨルが使われている方言全てに、この丹羽の説明を当てはめるのは、なかなかに難しいものがあるようだが、少なくとも、近世上方語と現代京阪（を中心とする）方言及び東海方言では、この説明（トルはアスペクトでヨルは違うということ）を十分念頭に置いて考察を進めるのが妥当であろう、と現在筆者は考えている。

4. 西日本方言に見られる「ヨル」について

ところで、現代の西日本方言のアスペクト表現では、

トル	完了（結果の継続）
ヨル	進行（状態の継続）

の意味・用法を持つとされている。[5]

一方、『日本国語大辞典』でのヨルについての記述は、次のようになっている。

◇よる［助動］動詞の連用形について、動作主を軽く卑しめる意を表し、また、その動作が進行中であることを表す。

（『日本国語大辞典』第二版。初版も同様）

先の三節で扱った用法（軽卑語のような場合）と、西日本方言での用法を合わせたような記述かと思われる。

ところで、保科は、ヨルについて次のような記述を行っている。（なお、保科は「関西」という言葉を「西日本」の意味で用いているようである）。

関西地方では、進行現在の形式として、食ヒ居ル、見居ル（実際の発音においては食イヨル、見ヨルといって居る）といふのを、食ットル、見トルといふ、現在の形式から区別して用ゐて居るところが多いが、関東地方には、この区別が殆ど存在しない。例へば、猫ガ死ニヨル、火ガ消エヨルと、猫ガ死ンドル、火ガ消エトルの区別は、関西地方には存在するが、関東地方にはないのである。

（『国語学精義』二八八頁、明治四三・一九一〇年、同文館）

現在の東京語には、進行現在と現在との区別がないが、関西方言には、この区別が厳然として存在するので、此習慣は将来の標準語に採用する必要がないか何うか、やはり問題であろう。例へば、関西地方では、猫が死ニヨルと、猫が死ンドル、火ガ消エヨルと、火ガ消エトルの区別が、厳然として存在するけれども、東京語には、猫ガ死ニヨル、火ガ消エヨルに相当する言ひあらはし方がない。猫ガ死ニカケテ居ル、火ガ消エカケテ居ルと云ふ言ひあらはし方があるけれども、固より同一に見ることが出来ない。それゆゑ、この進行現在の形式は、将来の標準語に採用する必要がないか何うか、研究を要する問題である。（同、四七八頁）

このように、保科はトルを「現在」の形式、ヨルを「進行現在」の形式として捉えているわけである。[6]

5．おわりに

さて、これまで筆者は、「近世上方語および京阪（を中心とする）方言のヨル」（A）と、「西日本方言におけるヨル」（B）を統一的に説明しようと考えてきたが、その考え方にはなお困難な所がありAのヨルとBのヨルは別物と捉えて考察を進めていくほかはない、と考えるに至った。Aはアスペクト的意味というよりも「判断」を構成するもの、Bはアスペクトを構成するもの、と分けて捉える考え方を取る必要がある、ということになると現在は判断している。

ところで、京阪地区のヨルについて、これまで、

「中立的アスペクトが先で、それが衰退して待遇的になった」[7]

などと説明されることがあったが、このような説明は、近代語での使用状況からは、うまく当てはまらないと思われ、修正する必要があるものと考えている。

一方、近世において既に、上方語と西日本方言とでは、ヨルの用法は違う枠組みで説明されるべきもの、となっていたとも思われる。この方向で考え、検討を進めるべきか、とも思われるが、現代の西日本方言の「アスペクトとしてのヨル」の用法は、明治期の保科の記述くらいまではさかのぼれるが、さらにそれ以前の中央語との関連を文献上捉えるのは、なかなか難しい所があるもののように思われる。

注

（1）保科の国語学者としての業績の一つに、本章で取り上げた「トル」と「ヨル」の記述が挙げられるのだが、もう一点、「言文一致」についての記述も注目すべきものとして挙げられる。「国語学会二〇〇一年度秋季大会研究発表要旨」での筆者の記述をいま一度ここに掲げておく。

松村明は「〈である〉調の言文一致体の文章すなわち口語体が東京語の一つの規範となり、共通語化を促進した」というような記述をしており（『増補江戸語東京語の研究』等）、遠藤好英等にも同様の記述が見られる。しかし、保科は「デアル」について「散文か韻文にのみ用いられるもので、談話には決してあらわれない」とし、「言文一致體はたとひ言文の懸隔を取り去るのが主要なる目的であるとしても（略）、言文は何処までも唯談話する通りにかきあらはしたものといふのは、俗説である（『国語学精義』）とする。松村は上記著書に、保科の「尾崎紅葉の『金色夜叉』『多情多恨』等においては精煉修琢を加へた立派な東京語を見ることが出来る」との記述を引いているのだが、雅俗折衷体の作品『金色夜叉』をどうして保科が挙げているのか、意図の理解が不十分なように思われる。また、言文一致体を完成した作品とされる『多情多恨』において、地の部分に古語的な表現がいくつも見られることの意味も、理解が不十分なのではないか。保科は『金色夜叉』『多情多恨』両作品共に「地の文」と「会話文」は違うことを踏まえた上で、両作品の「会話部分」を指して「立派な東京語」と言ったのであり、そこをもう一度考えることで、新たな研究も可能なように思われる。

（『国語学』二〇八号、一六三頁、二〇〇二年一月）

（2）近代語研究においては、特に「近世語」の研究の面において、「江戸前期上方語」だの「江戸後期江戸語」だのといった用語での研究発表が目につくようになった。なぜこれまで積み上げられてきた「近世」という用語を用いないのか、不思議でならない。二〇〇六年春季大会の発表でも、「江戸」として上方資料を扱っている発表が見られたりもした。

（3）神戸市方言のヨル（ヨー）は中立的アスペクトの意味で用いられ、〈進行〉〈状態の継続〉を表すという。（久木田恵氏の御教示による）。

（4）工藤真由美の記述は次のようなものである。

京阪方言では、人の存在を表すのに「イル（イテル）」「オル」という二つの存在動詞を使用することから、アスペクト形式も、シテルとシトルの二つの形式が、文体差、待遇差、感情・評価性の違いを伴いつつ使用されている。シテルであろうとシトルであろうと〈進行〉〈結果〉の両方を表すという点では、西日本方言型ではなく標準語型である。

（『シリーズ方言学二　方言の文法』「第三章　アスペクト・テンス」一〇四頁、二〇〇六年、岩波書店）

（5）例えば工藤真由美編『日本語のアスペクト・テンス・ムード体系』には、

京阪地区を除く西日本の広い地域に分布する方言では、〈進行〉は「桜の花が散りよる（散りよー、散りゆー）」、〈結果〉は「桜の花が散っとる（散っちょる、散っとー）」のように、別の形式で表し分ける。

（同書、二頁、二〇〇四年、ひつじ書房）

とある。

（6）この記述でのヨルは、先の丹羽のいう「現場での目撃・経験という個人的な主観であり、〈判断〉を構成する形式」を指しているとも考えられるように思われるのだが、無理があるだろうか。もう少し検討を続けたいと思っている。また、保科のいう「標準語への採用」の問題についても、さらに検討を重ねたいと思っている所である。

（7）例えば中井精一「上方およびその近隣地域におけるオル系「ヨル」・「トル」の待遇化について」に見られるような説明である。

「ヨル」と「トル」については、感覚的「ヨル」の方が軽卑度が強いように感じられる。これはアスペクト形式において進行と結果の区別をなくし同一の形式で表現される過程で、「ヨル」が消滅し「トル」に一本化することに起因している。つまり「ヨル」がアスペクト的意味を失い、いち早く待遇的マークになったのに対して、「トル」はアスペクト性をより遅くまで保持してきたため、感覚的「ヨル」の方が軽卑度が強いように感じさせるのである。しかしながら、言語変化の大きな方向性としてはオル系「ヨル」「トル」はともにアスペクト表現から待遇表現のそれに移行しており、オル系「ヨル」「トル」として一括して扱いたい。

（『国語語彙史研究二一』左二八頁、二〇〇二年、和泉書院）

しかしながら、これまで見てきたように、「ヨル」は上方語では当初から待遇表現として用いられていたものであり、アスペクト性の消滅云々を論ずることは妥当ではないと思われる。（「トル」の待遇化については今後の課題として検討を行っていきたい）。筆者は上方語の「ヨル」については、考察の方向としては丹羽の立場を支持するものであることを今一度述べておく。

主な参考文献（先に挙げた以外のもの）

楳垣実編『近畿方言の総合的研究』（一九六二年、三省堂）
金水　敏『日本語存在表現の歴史』（二〇〇六年、ひつじ書房）
金水　敏「日本語アスペクトの歴史的研究」（『日本語文法』六巻二号、二〇〇六年九月、くろしお出版）
工藤真由美『アスペクト・テンス体系とテクスト』（一九九五年、ひつじ書房）
中井幸比古編『京都府方言辞典』（二〇〇二年、和泉書院）

第四章　近世後期上方語におけるテルをめぐって

1．はじめに

現代の関西方言で、「完了（結果の継続）」及び「進行（状態の継続）」を表すアスペクト表現として「トル」を用いる地域があることは知られているが、「トル」ではなく基本的には「テル」を用いる地域もかなりある。特に、京都や大阪など近畿中央部の方言として広く見られるようである。これは、必ずしも共通語の影響でそうなったのではなく、近世のころから地域の言葉として用いていたようである。

一方、筆者は滋賀県方言話者であるが、アスペクト表現として基本的に「トル」を用いてきた。（これは男性だからであり、女性はテルの方をよく用いるのかもしれない）。（なお、「ヨル」の用法は卑語であり「主観や判断を表すヨル」という点で、中部地方の用法と近い(1)。この点は京阪での用法と共通する）。

本章では、主に近世後期上方語でのテイル・テルの使用状況及びテオル・トルの使用状況を見ていくが、特に「上方語でのテルの使用」を確認したことを、特筆事項として記しておきたい。

2. 江戸語でのテル

まず、江戸語でのテルを確認しておく。

東京語（共通語）でテルを使用していることは周知のことであろうし、明治期においてもテルは標準的なものととらえられていたかと思われる。

明治期の国語学者、保科孝一はテル（及びトル）を口語の標準的な音韻変化としている。

> テイル、デイル、テオル、デオルわ、実際発音する際に、食ツテル、死ンデル、枯レトル、遊ンドルという様に、融合することがある。（『日本口語法』三〇四頁、明治四四・一九一一年、同文館、〈勉誠出版より復刻〉）

この記述のあとに、次のような記述がある。

> 僕ワ、花ワ、コレワ、ソレワ、酒ワ等の形式が、実際の発音において、ボクア、ハナー、コリヤ、ソリヤ、サケーという様に融合することがある。然しこれわ鄙俗の語であるから標準語としてわ取ることが出来ない。食ツテシマツタ、取ツテシマツタ、行ツテシマツタ等の形式が、実際の発音において、クツチヤツタ、トツチヤツタ、イツチヤツタという様に融合することがある。これも鄙俗の語であるから取ることが出来ない。
>
> （略）
>
> 固より中にわ標準的のものと認められないものがある。例えば、ボクア、ハナー、サケー、クツチヤツタ、行ツチヤツタという様なものわ、標準語としてわ捨てなければならん。けれども、その他のものわ、すでに標準的のものなつて居るから、之を捨てることが出来ないのである。（同、三〇五～三〇六頁）

このように保科はテル（及びトル）を標準語とみなしているわけである。

その前の時代、江戸語でテルを用いていたこともよく知られているかと思われる。『江戸語大辞典』（前田勇編、一九七四年、講談社）でも、

てる　は「ている」の約。

との記述がある。そこで挙げられている例は次のようなものである。

○墨　かくしなさんなよくしってる。（妓者呼子鳥、安永六・一七七七年、7、一一四頁下六）

○庄　角左ヱ門がそばについて、ちつともはなさず（青楼五雁金、天明八・一七八八年、14、二二四頁下一六）

江戸語としてテルは広く一般に使用されたものと認めてよいかと思われる。

3．近世後期上方語でのテイルとテル

さて、京都・大阪でのテルである。京都方言としての記述では、例えば『近畿方言の総合的研究』（楳垣実編、一九六二年、三省堂）では、

京都市はじめ、山城・口丹波の一部分では、雨ガ降ッテルの形で、継続態を表わす。これは東京語と同じ形のものであるが、必ずしもその影響であるとはいえない。（「京都府方言」、二八八頁、奥村三雄執筆）

というように記述されている。一方、大阪の方言としては、例えば牧村史陽編『大阪ことば事典』（一九七四年、講談社）では、「テル（助動）ている。」などとして記述されている。

上司小剣の作品を見てもテルが多く用いられていることがわかる。例えば「鱧の皮」（大正三・一九一四年）では、

○「……また金送れか。分つてるがな。」（『岩波文庫　鱧の皮　他五篇』三七頁）

○「阿呆らしい、何言うてるのや。」（同、三七頁）

のような例が多く見られる。このように、近代において京阪ではテルが一般に広く用いられている。

一方、上方語におけるテルについてであるが、前田勇編の『上方語源辞典』（一九六五年、東京堂出版）の「てる」の項には、

〔語源〕テイルの約。近世の用例未見。

とある。また、『近世上方語辞典』（前田勇編、一九六四年、東京堂出版）には、テルの記述はない。近世の上方語では、テイルの使用が一般的であったと思われる。

なお、湯澤幸吉郎『徳川時代言語の研究』（一九三六年、刀江書院、一五〇頁）を見てみると、「おる」の項に、

「ておる」の例は余り多からず、その場合には「て居《ゐ》る」を用いるのが普通である。

などと記述され、上方語において、テオルよりテイルの方が一般的だったことが窺える。

このように上方語では基本的にテイルが用いられ、それは文化年間（一八〇四～一八一八）頃までは、変わらなかったかと思われる。しかし、次のように、文政年間頃からテルの使用も出始める。

まず先に、大坂での例を挙げる。次の例は洒落本「粋の曙」（文政三・一八二〇年）のものである。

①露　そんなら来年あたりはどこぞの娘になつてるであろふ　（㉖、二九四頁下三行）

②巴　……夫《それ》に大吉でそちをよんだらしつてる通こゝの親父の叮嚀《ていねい》しや此間のをあてつけによぶよふでわるいから　（同、二九八頁下一六）

なお、①の露雪（露）は「男がゐいとつらい物《もん》じゃナ」（二九五頁下五）などと、②の巴調（巴）も「いわぬかへそんな事いうたとて腹たてるよふな事はせぬ」（二九九頁下一）などといった話し方をする、共に一般的な大坂人と見られる人物である。

また、元治（一八六四～一八六五年）前後の滑稽本である「穴さがし心の内そと」の、

③キク　是モウみな袷《あわせ》になつてるぜ　（三編、『近代語研究四』四七五頁九行、一九七四年、武蔵野書院）
④キく　ソレハけつかふ〳〵〳〵硫黄《いをん》木やの手間取《てまとり》と来てる　（同、四七五頁一四）
⑤　平助…庄六さん一荷《いつか》往てんか堀江の下の高ばしのあたりに泊《かか》ツてる五平次船へやつておくれ　（同、四八三頁六）

といったテルの例が見られる。なお、⑤の平助は「往てんか」などと大坂らしい話しぶりをする人物であるし、③④の菊八も「ア、ゑらい蚊じや」（四七五頁一）「置やが質やになるよつて」（四七五頁一〇）などと、やはり大坂らしい話し方をする人物である。

これら用例を見ると幕末の大坂では、かなりテルが一般化してきていたかと思われる。

なお、次の例は江戸者の使用例である。

○手　そふだろふけれど今私《わちき》がしてる此玉ぐさりなぞア地がわりいから　（同、四八二頁一〇）

こういった例があったことから、上方語としてテルを認めることに慎重な向きもあったかもしれないとは思われる。

一方、京都の例だが、洒落本を見ると、「箱まくら」（文政五年、27）という作品では、テイルは見られるが、テルは見られない。「老楼志」（天保三・一八三二年、28）という作品でも、次のように、テイルは多く見られるが、テルは見られない。

○清　……大かたとけて浮てゐるじやあろ　（三二二頁下六）
○半　あいつ大分気がきいてゐるナア　（同下九）

しかし、「興斗月」（天保七・一八三六）という作品を見ると、

⑥浅…かごやがまつてるへ　（29、一三七頁下四）

とテルの例が見られる。また、「千歳松の色」（嘉永六・一八五三年、29）という作品でも、

⑦つる……しかしもうおいで、はあらふとおもふてるけれど　（三三〇頁上六）

というテルの例が見られるのである。

このように、幕末に近い頃の上方では、京坂共にかなりテルが用いられるようになっていたのではないかと思われる。

なお、「興斗月」作品の資料性を問題にしたことがあるが、「千歳松の色」という別作品でもテルが見られることもあり、今回取り上げた点については問題ないと思われる。

4. テオルとトル

ここで、テオルとトルについて見ておく。

まずテオルについてだが、『徳川時代言語の研究』には、「おる（居《を》る）」の説明の一部として、次のように記述されている。

> 動詞の連用形・音便形を承けた「て」に附いて、之と共に「て居《ゐ》る」と同じ意に用いられる。　（一四九頁）

用例として「返報する、覺えておれ」（心中天の網島）といった例などが挙げられているが、先に見たように「テオルの例は余り多くない」としている。

一方、トルについてだが『上方語源辞典』には、

> とる《助動ラ五》動詞連用形につく。…ている。…ておる。「そんなとこで何しトンね」「ようわかっトリま

す」

のような記述がなされている。

一方、『京都府方言辞典』（中井幸比古編、二〇〇二年、和泉書院）では、「トル」について次のような記述がみられる。

京や京より南では卑、かつ、京ではテヨル・トールが多く、トルはやや少ない。

また、『近畿方言の総合的研究』では、

丹波から丹後へかけて、一般に、降ットル形が用いられる。これは、山城地方でも、かなり使用されるし、京都市でも或る程度使用される。テル・トル並用地域では、トルが男性語的性格をもっている。このトルはラ行五段に活用するが、テ居《オ》ルの約まった形として当然のことである。（『京都府方言』、二八八頁）

などとあり、『大阪ことば事典』にも「トル」は「しておるの約である。トォル。」などとある。そこで「トォル」の項を見ると、

ておる。キトォル（来ておる）・カイトォル（書いている）などと使用し、「今書いトォンや」（今書いておるのだ）などとも発音するが、これは主として男、男の子の用語に見られるものであって、普通にはキテル（来ている）・カイテル（書いている）と使う。一方このオルがヨルとなり、キテヨル・カイテヨルともなるが、これ多少軽蔑の意を含んでいる。

などと記述されている。

さて、トルの近世での用例であるが、

◎ばんとう「わたしも、きのうのけんかは對人《あひて》を知居《しつと》りますが

（浮世風呂、文化六～一〇・一八〇九～一八一三年、『日本古典文学大系』二四九頁）

という例が上げられるほか、なかなか他の例が見られない。〈『日本国語大辞典』にはもう一例、享保年間〈一七一六～三六〉の「雑俳・智恵車」での「渋団・裸で橋で涼んどる」という例が挙げられている〉。〈上記のどちらの例も、上方者ではなく西国者の例かも知れない〉。

『近世上方語辞典』には、テルの記述がないほか、トル〈及びテオル〉の記述もない。〈オルの記述もないのだが〉。近世においては京都大坂共にトルはほとんど用いられなかったのかもしれない、とも思われる。

5．西日本方言でのオルとヨルについて

ところで、『徳川時代言語の研究』には、先の「ておる」の記述から続けて次のような記述がなされている。

【注意】「ておる」の例は余り多からず、その場合には「て居《ゐ》る」を用いるのが普通である。この場合に「て」を略して、「読みおる」「書きおる」の様にする言方は、京阪地方には用いないが、地方には行われたものらしい。「忠臣金短冊」〈享保十七年豊竹座上演〉第三に、大岸力弥が島原の遊女屋に訪ねて行つて、「然らば〈吾八〉爰に待ちおらふ」と言うに対して、亭主の女房が応待した詞が、

◇お若衆の待おろはお國詞か、そんなら私《わし》も勝手へ立ちおらふ。デエお茶くんで来をらふと、ひんしやんとして入りにけり。

と見える。これは京阪地方で「待つておろう」と言うのを、「まちおろ」と「て」を抜いて言つた為に、わざとからかつたのである。〈一五〇頁〉

さて、現代の西日本方言のアスペクト表現では、

トル	完了	（結果の継続）
ヨル	進行	（状態の継続）

の意味・用法を持つとされている。例えば工藤真由美編『日本語のアスペクト・テンス・ムード体系』（二〇〇四年、ひつじ書房）には、

　京阪地区を除く西日本の広い地域に分布する方言では、〈進行〉は「桜の花が散りよる（散りよー、散りゆー）」、〈結果〉は「桜の花が散っとる（散っちょる、散っとー）のように、別の形式で表し分ける。（同、二頁）

とある。

先の湯澤の「待おろはお國詞」云々についての記述は、西日本方言の、進行態のヨルにつながるオルの記述かとも思われるものである。

なお、湯澤は【「おる」の補助的用法】の記述として、

　動詞・活用連語の連用形に附いて、動作主を卑しめ罵る意を表す。（同、一四九頁）

とし、

　【注意】「おる」が「よる」となることがある。（同）

と記述し、曾根崎心中（元禄一六・一七〇三年）の、

○さりながら大方まづ済みよつたが、一部始終を聞いてたも（『近松全集四巻』一三頁）

等の例を挙げている。

上方及び近畿中央部とそれ以外の西日本のオル・ヨルの用法の分化が、近世において既に窺えるようにも思われ

る。

ところで、保科は、ヨルについて次のような記述を行っている。（なお、保科は「関西」という言葉を「西日本」の意味で用いているようである）。

関西地方では、進行現在の形式として、食ヒ居ル、見居ル（実際の発音においては食イヨル、見ヨルといって居る）といふのを、食ッ卜ル、見トルといふ、現在の形式から区別して用ゐて居るところが多いが、関東地方には、この区別が殆ど存在しない。例へば、猫ガ死ニヨル、火ガ消エヨルと、猫ガ死ンドル、火ガ消エトルの区別は、関西地方には存在するが、関東地方にはないのである。

（『国語学精義』二八八頁、明治四三・一九一〇年、同文館）

このように、保科はトルを「現在」の形式、ヨルを「進行現在」の形式として捉えているわけであるが、「ヨル」は上方語では当初から待遇表現として用いられていたものであり、明治期より前、近世において既に、上方語と西日本方言とでは、ヨルの用法は違う枠組みで説明されるべきであったのではないかと考えている。

6. テルとトルについて（まとめ）

アスペクト表現として上方語では、京都でも大坂でもテイルまたはテルが一般的である。上方語でのテルの存在は、これまで指摘されなかった点であり、この指摘によって例えば「テルという縮約形が江戸語のみにみられる」（迫野虔徳『文献方言史研究』二二四頁、一九九八年、清文堂出版）といった記述も修正の要が出てくると思われる。

ところで、工藤真由美の記述に次のようなものがある。

京阪方言では、人の存在を表すのに「イル（イテル）」「オル」という二つの存在動詞を使用することから、アスペクト形式も、シテルとシトルの二つの形式が、文体差、待遇差、感情・評価性の違いを伴いつつ使用されている。シテルろうとシトルであろうと〈進行〉〈結果〉の両方を表すという点では、西日本方言型ではなく標準語型である。

（『シリーズ方言学二　方言の文法』「第三章　アスペクト・テンス」一〇四頁、二〇〇六年、岩波書店）

京都及び大阪では、テル及びトルは使われ始めた当初から、右の記述の通り〈進行〉〈結果〉両方の意を表すものだったと思われる。（ヨルは当初から卑語として使われた）。ただ、トルは上方語としての用例は少なく、主に明治以降に用いられるようになったものかとも思われる。

なお、「アスペクト形式においてヨルが消滅し」「進行と結果の区別をなくし、トルに一本化」された、「ヨルはアスペクト的意味を失い、いち早く待遇的マークになった」「言語変化の大きな方向性としてはオル系「ヨル」「トル」はともにアスペクト表現から待遇表現のそれに移行しており、オル系「ヨル」「トル」として一括して扱いたい」などととらえる論考があったが[2]、上方語では、ヨルは当初からアスペクト表現ではなかったわけであり、先述の通り、トルはテル同様、当初から「進行」と「結果」両方を表すものだった、と捉える方が自然な考え方かと思われる。

7. おわりに（附・イテルについて）

テルについてはまだまだ上方語での用例を探していきたい。また、上方語及び関西方言のトルについてなども用例を探していきたいと考えている。

そのうえで、上方語でのアスペクト体系についてもう少し検討を続け、考察していきたいと考えている。

なお、近代京阪方言では「イテル」という言葉がよく使われる。上司小剣の「鱧の皮」を初めとする諸作品ではイテルの例は見られないが、『上方語源辞典』では、

いてる［居てる］①居るの継続態。「みんなまだ教室にイテル」②居る。「源さん、イテルか」

などとある。

また、『大阪ことば事典』では、

居ているの約。否定形はイテヘン。ていねいに言うとイテハル。

と記述されている。

一方、『京都府のことば』（一九九七年、明治書院、「Ⅳ　俚言」執筆中井幸比古）には、

イテル〈居てる〉〈京阪〉大阪市では、「居る」とほとんど同義で頻用するようだが、京都市ではあまり使わない。人によってときどき使うが、継続の意味を強めるような場合に限るか。例：「（私があなたの家に行くかも知れない、と言ったから、あなたは、わざわざずっと）イテトクレヤシタノドスカ（居てくださったのですか）」。（二一三頁）

などとあり、また、『京都府方言辞典』でも、イテルについて「京では使わぬでもないがイルがより普通。」と記述されている。

ところで、金水敏『日本語存在表現の歴史』（二〇〇六年、ひつじ書房）では、イテルの例として明治期大阪落語の例を挙げている。

○あんた、内去《うちい》なんと、わたいの傍《わき》にばっかりいてとくれやすやろな
（初代桂枝雀「煙管返し」、明治三六・一九〇三年）

○おい兄弟、うちにいててか。
（四代目笑福亭松鶴「平の陰」、明治四〇年頃）

ただ、「大阪方言」の記述として、

実際には「いる」よりも「いてる」という形式がよく現れる。「いてる」を「いて＋いる」と考えると、無意味な重複のように見えるが、これは、京都などで「―て＋いる」から「―てる」へと先進的に発達した状態化形式を用いて、「いる」が未だ十分に状態的になりきっていない地域の「いる」が状態化されたものと見ることができよう。

（二六〇頁）

とあるところは私にはよく理解できない。三節で見たように、大阪より「京都などでテイルがテルへと先進的に発達した」とは認め難く、テルの大阪での使用は京都と同時期か、むしろ先行した、とも捉えられるものである。また、「状態的になりきっていない地域のイルの状態化」という点についてだが、どういった論拠で大阪が京都よりも状態化がはっきり遅れていた、と言えるのであろうか。私の理解の及ばないところである。

なお、名古屋では、「おっとった、おっとれせん」（三遊亭円丈『ファイナル雁道』一九九二年、海越出版社）といった語形が見られるという。「おる＋とる＋た」、「おる＋とる＋せん」であろうが、このような語形も併せて検討していきたいと考えているところである。

注

（1）丹羽一彌『日本語動詞述語の構造』（二〇〇五年、笠間書院）での記述による。

（2）中井精一「上方およびその近隣地域におけるオル系「ヨル」・「トル」の待遇化について」（『国語語彙史研究二一』二〇〇二年、和泉書院）の記述による。

主な参考文献（先に挙げた以外のもの）

井上文子『日本語方言アスペクトの動態』（一九九八年、秋山書店）

井之口有一・堀井令以知（編）『京都語辞典』（一九七五年、東京堂出版）
金沢裕之『近代大阪語変遷の研究』（一九九八年、和泉書院）
金水　敏「日本語アスペクトの歴史的研究」（『日本語文法』六巻二号、二〇〇六年九月、くろしお出版）
工藤真由美『アスペクト・テンス体系とテクスト』（一九九五年、ひつじ書房）
坂梨隆三『近世語法研究』（二〇〇六年、武蔵野書院）
陣内正敬・友定賢治（編）『関西方言の広がりとコミュニケーションの行方』（二〇〇五年、和泉書院）
寺島浩子『町屋の京言葉――明治三〇年代生まれ話者による――』（二〇〇六年、武蔵野書院）
中井幸比古「幕末期京都語について」『新撰組　京都の日々』所収、二〇〇七年、東京都日野市）
堀井令以知『京都語を学ぶ人のために』（二〇〇六年、世界思想社）
堀井令以知（編）『京都府ことば辞典』（二〇〇六年、おうふう）
柳田征司「近代語の進行態・既然態表現」（『近代語研究八』所収、一九九〇年、武蔵野書院）

第五章　近世後期上方資料に見られるテルとチヨルについて

1．はじめに

現代の関西方言で、「完了〔結果の継続〕」及び「進行〔状態の継続〕」を表すアスペクト表現として基本的には「テル」を用いる地域がかなりある。特に、京都や大阪など近畿中央部の方言として広く見られる。これは、必ずしも表通語の影響でそうなったのではなく、近世頃から地域の言葉として用いていたようである。

本章ではまず、近世後期上方語でのテルの使用状況を確認する。次に、上方板洒落本に一つの特定な場面で見られるチヨルについて触れ、その性質を見ていきたい。

2．近世後期上方語におけるテル

まずテルについての記述をいくつか挙げてみる。

Ｉ　てる《助動タ下一》動詞連用形に付く。…ている。否定「…テエへん」「…テない」過去「…テた」命令「…テエ」〔語源〕テイルの約。近世の用例未見。〔前田勇編『上方語源辞典』一九六五年、東京堂出版〕

Ⅱ　近世後期にテル形が江戸で盛んに用いられるようになるのに対して、上方ではこの形がみられないことは注意すべきである。（略）
テルの形は上方人にとっても江戸語に特徴的な形と感じられていたらしい。上方洒落本「阿蘭陀鏡」（寛政十年作）に登場して、江戸っ子口調をまねる江戸かぶれの通人達の会話にはこのテル形が使われている。
・あれも去男《さるおとこ》と紅閨《かうけい》の枕《まくら》をかはす気取《きどり》で契話《ちわ》ッてるヨ
江戸言葉としての意識的なテル形使用であろう。
以上にみるようにテイルからイを脱落させたテル形の有無も、上方語と江戸語の特徴的な相違点の一つとなっているのである。
（坪井美樹「近世のテイルとテアル」『佐伯梅友博士喜寿記念国語学論集』一九七六年、表現社）

Ⅲ

事項	東部方言	西部方言
進行態	散ってル	散リヨル（〜ツトル　中部・近畿）

（大橋勝男「方言・共通語」『国語概説』一九八三年、和泉書院）

Ⅳ　東国語系の場合は、主語の性情との結びつきというより、テイルという状態表現形式としての形式化の方が進んで、そのために非情の主語についても早くから用いられるようになったのではないかと思われる。テルという縮約形が江戸語のみにみられるのもこうしたことと関係があるかもしれない。
（迫野虔徳『文献方言史研究』二二三〜二二四頁、一九九八年、清文堂出版）

テルを江戸語・東京語と見、上方語には見られないとする向きが多いようである。

しかし、次のような記述にも留意しておく必要がある。

Ⅴ　京都市をはじめ、山城・口丹波の一部では、雨ガ降ッテルの形で、継続態を表わす。これは東京語と同じ形のものであるが、必ずしもその影響であるとはいえない。

（楳垣実編『近畿方言の総合的研究』、奥村三雄筆「京都府方言」二八八頁、一九六二年、三省堂）

Ⅵ　京阪方言では、人の存在を表すのに「イル（イテル）」「オル」という二つの存在動詞を使用することから、アスペクト形式も、シテルとシトルの二つの形式が、文体差、待遇差、感情・評価性の違いを伴いつつ使用されている。シテルであろうとシトルであろうと〈進行〉〈結果〉の両方を表すという点では、西日本方言型ではなく標準語型である。

（工藤真由美『シリーズ方言学二　方言の文法』「第三章　アスペクト・テンス」一〇四頁、二〇〇六年、岩波書店）

このように、テルは現代の京阪で一般に使用されるものだが、近代の京阪においてもテルは多く用いられている。例えば上司小剣の「鱧の皮」（大正三・一九一四年）では、

○「……また金送《かねおく》れるか。分《わか》ってるがな。」

（『ホトトギス』大正三年一月号、四頁一）

○「阿呆《あはう》らしい、何言《なにい》うてるのや。」

（同、四頁八）

のような例が多く見られる。（近代における京阪のアスペクト形式としてはテルが最も一般的なもの[1]と言えよう）。

さて近世以前、上方語では基本的にテイルが用いられ、それは文化年間頃までは、変わらなかったかと思われる。

○小糸……私《わし》が酒呑《いけ》ぬ事よふ知《し》つて居《い》るのじやわいナア

（なにはの芦、文化四・一八〇七年、『洒落本大成』補巻、三六三頁上九）

○つる……それでは済《すま》ぬの済《すむ》のと何の事はない井戸替《いどがへ》の跡《あと》かなんぞのやふに談《せりふ》論して居《い》るじやないかいナア

（同、三六四頁上一）

しかし、次のように、文政年間頃からテルの使用も出始める。

まず先に、大坂での例を挙げる。次の例は洒落本「粋の曙」（文政三・一八二〇年）のものである。

①露 そんな来年あたりはどこぞの娘になつてるであろふ　（26、二九四頁下三）

②巴……夫《それ》に大吉でそちをよんだらしつてる通こ、の親父の叮寧《ていねい》しや此間のをあてつけによぶよふでわるいから　（同、二九八頁下一六）

なお、①の露雪（露）は「男がゐいとつらい物《もん》じゃナ」（二九五頁下五）などと、②の巴調（巴）も「いわぬかへそんな事いうたとて腹たてるよふな事はせぬ」（二九九頁下一）などといった話し方をする、共に一般的な大坂人と見られる人物である。

また、元治（一八六四〜一八六五）前後の滑稽本である「穴さがしの心の内そと」の、

③妾　つとめしてる内は富家《ゐ、しゆ》の奥《をく》さんになつたら結構《けつかう》な物じやとおもふて居《ゐ》たが
（三編、『近代語研究四』四七三頁九、一九七四年、武蔵野書院）

④妾　アリヤ三味線《さみ》の苗作《なへつくつ》てるのデエ　（同、四七四頁九）

⑤キク　是モウみな袷《あわせ》になつてるぜ　（同、四七五頁九）

⑥キく　ソレハけつかふ〳〵〳〵〳〵硫黄木《いをん》やの手間取《てまとり》と来てる　（同、四七五頁一四）

⑦亭　問《とい》やものばつかりしてたら御《を》かげで菰《こも》をかぶらんならん　（同、四八二頁二）

⑧平助…庄六さん一荷《いつか》往てんか堀江の下の高ばしのあたりに泊《かか》ツてる五平次船へやつておくれ　（同、四八三頁六）

といったテルの例が見られる。なお、⑧の平助は「往てんか」などと大坂らしい話しぶりをする人物であるし、⑤⑥の菊八も「ア、ゐらい蚊じや」（四七五頁一一）「置やが質やになるよつて」（四七五頁一〇）などと、やはり大坂ら

しい話し方をする人物である。

これらの用例を見ると幕末の大坂では、かなりテルが一般化してきていたかと思われる。

なお、次の例は江戸者の使用例である。
○手　そふだろふけれど今私《わちき》がしてる此玉ぐさりなぞア地がわりいから　（同、四八二頁一〇）
こういった例があることから、上方語としてテルを認めることに慎重な向きもあったかもしれないとは思われる。

一方、京都の例だが、洒落本を見ると、「箱まくら」（文政五・一八二二年、27）という作品では、テイルは見られるが、テルは見られない。

「老楼志」（天保三・一八三二年、28）という作品でも、次のように、テイルは多く見られるが、テルは見られない。
○清　……大かたとけて浮てゐるじやあろ　（三二二頁下六）
○半　あいつ大分気がきいてゐるナア　（同下九）
しかし、「興斗月」（天保七年）という作品を見ると、
⑨浅…かごやがまつてるへ　（29、一三七頁下四）
とテルの例が見られる。また、「千歳松の色」（嘉永六・一八五三年、同）という作品でも、
⑩つる　…しかしもうおいで、はあらふとおもふてるけれど　（三三〇頁上六）
というテルの例が見られるのである。

このように、幕末に近い頃の上方では、京阪共にかなりテルが用いられるようになっていたのではないかと思われる。

なお、「興斗月」という作品は、上方語資料としては資料性に問題はないのだが、京都語資料としては問題があ

り、京都でのテルの使用は、確実なものとしては「千歳松の色」の幕末期とみる方がよいのかもしれない。

ここまで、近世上方でのテルの使用を見てきたが、テルの大坂での使用は、京都と同時期からか、あるいは京都に先行した可能性があるといえよう。なお、近現代での用法（「イテル」などの用法を含む）などから見ても、京阪でのテルの使用は江戸語の影響からだけとは言えないと私は考えている。(2)

3. 近世におけるオル

ここで、近世でのオル（及びトル・ヨル）について簡単に確認しておく。

湯澤幸吉郎『徳川時代言語の研究』（一五〇頁、一九三六年、刀江書院）を見てみると、オルの「補助的用法」として、

動詞・活用連語の連用形に附いて、動作主を卑しめ詈る意を表す。（一四九頁）

とあり、さらに、

【注意】「おる」が「よる」となることがある。（同）

と記述され、「曾根崎心中」（元禄一六・一七〇三年）の、

○さりながら大方まづ済みよつたが、一部始終を聞いてたも（『近松全集四』一三頁）

等の例を挙げている。（ヨルは上方語としては当初から軽卑語だったと言えよう）。

また『徳川時代言語の研究』では、先の記述に続けて次のような記述がある。

動詞の連用形・音便形を承けた「て」に附いて、之に共に「て居《ゐ》る」と同じ意に用いられる。（略）

【注意】「ておる」の例は余り多からず、その場合には「て居《ゐ》る」を用いるのが普通である。

この場合に「て」を略して、「読みおる」「書きおる」の様にする言方は、京阪地方には用いないが、地方には行われたものらしい。「忠臣金短冊」（享保一七年豊竹座上演）第三に、大岸力弥が島原の遊女屋に訪ねて行つて、「然らば〔吾八〕爰に待ちおらふ」と言うに対して、亭主の女房が応対した詞が、

◇お若衆の待おろはお國詞か、そんなら私《わし》も勝手へ立ちおらふ。デエお茶くんで来をらふと、ひんしやんとして入りにけり。

と見える。これは京阪地方で「待つておろう」と言うのを、「まちおろ」と「て」を抜いて言つた為に、わざとからかつたのである。　（一四九～一五〇頁）（なお、享保一七・一七三二年）

このような、西国方言についての意識にも留意しておく必要があろう。

現代の西日本方言ではアスペクト表現として、

トル	完了（結果の継続）
ヨル	進行（状態の継続）

の意味・用法を持つとされており、先の湯澤の「待おろはお國詞」云々についての記述は、「西日本方言の進行態のヨル」につながるオルの記述かとも思われるものである。

上方及び近畿中央部とそれ以外の西日本のヨルの用法の分化は、近世において既に窺えるようにも思われる。

ところで、トルの近世での用例であるが、

◎ばんとう「わたしも、きのうのけんかは對人《あひて》を知居《しつと》りますが

（浮世風呂、文化六～一〇・一八〇九～一八一三年、『日本古典文学大系』、二四九頁）

という例が上げられるほか、なかなか他の例が見られない。（『日本国語大辞典』にはもう一例、享保年間〈一七一六～

一七三六〉の「雑俳・智恵車」での「渋団・裸で橋で涼んどる」という例が挙げられている）。（上記のどちらの例も、上方者ではなく西国者の例かも知れない。）また、『近世上方語辞典』（前田勇編、一九六四年、東京堂出版）を見ても、トル（及びオル・テオル）の記述はない。（テイル・テルの記述もないのだが）。

近世においては京都大坂共にトルはほとんど用いられなかったのかもしれない、とも思われる。

4. 上方板洒落本に見られるチヨル

ところで、一つの上方洒落本にチヨルという語形が見られる。大坂板洒落本「一文魂」（文化四・一八〇七年）の中にである。

チヨルについては『日本国語大辞典』には次のようにある。

ちょる【連語】（助詞「て」に動詞「おる（居）」の付いた、「ておる」の変化したもの）…ている。

用例として挙げられているものは、次のようなものである。

○（須）それでも。ゑらい久《ひさ》しい間《あひ》だ。君《きみ》と談話《はなし》をしちよつたではないか

（「当世書生気質」第一号、七オ一〇〈明治一八・一八八五年〉）

○『ウム、其方《そち》の方《はう》が余程物《よほどもの》が解《わか》つちよる

（「火の柱」十六の一、明治三七・一九〇四年、『日本近代文学大系二〇　木下尚江集』一二〇頁、角川書店）

このうち「当世書生気質」には、「書生中には上方の生にありながら土佐方言などを真似る者あり」などとする作者の注記がある。一方、「火の柱」の例は「伊藤侯爵」の発話中の例であり、明らかに長州出身の伊藤博文を想起させるものである。

明治期において「ちよる」は西国方言と捉えられていたと見てよいであろう。

さて、「一文魂」という作品は、

> 西国の荷主三五兵衛と伴の八右衛門を、大坂西浜の問屋の主人万蔵が、新町の廓に案内して遊ぶというもので、三五兵衛、八右衛門の使用する九州方言の左に、それを説明する大坂言葉を付けて、方言のおかしさを確保している。〈24、解題〉

というような解説がなされているものである。（三五兵衛と八右衛門を主人万蔵は「西国がた」〈24、一五四頁〉と呼んでいる。本人達は「九州」〈同、一五三頁〉と名乗っている）。

表1は三五兵衛、八右衛門の言葉とそれを説明する左ルビの言葉を抜き出し、アイウエオ順に整理したものである。

表1　三五兵衛、八右衛門の言葉と左ルビ（『洒落本大成』二四、一五〇〜一六九頁）

言葉	左ルビ	頁
あした	明日	一五〇
あやし	おとし	一五三
あやし申し	おとしました	一五四
あれ	そなた	一五一
あんがい	あちら	一五〇
あんがいにも	あちらにも	一五五
あんぜ	あんじ	一五八・一六六
あんぜんつき	おもひだした	一六一
あんと	なんと	一五八
おけた	おほける	一六〇
おぞい	おそろしい・あそろしい	一六〇・一五八
お身	わしが	一六八
おやつと	御くらう	一五〇
きう	けふ	一五〇
きらつ	きらり	一五五
くぼか	ふかい	一六九
くらずみ	くらがり	一五四・一六六・一六七
くらまぬ	来ぬ・こぬ	一五七・一六九
くらむか	くるか	一五七
五器手	左	一五九

ことろし	大ぜい	一五五
これはわいた事	ごうがわいた事	一六一
ごわざんで	おむつかしう	一五九・一六〇
こんがい	こちら	一五〇・一五二
こんがいな	こちらの・此やうな	一五二・一六六
さち	さて・扨	一五〇〜一六九
さてしさり	これはしたり	一五九
さるき	あるき	一五〇
しうべん	小べん	一五三
しばや	芝居	一五〇
じゆう	自由	一五〇
じんばらかいて	はらをたて丶・はらがたつて	一六〇・一六九
すいたか	すきか	一六八
すどもの	ぬすみもの	一五四
すどわろ	ぬす人	一五九
せん	銭	一五三・一五九
せんの	せにを	一五四
そろつかい	そろ〱	一五一
そんがいに	そないに・そのやうに	一六〇・一六五
だれ	くたびれ	一五〇・一五二・一五八
ちへのふて	つれだちて	一五一
で	出	一五一
どんがいか	どちへか	一五八
どんがいくらふたか	どちへいたか	一六一
二才	手代	一五〇

ぬすと	盗人	一五四
のし	なり	一五二・一六九
のちより	乗り	一六六
はからいこと	よしにせい	一五四・一六五
はからい事	よしにせい	一六六
箸手	右	一五九
はらほげ	腹にあなあけ	一五一
火	やいと	一五〇
ひつたまげ	たまぎる也	一五八
ひつまたげ	たまぎる也	一六〇
ふき	のみ	一六八
ふとか	大ぶん	一五三・一六八
ふとか事	おびた丶しう	一五七
ほが	あけ	一五六
ほけ	ほこり	一五二
ほこり	埃	一五二
ほつしやう	あきれた事・あきれた	一五一・一五六・一五九
ほつしやふ	あきれた事	一五三
ほつしよふ	あきれた事	一五三
まかる	まいる	一五一
見たふして	見たふて	一五二
むんぢり〱	ぐづ〱	一六九
やきやんな	気をもむな	一六〇
やくじよ	役所	一五三

やくたい	さいふ	一五三・一五四
やくたいの	さいふと	一五四
やよ	ばゝ	一五六
嫁女	女郎の事	一五五
リヤン	男のしろ物	一五六・一五八

わが	そち	一五一
わがの	われが	一五四
和子	こども上りをいふ	一五三
わりや	さて	一五九

九州方言らしいものがかなり見られるように思われる。

さて、本章で問題とするチヨルはこの「一文魂」の中で計一二例見られるが、全て三五兵衛、八右衛門の使用するものである。（他に三五兵衛の会話の中にテオルが一例。）

なお、この中の七例には傍線がふされている。

［三］行燈が出ちより申スが。（一五二頁下七）

［三］わが。何をしちよるかい（一五四頁上七）

［八］あんがいにも、きらつと。しちより申ス（一五五頁下四）

［八］旦那の声が。しちより申ス（一六一頁上六）

［八］高見からの見物の。しちより申ス（一六二頁上一二）

［三］あれは唐人どんが。舟にのちより申ので。（一六六頁下三）

［三］化ものが。出ちより申ス欤。（一六七頁下八）

このうち「のちより申す」の「のちより」は現代ならノッチョリと発音されるものか。

次頁の**表2**は三五兵衛、八右衛門の会話において傍線が付されている例（チヨルの例を除く）を示したものである。

表2　三五兵衛、八右衛門の会話部分での傍線

	頁
聞申しやア	一五一
ほつしやう・ほつしやふ・ほつしよふ	一五一・一五三・一五六・一五九
あぶない。こつちやと。	一五二
ばつちおる	一五三
おゆるしやつて	一五三
ひやい	一五五
リヤン	一五六
ちやんと	一五七
ひつたまげ申た	一五八
おゆきやつたか	一五八
何ニがわりや	一五九
やきやんな	一六〇
住吉丸ニヤイ	一六一
田の麦ギヤ熟る	一六五
しまじや	一六五
お身。ふきやれ	一六八

一方、傍線が付されていないチヨルの五例は次のようなものである。（私に～線を付す）

三　同じ狂言を。しちより申ても。（一五〇頁下三）

三　さち又。これは。やよが瓢《ふくべ》をもちよる人形《にんぎやう》が。出《で》ちより申ス。分リ申たく〳〵。
虎の看板の出ちよるは《ば》。和《わ》藤内《とうない》どんて。（一五六頁上七〜八）

八　これに豆銀の。もちよるで（一六〇頁上五）

このうち「もちよる」の例のみは、「もち」＋「よる」の可能性も残るが、先の「のちよる」の例もあり、特にヨルの例として分ける必要はなく、一二例全てチヨルの例としてまとめてよいものではないかと考えている。

この作品では上方者のアスペクト表現としてみられるものはテイルのみである。チヨルは、西国（九州）方言の特徴として描かれているとみられる。一方、三五兵衛の会話中には他のテオルが一例見られるが、テイルは見当たらない。

なお、この稿ではチヨルの例を傍線の有無によって分けて見てみたが、特に性格の違いは見られないように思われる。この作品での傍線の意味については、今後の検討課題としたい。

5．おわりに

本章では上方板洒落本におけるアスペクト表現として、上方語としてはテイル・テルが使用され、一方、チヨルという語形が西国方言（九州方言）として特徴的に使用されているということを見てきた。

今後の上方語の記述においては、チヨルのほか実際には用例がほとんど見られないトル、専ら軽卑語として使用されるヨルをも視野に含めつつも、アスペクト表現としてはテイルとテルを軸として記述していかねばならないのではないかと考えている。

注

（1）例えば、宮川康「織田作之助の関西弁」（『近代文学のなかの〝関西弁〟』二〇〇八年、和泉書院）において、「大阪弁的特徴」の一つとして「継続の補助動詞テルの使用」が挙げられている。
（2）特に大阪で多用されるイテルについては、更なる考察が必要かと思われる。

主な参考文献（先に挙げた以外のもの）

青木博史「補助動詞「〜オル」の展開」（『和漢語文研究』六号、二〇〇八年一一月、京都府立大学）
井上文子『日本語方言アスペクトの動態』（一九九八年、秋山書店）
井之口有一・堀井令以知（編）『京都語辞典』（一九七五年、東京堂出版）
金沢裕之『近代大阪語変遷の研究』（一九九八年、和泉書院）
金水　敏『日本語存在表現の歴史』（二〇〇六年、ひつじ書房）
金水　敏「日本語アスペクトの歴史的研究」（『日本語文法』六巻二号、二〇〇六年九月、くろしお出版）
工藤真由美『アスペクト・テンス体系とテクスト』（一九九五年、ひつじ書房）
工藤真由美（編）『日本語のアスペクト・テンス・ムード体系』（二〇〇四年、ひつじ書房）
工藤真由美・八亀裕美『複数の日本語』（二〇〇八年、講談社）
坂梨隆三『近世語法研究』（二〇〇六年、武蔵野書院）
陣内正敬・友定賢治（編）『関西方言の広がりとコミュニケーションの行方』（二〇〇五年、和泉書院）
寺島浩子『町屋の京言葉―明治三〇年代生まれ話者による―』（二〇〇六年、武蔵野書院）
中井精一「上方およびその近隣地域におけるオル系「ヨル・トルについて」」（『国語語彙史の研究二一』二〇〇二年、和泉書院）
中井幸比古（編）『京都府方言辞典』（二〇〇二年、和泉書院）
中井幸比古「幕末期京都語について」（『新撰組　京都の日々』二〇〇七年、東京都日野市）

丹羽一彌『日本語動詞述語の構造』（二〇〇五年、笠間書院）
堀井令以知『京都語を学ぶ人のために』（二〇〇六年、世界思想社）
堀井令以知（編）『京都府ことば辞典』（二〇〇六年、おうふう）
牧村史陽（編）『大阪ことば事典』（一九七九年、講談社）
柳田征司「近代語の進行態・既然態表現」（『近代語研究八』一九九〇年、武蔵野書院）
山崎久之『国語待遇表現体系の研究』（一九六三年、武蔵野書院）

おわりに

第四部のトル・ヨル、特にヨルについては、課題が多い。当初、新研究による新稿を考えていたが、まだまだ勉強不足であり、結局新稿を用意することはできなかった。今後さらに考察を深め、論を成せるよう努力していきたいと考えている。

全体を通して、今一度考察を深め、研究を進めるよう努力していきたいと考えている所である。

和泉書院には大変お世話になった。ここに感謝の意を表する。

本書は愛知淑徳大学研究助成委員会の審議を経て、出版助成費の交付を受けたものである。

末筆ながら明記して、謝意を表したい。

初出一覧

第一部　近代語における形容詞の研究――意味・用法を中心に――

第一章　形容詞「えらい」の出自と意味の変遷　（『文芸研究』一一七、一九八八年一月）

第二章　形容詞終止連体形の副詞的用法――「えらい」「おそろしい」を中心に――　（『国語学研究』二七、一九八七年一二月）

第三章　江戸語における形容詞「いかい」とその衰退について　（『国語学研究』二八、一九八八年一二月）

第四章　近世後期における形容詞「きつい」の意味・用法とその勢力について　（『淑徳国文』三一、一九八九年一二月）

第五章　形容詞「えらい」の勢力拡大過程――近世にみる新語の普及と定着――　（『淑徳国文』三二、一九九一年二月）

第六章　形容詞「まぶしい」の出自について――「マボソイ」→「マボシイ」→「マブシイ――」　（『淑徳国文』三三、一九九二年二月）

第二部　近世後期語研究――資料性の問題を中心に――

第一章　洒落本とは
　洒落本　（『日本語学』臨時増刊号、明治書院、二〇〇四年九月）

第二章　江戸語資料としての十九世紀洒落本について――「きつい」「ゑらい」「いかい」等の語を見ながら――
一、「滑稽本の時代」の洒落本の資料性　（『いずみ通信』一八、和泉書院、一九九五年四月）
二、十九世紀初頭江戸洒落本の資料性　（加藤正信編『日本語の歴史地理構造』明治書院、一九九七年七月）
三、江戸末期洒落本の資料性
　江戸末期洒落本の資料性について　（『国語語彙史の研究一七』和泉書院、一九九八年九月）

第三章　近世後期上方語研究の課題――近世後期名古屋方言を視野において――　（『淑徳国文』三五、一九九四年二月）

第四章　形容詞「えらい」「どえらい」から見る近世後期上方語と名古屋方言

（遠藤好英編『語から文章へ』二〇〇〇年八月）

及び、

近世後期上方語と名古屋方言をめぐって——形容詞「どえらい」を中心に——

（『愛知淑徳大学国語国文』二四、二〇〇一年三月）

第三部　明治時代語研究——資料性の問題を中心に——

第一章　近代語資料における校訂の問題と資料性をめぐって——坪内逍遥『一読三歎当世書生気質』を見ながら——

近代語資料における校訂の問題と資料性——坪内逍遥『一読三歎当世書生気質』の場合——

（『淑徳国文』三四、一九九三年一月）

及び、

近代語資料における校訂の問題と資料性をめぐって——坪内逍遥『一読三歎当世書生気質』を見ながら——

（『愛知淑徳大学国語国文』二一、一九九八年三月）

第二章　近代語資料における校訂について——坪内逍遥『小説神髄』の場合を中心に——

（『愛知淑徳大学国語国文』二二、一九九九年三月）

第三章　『一読三歎当世書生気質』に現れる語について——『日本国語大辞典』の用例の問題なども見ながら——

（佐藤武義編『語彙・語法の新研究』明治書院、一九九九年九月）

第四章　『明治文学全集』における校訂の問題について——山田美妙「武蔵野」を中心に——

（『愛知淑徳大学国語国文』二三、二〇〇〇年三月）

第五章　明治期口語研究の新展開に向けて——標準語と保科孝一、尾崎紅葉、そして「トル・ヨル」——

（『国語論究9　現代の位相研究』明治書院、二〇〇二年一月）

第六章　尾崎紅葉における形容語での「可」の用字について

一、『金色夜叉』『多情多恨』の場合

尾崎紅葉における形容語での「可」の用字について――『金色夜叉』『多情多恨』の場合――
（『愛知淑徳大学国語国文』二六、二〇〇三年三月）

二、初期作品を中心に

尾崎紅葉における形容語での「可」の用字――初期作品を中心に――
（『愛知淑徳大学国語国文』二七、二〇〇四年三月）

第七章　近代語資料としての「真景累ヶ淵」「緑林門松竹」
（『愛知淑徳大学国語国文』二九、二〇〇六年三月）

第四部　近世後期上方語から近代関西方言へ

第一章　近世後期上方語における〝ちやつた〟について
（『国語学研究』四五、二〇〇六年三月）

第二章　近世後期上方語における〝ちやつた〟の扱いについて
（『日本語の研究』三一、二〇〇七年一〇月）

第三章　近代語にみられる「トル」と「ヨル」について
（『愛知淑徳大学国語国文』三〇、二〇〇七年三月）

第四章　近世後期上方語におけるテルをめぐって
（『愛知淑徳大学論集――文学部・文学研究科篇――』34号、二〇〇九年三月）

第五章　近世後期上方資料に見られるテルとチヨルについて
（『近代語研究一五』武蔵野書院、二〇一〇年一〇月）

■著者紹介

増井　典夫（ますい　のりお）

一九六〇年、滋賀県大津市に生まれる。（本籍地は滋賀県甲賀市）
一九八五年　東北大学文学部文学科国語学専攻卒業。
一九八七年　東北大学大学院文学研究科国文学国語学日本思想史学専攻博士前期課程修了。
愛知淑徳短期大学を経て、現在
愛知淑徳大学文学部（大学院文学研究科兼担）教授。

〔主要論文〕

「明治期口語研究の新展開に向けて―標準語と保科孝一、尾崎紅葉、そして「トル・ヨル」―」（『国語論究九　現代の位相研究』明治書院、二〇〇二年一月）、

「近世後期上方語におけるテルをめぐって」（『愛知淑徳大学論集―文学部・文学研究科篇―　三四号』、二〇〇九年三月）

「近世後期上方資料に見られるテルとチヨルについて」（『近代語研究一五』武蔵野書院、二〇一〇年一〇月）

研究叢書426

近世後期語・明治時代語論考

二〇一二年一〇月五日初版第一刷発行

（検印省略）

著　者　増井典夫
発行者　廣橋研三
印刷所　亜細亜印刷
製本所　渋谷文泉閣
発行所　有限会社　和泉書院

大阪市天王寺区上之宮町七－六
〒五四三－〇〇三七
電話　〇六－六七七一－一四六七
振替　〇〇九七〇－八－一五〇四三

本書の無断複製・転載・複写を禁じます

©Norio Masui 2012 Printed in Japan

ISBN978-4-7576-0634-0 C3381